ALS HUMBOLDT LERNTE, HAWAIIANISCH ZU SPRECHEN

RITA MIELKE
Text

HANNA ZECKAU
Illustrationen

LEGENDE

Verbreitungsgebiet

Status

ausgestorben

Anzahl der MuttersprachlerInnen

alternative Namen

Besonderheiten

ein- und ausgewanderte Wörter

INHALT

SPRACHFORSCHER UND VÖLKERKUNDLER 177

AUS DEM LINGUARIUM

VORWORT

»Kennst du viele Sprachen –
hast du viele Schlüssel für ein Schloss.«
Voltaire (1694–1778)

Man kann über alles reden. Vorausgesetzt, man hat – oder findet – eine gemeinsame Sprache. Seit Menschen aus dem engen Umfeld ihrer Heimat aufgebrochen sind und sich auf den Weg in unbekannte Fernen gemacht haben, stießen sie an die Grenzen ihrer und anderer Sprachen. Dort vereitelten fehlende Verständigungsmöglichkeiten ihre Ambitionen und behinderten den Austausch von Gedanken, Gefühlen, Fragen oder Wünschen. Das war nicht nur ärgerlich und lästig. Es bedeutete eine tiefe Kränkung, denn es beraubte die Menschen ihres »kostbarsten Rohstoffs«, der Fähigkeit zur Kommunikation. Im 18. Jahrhundert beschrieben Johann Reinhold Forster und sein Sohn Georg die ersten Annäherungsversuche der europäischen Entdeckungsreisenden an fremde Kulturen und Sprachen als »Phase der Gebärdensprache« mit albernen »Pantomimen«, umständlich, peinlich und selten von Erfolg gekrönt. Zweihundert Jahre später machte der weitgereiste und weltgewandte Roger Willemsen ganz ähnliche Sprach-Grenz-Erfahrungen: »Der ins Reich des Nichtverstehens Entlassene büßt sogleich seine Weltläufigkeit und Souveränität ein und verwandelt sich in den rundäugigen, kindlich agierenden, imbezilen Stammler, der sich mit primitiven Gesten und blödsinniger Schauspielerei zu verständigen sucht.«

Kulturgeschichtlich jedoch hat diese Urerfahrung babylonischer Sprachverwirrung, wie sie schon im Alten Testament beschrieben wird, ein enormes kreatives Potenzial freigesetzt. Strategien zum Erlernen einer fremden Sprache, Bibliotheken voller Wörterbücher, das Berufsbild des Übersetzers und Dolmetschers, die Entwicklung neuer Sprachen und nicht zuletzt eine Sicht auf die Welt als ein Mosaik Tausender Sprachen – all das ist aus dem Erleben kommunikativer Hilflosigkeit und misslingender Verständigung erwachsen. Die Menschheitsgeschichte ist auch eine Geschichte der Sprachbegegnungen – und das heißt immer auch der Sprecherbegegnungen. Stets waren es Menschen, die in den unterschiedlichsten Kontexten und unter schwierigen, häufig dramatischen, manchmal kuriosen Umständen nach Wegen der Sprachgrenzüberschreitung suchen mussten. Kriegs- und Friedensverhandlungen, Handel und Gewerbe, das Begehren fremder Schätze und exotischer Kostbarkeiten, nicht zuletzt der verzweifelte Wunsch, dem geliebten Gegenüber Liebesbotschaften zu übermitteln, erforderten eine gemeinsame Verständigungsgrundlage, wie auch immer sie zustande kommen mochte.

Angesichts dieser Einsicht ist es umso erstaunlicher, wie wenig Aufmerksamkeit der Sprachfrage in historischen Abhandlungen gewidmet wird oder in den Biografien von Abenteurerinnen, Entdeckungsreisenden und all jenen Menschen, die sich für ein Leben in wechselnden Kulturräumen entschieden haben. Vergeblich sucht man nach Hinweisen darauf, wie die Verständigung entlang der Tausende Kilometer langen und viele Sprachregionen passierenden antiken Seidenstraße organisiert war; nach welchen Sprachregeln die mittelalterlichen Kreuz- und Pilgerzüge funktionierten; welche Maßnahmen zur Verständigung frühe Weltreisende wie Marco Polo oder Ibn Battuta ergriffen. Gerade so, als sei eine funktionierende Kommunikation unter allen Umständen *selbstredend* und *selbstverständlich*.

Im Zeitalter der Entdeckungen und in den nachfolgenden Jahrhunderten der Kolonialisierung haben Sprachbegegnungen überall auf der Welt quantitativ und qualitativ neue Dimensionen erreicht. Die Sprach-Kunde, die Weltreisende wie James Cook, Georg Forster oder Alexander von Humboldt von ihren Reisen mit nach Hause brachten, führte zur Erkenntnis einer ungeahnten globalen Sprachdiversität. Die Begeisterung, die diese Vielfalt bei einem Sprachforscher wie Wilhelm von Humboldt auslöste, der jede Sprache als einzigartiges kulturelles Zeugnis und Ausdruck einer eigenen, unverwechselbaren Weltsicht schätzte, teilten in dieser historischen Phase nur wenige. Für die meisten Vertreter der kolonialen Mächte und der christlichen Ordensmissionen schied sich die Sprachwelt in zwei Lager: Auf der einen Seite standen ihre eigenen elaborierten Muttersprachen, Portugiesisch, Spanisch, Englisch, Deutsch, auf der anderen Seite die Sprachen der »Wilden«, unverständlich, »misstönend«, unzivilisiert wie die Menschen, die sie sprachen. Sprachbegegnungen bedeuteten in diesem Kontext nur allzu oft Sprachzerstörung: Der Tod vieler indigener Sprachen hat in der erzwungenen Anpassung an Sprache und Kultur der Kolonisatoren seine Ursache.

Sprachforscher und Völkerkundler begannen erst Ende des 19. Jahrhunderts in größerer Zahl mit ihren Feldforschungen, die zu einem neuen, wertschätzenden Blick auf die Sprachen der Welt und deren Geheimnisse führten. Ihren Sprachbegegnungen sind erstaunliche Erkenntnisse darüber zu verdanken, wie Sprache und Denken, Sprache und Weltansichten miteinander in Zusammenhang stehen: In jeder Sprache artikuliert sich eine andere Erfahrung von Welt. Je umfangreicher die Weltkarte der Sprachen, desto reicher und differenzierter das kulturelle Wissen der Menschheit.

Das vorliegende Buch erzählt in 42 Kapiteln die Geschichten denkwürdiger Sprach- und Sprecherbegegnungen. Es sind Geschichten, die exemplarisch für unzählige andere Zusammentreffen mit und an den Grenzen unterschiedlicher Sprachen stehen. Die früheste Geschichte führt zurück bis ins Reich Karls des Großen und damit in eine Epoche vor dem eigentlichen Zeitalter der Entdeckungen. Die jüngsten Geschichten erzählen von Autoren wie Wole Soyinka oder Galsan Tschinag, für die das Leben und Schreiben in unterschiedlichen Sprachwelten – und das Nachdenken darüber – Kern ihrer Identität sind. Nicht alle Begegnungen stehen unter so positiven Vorzeichen wie die von Wilhelm von Humboldt, der als Deutschlehrer für einen jungen Hawaiianer bestellt war und dann im kühnen Wechsel in die Rolle des Hawaiianisch lernenden Schülers schlüpfte – und das mitten im Berlin des 19. Jahrhunderts. Häufig geht es um Heimatverlust und Heimatsuche: Anders als die Jüdin Rose Ausländer, die nach dem Verlust des Vaterlands Heimat im »Mutterland Wort« fand, sahen sich Sprachvertriebene wie Machbuba oder Anton Wilhelm Amo vor die bittere Aufgabe gestellt, in der neuen Sprache eine neue Heimat suchen zu müssen, weil alle Brücken zu ihrer Muttersprache abgebrochen waren. Besondere Aufmerksamkeit verdienen all jene Sprachforscher und -sammler, die es als ihre Lebensaufgabe ansahen, als Mittler zwischen den Sprachen und Kulturen zu agieren – wie Luise Hercus und Daisy Bates bei den australischen Aborigines oder Joseph von Hammer-Purgstall, der als Brückenbauer zwischen Europa und der arabisch-osmanischen Welt Geschichte schrieb.

Dem Zusammentreffen von Sprecherinnen und Sprechern unterschiedlichster Sprachen verdankt die globale Sprachenwelt ein wunderbares Phänomen: die Wanderbewegung von Wörtern über alle Grenzen hinweg von einer in eine andere Sprache. Solche Wortemigranten und -immigranten erzählen auf ihre Weise von Pflanzen, Tieren, Früchten, wissenschaftlichen Erkenntnissen oder technischen Fortschritten, die mitsamt ihren zugehörigen Begriffen die Welt eroberten. Und sie erzählen von Wörtern, bei denen allein der unnachahmliche Klang oder eine unübersetzbare treffsichere Beschreibung zu einer steilen Sprach-Karriere führten. Dass sich deutsche Wörter in den entlegensten Sprachwinkeln dieser Welt wiederfinden und kleine indigene Sprachen dem Deutschen so manche Sprachperle hinzugefügt haben, ist ein schönes Signal: Sprachen kennen keine Grenzen. Sie sind allzeit offen für bereichernde Begegnungen.

DOLMETSCHER UND DIPLOMATEN

Ein Netzwerk mittelalterlicher Fernkaufleute erleichterte die Reise Isaacs nach Bagdad und zurück

Ein Elefant für Karl den Großen

Einmal Bagdad und zurück

Der 20. Juli des Jahres 802 war für die Stadt Aachen ein Tag, wie die gerade mal vierhundert Bewohner ihn niemals zuvor erlebt hatten. Im Triumphzug kehrte nach viereinhalb Jahren eine Gesandtschaft zurück, die von Kaiser Karl (747/748–814) zu Hārūn ar-Raschīd (um 763–809) entsandt worden war. Karls Intention war es, die Außenbeziehungen seines Reichs auf friedliche Weise zu verbessern und mit dem Kalifen von Bagdad die Verfügungsgewalt über die heiligen Stätten in Jerusalem zu regeln. Mit dieser Mission hatte er die beiden fränkischen Ritter Lantfried und Sigmund betraut und ihnen den jüdischen Kaufmann Isaac als Dolmetscher und Reiseleiter zur Seite gestellt. Lantfried und Sigmund waren während der Rückreise erkrankt und verstorben, Isaac kehrte mit der restlichen Gesandtschaft wohlbehalten nach Aachen zurück. Im Gepäck hatte er Kisten voller prächtiger Geschenke für den Kaiser, darunter eine Wasseruhr, die jede volle Stunde mit dem Ausstoß einer Kugel anzeigte. Sie gehörte zu den Meisterleistungen arabischer Wissenschaft und Technik, von deren Blüte Isaac sich während seines Aufenthalts vielfach hatte überzeugen können. Das spektakulärste Geschenk allerdings war nicht in Kisten verpackt oder in Notizbüchern verzeichnet, sondern passierte den Zugang zur Kaiserpfalz auf vier Beinen: Abul Abbas, ein indischer, der Legende zufolge weißer Elefant, der den Namen des Begründers der Abbasiden-Dynastie trug.

Isaac und das Netzwerk der Radhaniten

Für Karl den Großen ruhten die Hoffnungen auf einen Erfolg seiner diplomatischen Mission auf dem sprachlichen Verhandlungsgeschick Isaacs: Er war von Hause aus Fernhandelskaufmann, stammte verschiedenen Quellen zufolge aus einer spanischen oder südfranzösischen Familie und hatte bereits in jungen Jahren weite Reisen zwischen westlich-christlicher und islamischer Welt unternommen. Ihn zeichneten ein großflächiges Netzwerk von Beziehungen und ein enormer Erfahrungsschatz aus – beides von entscheidender Bedeutung für das Gelingen einer solch abenteuerlichen Reise. Fernkaufleute wie Isaac, sogenannte Radhaniten, waren zumeist jüdischen Glaubens und unterhielten Handelskontakte, die sich über ganz Europa, die arabische Welt und teilweise bis nach Indien und China erstreckten. Ihr besonderer Vorzug lag darin, dass sie als »neutrale« Dritte zwischen den streitbaren Kräften im christlichen Abendland und in der islamischen Welt vermitteln konnten. Eine der wichtigsten Voraussetzungen dafür war ihre Mehrsprachigkeit.

Isaac beherrschte neben dem Fränkischen, das im Umfeld der Kaiserpfalz gesprochen wurde, die *Lingua romana* seiner Heimat am Mittelmeer, zudem Latein und Griechisch und nicht zuletzt Arabisch. Seine Sprachkenntnisse hat-

Ein- und ausgewanderte Wörter

ARABISCH

raaych → abgeleitet von deutsch *Reich* (im Sinne von Deutsches Reich)
biira → abgeleitet von deutsch *Bier*

DEUTSCH

Beduine → abgeleitet von arabisch *badawī* für »Wüstenbewohner«
Haschisch → abgeleitet von arabisch *ḥašīš* für »Gras, Kraut, Unkraut«
Safari → abgeleitet von arabisch *safar* für »Reise«
Sahara → abgeleitet von arabisch *ṣaḥrā'* für »Wüste«

te er, so ist zu vermuten, aus dem Umgang mit anderen Radhaniten und aus Kontakten während früherer Reisen erworben. Schulen oder Lehreinrichtungen, in denen man fremde Sprachen hätte erlernen können, existierten in jener frühmittelalterlichen Epoche nicht. Angesichts der sprachlichen Zersplitterung seines Reichs setzte Karl der Große in seiner Verwaltung auf Mehrsprachigkeit. Er selbst, der zeitlebens nicht schreiben und nur mühsam lesen konnte, beherrschte als Sprecher, seinen Biografen zufolge, das Romanische ebenso wie das Fränkische, Latein als »Amtssprache« und Griechisch zumindest halbwegs. Isaac gehörte vermutlich zu jenen Hofbeamten, die für das Verfassen und Übersetzen von Urkunden und Dokumenten verantwortlich waren. Dabei zeichneten ihn gegenüber den meisten anderen Schreibern seine Arabischkenntnisse aus. Sie qualifizierten ihn auch für die Reise zu Hārūn ar-Raschīd. Dabei ruhte

auf Isaacs Schultern eine doppelte Verantwortung: Zum einen musste er die Reise der Gesandtschaft und den mehr als einjährigen Aufenthalt der Gruppe in Bagdad organisieren. Zum anderen sollte er dem Kalifen in dessen Sprache die von den fränkischen Rittern vorgetragenen Botschaften aus dem fernen Karolingerreich übermitteln, alle Ergebnisse sorgfältig aufnehmen und möglichst wortgetreu nach Aachen zurückbringen. Dafür bedurfte es intimer, weit über das Alltagssprachliche hinausgehender Sprachkenntnisse.

Die Sprache(n) Karls des Großen und die Idee einer *lingua theodisca*

Zu den Eindrücken, die Isaac von seiner Reise in das arabische Kalifat mitnahm, gehörte das Erlebnis der einzigartigen kulturellen und sprachlichen Blüte, die sich dort entfaltete. Seit Mitte des 8. Jahrhunderts die Abbasiden die Herrschaft übernommen hatten, entwickelte sich das Arabische zur Sprache der Regierung, des Handels und der religiösen Praxis. Als Gemeinschaft stiftendes Element kam ihr in der riesigen Fläche des Reichs mit seinen unterschiedlichen Ethnien eine bedeutende Rolle zu. Lesen und Schreiben wurden allenthalben befördert und unterstützten die Fortschritte in vielen naturwissenschaftlichen Bereichen, in Astronomie, Mathematik und Medizin. Von solchen Erfahrungen konnte Karl der Große für seine eigenen Bildungs- und Sprachreformen nur profitieren. Denn auch ihm war innerhalb seines Reichs an einer umfassenden Bildungsreform und einer Vereinheitlichung der Sprache gelegen. Sein Herrschaftsbereich erstreckte sich von Frankreich im Westen über Oberitalien im Süden bis an Elbe und Saale im Osten. Im Westen und Süden sprachen die Einheimischen wie schon vor der fränkischen Eroberung die *Lingua romana*, die Sprache Roms. Karl selbst bezeichnete seine Muttersprache als Fränkisch. Die übrigen großen Germanenstämme dagegen verständigten sich untereinander in Alemannisch, Baierisch und Sächsisch. Diese regionalsprachlichen Unterschiede zwischen den Germanenstämmen galt es aus Sicht Karls des Großen auszugleichen. So entstand die Idee einer *Lingua theodisca*, einer gemeinsamen »deutschen« Sprache und Schrift. *Theodisca* leitete sich vom Germanischen *theuda* für »das Volk« ab. Die *Lingua theodisca* war demzufolge die »Sprache des eigenen Volkes« in Abgrenzung zum Lateinischen und der *Lingua romana*. An seinem Hof ließ Karl eine eigene Schule einrichten, an der die klügsten Köpfe des Reichs die Grundlage für eine umfassende Bildungs- und Sprachreform schaffen sollten. Zu ihrem Auftrag gehörte zum einen die Konsolidierung des Lateinischen als Sprache der christlichen Lehre. In den liturgischen Texten, aber auch in den Schriften der Klöster und der Verwaltung hatten sich über die Generationen hinweg zahlreiche Ungenauigkeiten und Vereinfachungen eingeschlichen, die Karl »bereinigt« sehen wollte, um so das Latein zu seiner klassischen Form zurückzuführen. Vor allem aber ging es an der Aachener Hofschule darum, die Grundlagen für eine einheitliche »Volkssprache« zu schaffen, die sukzessive bei den einzelnen Germanenstämmen verbreitet werden sollte. Auf diese Weise wurde der Grundstock für das Althochdeutsche und damit für die Entwicklung einer gemeinsamen deutschen Sprache gelegt. Auf dieser Sprache sollte ein gewaltiger kultureller Erneuerungsprozess aufbauen, die sogenannte karolingische Renaissance, bei der Inhalte des Christentums und der klassischen Antike mit dem germanischen Erbe verschmolzen. Überall dort, wo in der deutschen Sprache entsprechende Begriffe fehlten, wurden Wörter etwa aus dem Lateinischen übernommen. Die Faszination, für die die arabische Welt mit ihren herausragenden technischen, naturwissenschaftlichen und medizinischen Entwicklungen im Westen sorgte, hinterließ ebenfalls ihre Spuren. Davon zeugen bis heute die vielen arabischen Sprachimmigranten, die sich seit Isaacs und Karls Zeiten unter die entstehende deutsche Sprache mischten – Wörter wie Alchimie, Algebra, Algorithmus, Hamam, Mohair, Sandelholz, Satin, Tamburin oder Ziffer.

ARABISCH

Arabische Halbinsel, Vorderasien, Nordost- und Ostafrika

Amtssprache in 26 Ländern; Minderheiten- oder Regionalsprache in weiteren zehn Staaten

310 Mio. MuttersprachlerInnen;
420 Mio. SprecherInnen (Zweitsprache)

al-ʿarabiyya (im Arabischen)

Das arabische Alphabet umfasst 28 Buchstaben. Die Laufrichtung der Schrift ist von rechts nach links. Das moderne Standardarabisch basiert auf dem klassischen Arabisch des Korans und der arabischen Literatur. Daneben existieren viele gesprochene Varianten.

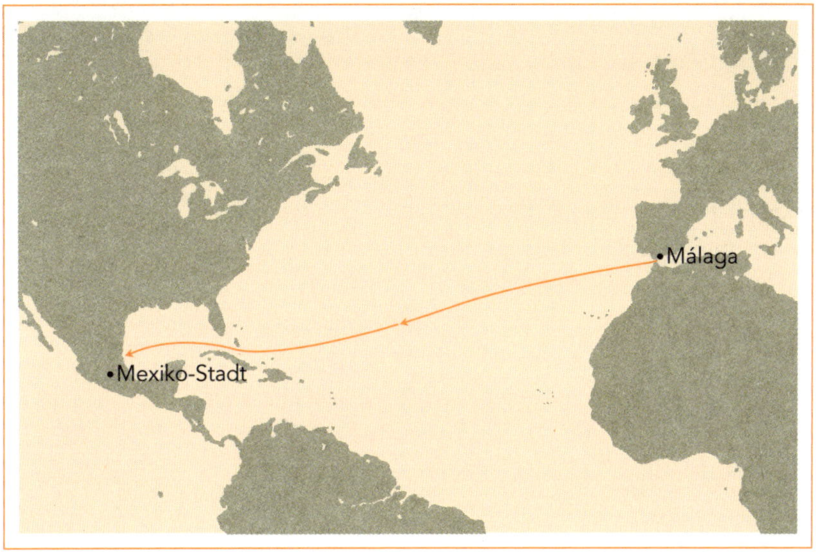

Bernardino de Sahagún reiste zur Missionierung der »Heiden« ins ferne Vizekönigreich Neuspanien

Die Azteken und das Weltdokumentenerbe

Der spanische Mönch und die aztekische Geliebte

Die Aztekin Malinche und der spanische Franziskaner Bernardino de Sahagún (1499–1590) sind einander nie begegnet. Der Spanier traf just in jenem Jahr (1529) in Mexiko ein, das gemeinhin als Todesjahr der zu dieser Zeit gerade mal 24-jährigen Aztekin angegeben wird. Dabei hätten beide als Übersetzer und Dolmetscher zwischen dem Spanischen und dem Nahuatl einen regen Austausch pflegen können. Das Reich und die Kultur der Azteken erlebten im frühen 16. Jahrhundert durch die Eroberungszüge der spanischen Konquistadoren und die Aktivitäten der christlichen Missionare eine tiefe Erschütterung. In dieser dramatischen Gemengelage spielten sowohl Malinche als auch Bernardino de Sahagún eine herausragende Rolle.

Malinchismo – der lange Schatten einer kurzen Karriere

»Diese Frau war ein entscheidendes Werkzeug bei unseren Entdeckungsfahrten. Vieles haben wir nur durch Gottes Beistand und ihre Hilfe vollbringen können.

Ohne sie hätten wir die mexikanische Sprache nicht verstanden, zahlreiche Unternehmungen hätten wir ohne sie einfach nicht durchführen können.« So berichtet es Bernal Díaz del Castillo, ein Soldat im Gefolge des spanischen Eroberers Hernán Cortés und mit diesem beteiligt an der Eroberung des Aztekenreichs. Seine *Wahrhafte Geschichte der Eroberung von Neuspanien* (1632 veröffentlicht) ist die wichtigste Quelle für die Biografie Malinches.

Demnach kam Malinche 1505 an der Landenge von Tehuantepec als Tochter eines Azteken-Häuptlings zur Welt. Schon als Kind verlor sie den Vater, die Mutter heiratete erneut und verkaufte die Tochter an Sklavenhändler der Maya. So erlernte sie schon in jungen Jahren neben dem muttersprachlichen Nahuatl auch die Maya-Sprache. Als der spanische Eroberer Hernán Cortés 1519 an der Küste Mexikos landete, konnte er den Angriff der Maya auf seine Truppen schnell abwenden. Als Friedensangebot überreichten die Maya ihm Gold und Sklavinnen, darunter auch Malinche. Außerdem erwirkte Cortés die Freilassung von Gerónimo de Aguilar, einem spanischen Franziskaner, der vor der mexikanischen Küste Schiffbruch erlitten hatte, von den Maya gerettet und acht Jahre als Sklave gehalten worden war. Als Cortés bei seinen Eroberungszügen weiter in das Reich der Azteken vordrang, erwies sich das Übersetzer-Gespann Malinche und Aguilar als segensreich: Letzterer konnte die spanischen Befehle und Botschaften in die Sprache der Maya übersetzen, die er während seiner Sklavenjahre gelernt hatte. Malinche wiederum konnte aus dem Maya in ihre Muttersprache übersetzen und so eine Verständigung mit den Azteken ermöglichen. Der enge Kontakt mit den Konquistadoren verhalf ihr schnell zu umfangreichen Spanischkenntnissen, die bald schon die Unterstützung Aguilars – und die damit verbundenen Schwierigkeiten einer zweifachen Sprachübertragung – überflüssig machten.

Ein- und ausgewanderte Wörter

DEUTSCH

Avocado (Eierfrüchte) → abgeleitet von nahuatl *ahuacatl* u.a. für »Hoden«

Chili → abgeleitet von nahuatl *chilli*

Schokolade → abgeleitet von nahuatl *xocolatl*

Kojote → abgeleitet von nahuatl *cojotl*

Die Historie weiß zu berichten, dass Malinche als Dolmetscherin stets im engen Gefolge von Hernán Cortés unterwegs war und er ihre sprachlichen Dienste ebenso zu schätzen lernte wie ihre weibliche Attraktivität. Sie wurde Cortés' Geliebte und seine engste Vertraute bei allen strategischen Entscheidungen, die den Herrschaftsbereich der Azteken betrafen. Dass sie ihn in die politischen Strukturen des Reichs einweisen, ihm geheime Informationen zuspielen, Spione enttarnen und die Persönlichkeit des Aztekenherrschers Moctezuma II. beschreiben konnte, erwies sich als Glücksfall für den Spanier. Insbesondere das Wissen darum, dass Moctezuma in Cortés mit seiner schimmernden Rüstung und seiner feuerspeienden Waffe den Schlangengott Quetzalcoatl und in seiner Truppe »weiße Götter« zu erkennen glaubte und deshalb die ihm drohende Gefahr viel zu spät erkannte, erleichterte Hernán Cortés' Angriffsstrategie. Bei einem feierlichen Empfang, den Moctezuma II. ihm bereitete, durfte allein Malinche die beiden bis ins Innerste des Palastes begleiten und deren Gespräch nach ihren subjektiven Vorstellungen moderieren und dolmetschen. Dass Cortés am Ende mit einiger List den Aztekenherrscher unterwarf, das Volk versklavte und seiner materiellen (Gold-)Schätze wie seiner Kultur beraubte, führen bis heute nicht wenige Mexikaner auf den unheilvollen Einfluss der Azteken-Dolmetscherin zurück. *Malinchismo*: Das bedeutet aus Sicht nationalistisch gesinnter Mexikaner bis heute »Verrat am eigenen Volk«.

Was Malinche veranlasste, sich auf die Seite der Spanier und gegen das eigene Volk zu stellen, lässt sich nur vermuten. Die jugendliche Leidenschaft für den spanischen Geliebten und das Trauma des kindlichen Verstoßenwerdens aus der Gemeinschaft der Azteken könnten dabei eine unheilvolle Verbindung eingegangen sein. Als Dolmetscherin inmitten von Kriegsereignissen nahm Malinche gleichwohl eine für eine Frau in dieser Zeit außergewöhnliche Rolle ein. Dass sie dabei die Tätigkeit des Dolmetschens nicht als neutrale Aufgabe verstand, sondern durchaus mit subjektiven Interessen verband, sorgte bei der Frage nach dem Berufsethos des Übersetzerwesens immer wieder für Diskussionsstoff.

Für Millionen Mestizen in Mittelamerika ist Malinche auch heute noch eine Heldin: Sie verehren sie als Mutter des ersten Mestizen in ihrem Land, brachte die Aztekin doch 1522 einen Sohn zur Welt, der der Beziehung zu Hernán Cortés entstammte: Martín Cortés, genannt »El Mestizo«.

Die *Historia general de las cosas de Nueva España*

Stand Malinche im zweifelhaften Ruf einer Verräterin am eigenen Volk, geriet Bernardino de Sahagún – zumindest in bestimmten Kreisen – in den Verdacht, ein Verräter am missionarischen Auftrag zu sein. Vordringliches Ziel seines Wirkens in der Ferne sollte es sein, den »Götzendienst« der Azteken zu beenden und sie auf den christlichen Glauben einzuschwören. An der Bedeutsamkeit dieser Aufgabe bestand für Bernardino de Sahagún kein Zweifel. Das hinderte ihn allerdings nicht, der Kultur und Gedankenwelt der Azteken mit allergrößtem Respekt zu begegnen. Er unternahm zahlreiche Reisen durch das Land, bei denen er seine Nahuatl-Kenntnisse vertiefte und sich umfangreiches Wissen aneignete, sodass er bald schon als Experte für Sprache, Kultur und Geschichte der Azteken galt. So entstand innerhalb der Ordensgemeinschaft die Idee, ihn mit einer Enzyklopädie »über alle wichtigen Dinge in Neu-Spanien« zu beauftragen. Knapp dreißig Jahre widmete de Sahagún dieser Aufgabe, die er mit Akribie und einem kühnen ethnologischen Feldforschungsansatz verfolgte. Zu jedem Themenkomplex suchte er kundige Informanten, von denen er sich in ausführlichen Gesprächen in Details und Hintergründe einführen ließ. Seine Aufzeichnungen führte er in insgesamt zwölf voluminösen Bänden zu einer *Historia general de las cosas de Nueva España* zusammen, die alle jeweils einem Thema gewidmet waren, von der Glaubenswelt der Azteken über die Staatsordnung, die Alltagsstrukturen, die Tier- und Pflanzenwelt bis zur Geschichte des Volkes. Jedes Buch war komplett zweisprachig verfasst, in Nahuatl sowie in einer »freien« – und nicht selten deutenden – Übersetzung ins Spanische. Die enzyklopädischen Eintragungen wurden ergänzt durch Legenden und Sagen der Azteken, die damit erstmals eine schriftliche Fixierung erfuhren. Da zur mündlichen Sprache des Nahuatl eine reiche, von markanten Illustrationen geprägte Bilderschrift gehörte, ließ der Mönch die textlichen Darstellungen durch Illustrationen und Bildzeichen ergänzen, die er von schriftkundigen Azteken ausführen ließ. So konnte er künftigen Lesern einen unmittelbaren Eindruck von der Opulenz und Vielgestaltigkeit der Schrift vermitteln. Im Prolog zu seiner *Historia* stellte Bernardino de Sahagún mit Blick auf die Azteken klar: »Sie werden für Barbaren gehalten und für ein Volk niedrigster Vollkommenheit, wobei sie doch in Wirklichkeit in den Dingen der Staatsordnung viele andere Nationen, die sich für große Staatswesen halten, übertreffen …«

Nicht zuletzt wegen solch nonkonformistischer Äußerungen blieben dem Franziskaner für die herausragende Leistung seines monumentalen Werks Anerkennung und Würdigung versagt. Nicht einmal die Drucklegung wurde genehmigt. Denn die politische Stimmung der spanischen Eroberer und die Haltung der Ordensoberen hatten sich zwischenzeitlich gewandelt: Man fürchtete, dass die detaillierte Beschreibung einer systematisch unterdrückten, untergehenden Kultur zu einem neuerlichen Erstarken und Wiederaufleben der aus christlicher Sicht ketzerischen Traditionen führen könnte. 1575 wurden alle Schriften in der Sprache der Azteken verboten. Bernardino de Sahagún wurde aufgefordert, sein gesamtes Werk nach Spanien zu schicken, um es dort unter Verschluss zu bringen. Als der Mönch sich widersetzte, wurde ihm der offizielle Ordensauftrag entzogen – was Bernardino de Sahagún nicht daran hinderte, bis zu seinem Lebensende unermüdlich weiter zu forschen. Kopien seiner Bücher, von ihm selbst und seinen Schülern angefertigt, brachte er heimlich auf den Weg zu den verschiedenen Ordensniederlassungen diesseits und jenseits des Atlantiks. Ihre Entdeckung führte, Jahrhunderte nach dem Tod des Mönchs, zu einer postumen Würdigung seiner herausragenden Kultur- und Übersetzerleistung durch Forschung und Wissenschaft – und durch die UNESCO: Die gesammelten Schriften des Franziskanermönchs zählen heute zum Weltdokumentenerbe.

NAHUATL

Mexiko

Nationalsprache in Mexiko

1,7 Mio. MuttersprachlerInnen

Atztekisch, veraltet Mexikanisch, heute auch Nawatl

Der Name »Nahuatl« bedeutet etwa »guter Klang, richtige Aussprache«. Meistgesprochene indigene Sprache Nord- und Mittelamerikas.

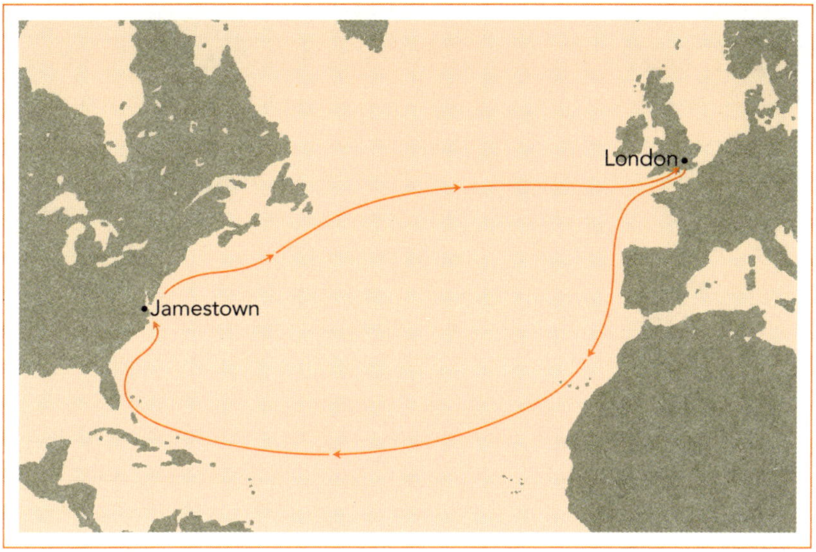

1609 hatte John Rolfe England verlassen, 1615 kehrte er mit seiner Frau – Pocahontas – zurück

Englische Sprachspuren in der Neuen Welt

Pocahontas goes Hollywood

Nicht viel von dem, was der Walt-Disney-Film über Pocahontas (um 1595–1617) erzählt, entspricht den überlieferten Fakten. Aber zumindest an einem Punkt trifft der Film die historische Realität: Am Beispiel der ersten Begegnungen zwischen der Häuptlingstochter und dem englischen Captain John Smith verdeutlicht er die Schwierigkeit der Verständigung zwischen Gesprächspartnern, von denen der eine nur englisch, die andere aber das Algonkin der Virginia-Powhatans spricht. Pocahontas und John Smith finden dafür – verliebt, wie sie im Film sind – ihre eigene Lösung. Die frühen englischen Siedler jedoch, die im Auftrag der Virginia Company of London unterwegs waren, standen vor einer weitaus größeren Herausforderung. In jener Region, in der Pocahontas' Vater Powhatan mehrere Dutzend kleiner Ethnien zu einer großen Konföderation zusammengeführt hatte, spekulierten sie auf Landnahme, auf Boden- und andere Schätze. Die indigenen Gruppen wiederum beäugten aufmerksam die ersten englischen Siedlungen, galt es doch, die eigenen angestammten Rechte vor den Ambitionen der Weißen zu schützen.

Für die Lösung des Problems bewiesen beide Seiten eine gehörige Portion Pragmatismus: Sie schickten aufgeweckte heranwachsende Jungen in die jeweils anderen Lager, zum Spielen, zur Teilnahme am gesellschaftlichen Leben und am Alltag der Familien, damit sie so – unkompliziert und spielerisch – die Sprache der jeweils anderen erlernen konnten. Nach einer kurzen Lernphase waren die jungen Dolmetscher firm genug, um bei Verhandlungen eingesetzt zu werden. Für ihre Kommunikationsleistung erfuhren sie Wertschätzung: Immerhin sind einige von ihnen namentlich in die Geschichte eingegangen – Thomas Savage, Robert Poole, Henry Spelman auf englischer, Namontack, ein Halbbruder von Pocahontas, auf Algonkin-Seite.

Um den Engländern vor Ort das Leben zu erleichtern, hatte bereits 1607 Captain John Smith, nachdem er mit dem Bau der Siedlung Jamestown begonnen hatte, ein erstes Wörterbuch Englisch–Algonkin angelegt, das allerdings nicht mehr als 50 Wörter umfasste. Ergiebiger war die Begriffssammlung des Schriftstellers William Strachey, der um 1610 ebenfalls nach Virginia gereist war und rund 500 Wörter zusammentrug. Beide Sammlungen zusammen stellen die einzigen Zeugnisse zum Virginia-Algonkin jener Zeit dar. Da die Powhatan-Algonkin über keine Schrift verfügten, mussten die Wörterbücher nach dem Klang zu Papier gebracht werden, was bei den für englische Ohren unvertrauten Lauten eine nicht unerhebliche Schwierigkeit darstellte.

Aus Pocahontas wird Rebecca Rolfe

Schon als Jugendliche begleitete Pocahontas (»die kleine Übermütige«) im Auftrag des Vaters Delegationen, bei denen sie dolmetschend zwischen

Ein- und ausgewanderte Wörter

DEUTSCH

entlehnt aus dem Englischen:

Opossum → abgeleitet von algonkin *wa·p-aʔθemwa* für »weißer Hund« oder »hundeähnliche Bestie«

Mokkasin → abgeleitet von algonkin *makasin* für »Fußbekleidung aus weichem Leder«

Tomahawk → abgeleitet von algonkin *tamahaac* für eine einhändig zu nutzende Axt

Algonkin und Engländern vermitteln sollte. Zur Eskalation kam es bei einer Verhandlungsrunde 1613, als der englische Captain James Argall Pocahontas entführen ließ. Oberhäuptling Powhatan setzte vergeblich alles daran, seine Lieblingstochter zu befreien. Mit einer gewissen Genugtuung erlebten die Engländer, dass sich einer der Ihren, der seit Kurzem verwitwete John Rolfe, in die gerade mal Achtzehnjährige verliebte. Dass Pocahontas sich offen für die christliche Religion zeigte und sich schließlich sogar auf den Namen Rebecca taufen ließ, erleichterte John Rolfes Heiratspläne. Nach der Trauung 1614 und der Geburt eines Sohnes im Jahr darauf entschloss John Rolfe sich zur Rückkreise nach England, wo er mit seiner »Indianer-Prinzessin« eine Werbekampagne zur Finanzierung weiterer Amerikaexpeditionen plante. Der Coup gelang: In der nach Informationen aus der Neuen Welt gierenden Londoner Gesellschaft wurde Pocahontas wie ein Star gefeiert. Der englische König und hohe Geistliche empfingen sie, staunten darüber, wie sicher sie die englische Sprache und Lebensweise beherrschte, und priesen sie als Musterbeispiel einer »gezähmten Wilden«.

Das Glück allerdings war nicht von Dauer. Pocahontas erkrankte schwer, die geplante Rückkehr nach Virginia erlebte sie nicht mehr. Auf dem Weg zum Hafen verstarb sie 1617 mit gerade mal 21 Jahren. Die Hinwendung zum Englischen sollte in der Folge prägend für die Powhatan-Algonkin in Virginia werden. Angesichts des wachsenden Einflusses der englischen Siedler und der notwendigen Kommunikation mit ihnen gaben immer mehr Algonkin ihre eigene Sprache auf und wechselten in die Sprache der Weißen. Am Ende des 18. Jahrhunderts galt das Powhatan-Algonkin als ausgelöscht.

VIRGINIA-ALGONKIN

Ost-Virginia

ausgestorben

Algonquian, Powhatan-Algonkin

Die Algonkin-Sprachen bildeten eine große Sprachfamilie mit zahlreichen Varianten. Aus dem Virginia-Algonkin wurden mehr Wörter ins Englische übernommen als aus jeder anderen indigenen Sprache.

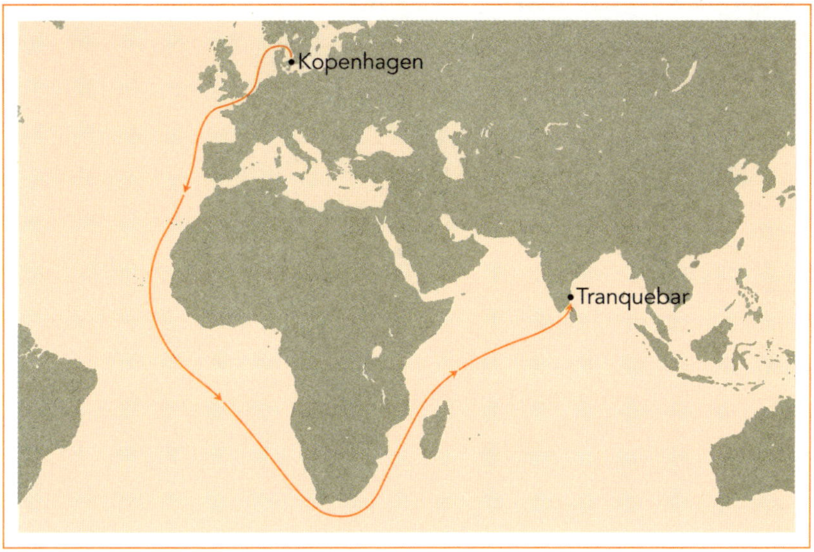

Im 18. Jahrhundert führten die Schiffsrouten von Europa nach Indien um das Kap der Guten Hoffnung

Der Missionar und die Kultur der Tamilen

Deutschland und das romantische Indien

Hundert Jahre bevor August Wilhelm Schlegel in Deutschland den ersten Sanskrit-Lehrstuhl besetzte (1818), waren es Missionare, die den Boden bereiteten für ein Indienbild, an dem sich Generationen von Dichtern und Denkern abarbeiten sollten. Je nach Standpunkt beschworen sie dabei verklärend die »heile Welt« einer von den zivilisatorischen Irrwegen verschont gebliebenen Kultur oder zeichneten das Schreckbild eines rückständigen und dringend erlösungsbedürftigen Volkes. Für den deutschen Kulturraum war es insbesondere Johann Gottfried Herder (1744–1803), der die Grundlage schuf für die spätere Indienbegeisterung der deutschen Romantik. Für ihn waren die Inder ein Volk mit herausragenden Geistesgaben, kultiviert, höflich, sanftmütig und wohltuend gemäßigt in ihrem Handeln. Als eine der möglichen Quellen für Herders Indienbild können die Missionare aus dem Umfeld der Pietismus-Bewegung um August Hermann Francke gelten. Mit dieser Sonderform des Protestantismus beschäftigte Herder sich intensiv. Er hatte Zugang zu den regelmäßigen Veröffentlichungen der Missionare über ihr Wirken in der Ferne.

Bartholomäus Ziegenbalg auf den Spuren der tamilischen Kultur

Der aus dem sächsischen Pulsnitz stammende und im Geist des Pietismus erzogene Bartholomäus Ziegenbalg (1682–1719) leistete als erster evangelischer Missionar in Südindien Pionierarbeit. Entsandt hatte ihn die »dänisch-hallesche Mission«, die erste organisierte Missionsgesellschaft in der protestantischen Kirchengeschichte überhaupt. Mit Inbrunst bekannte Bartholomäus Ziegenbalg sich zu seinem Auftrag, den christlichen Glauben zu den Menschen im fernen Indien zu bringen. Aber je länger er in Tranquebar im Südosten des Landes weilte und Sprache, Religion und Gedankengut der dort lebenden Tamilen kennenlernte, umso tiefer beeindruckte ihn deren Kultur und umso weniger schien ihm die Abfälligkeit des europäischen Blicks auf die »rückständigen« Heiden nachvollziehbar. Immerhin handelte es sich gerade im Fall der Tamilen um ein hoch kultiviertes Volk mit weit zurückreichender Geschichte. Ihre Sprache, wichtigstes identitätsstiftendes Merkmal der Tamilen, hatte nicht nur eine der ältesten indischen Schriften hervorgebracht, sondern auch eine eigenständige, beeindruckend umfangreiche Literatur, deren älteste Zeugnisse bis ins 3. Jahrhundert vor Christus zurückreichten.

Von alledem ahnte Bartholomäus Ziegenbalg noch nichts, als er im Juli 1706 nach einer mehr als acht Monate dauernden Schiffspassage in Tranquebar an Land ging. Zunächst hatte er mehr als genug damit zu tun, sich innerhalb der

Ein- und ausgewanderte Wörter

TAMIL

ṭikkaṭ → abgeleitet von englisch *ticket* für »Eintrittskarte«
ṭelipōṉ → abgeleitet von englisch *telephone* für »Telefon«
pas → abgeleitet von englisch *bus* für »Bus«
reyil → abgeleitet von englisch *rail* für »Eisenbahn«

DEUTSCH

Curry → abgeleitet von tamil: *kaṟi* für »Gemüse«
Paria → abgeleitet von tamil: *paṟaiyar*, ursprünglich der Name einer Trommlerkaste
Katamaran → abgeleitet von tamil: *kaṭṭumaram* für »Boot aus Baumstämmen«

komplizierten europäischen Gemengelage vor Ort zu orientieren. In die ursprünglich portugiesische Kolonie hatten im 17. Jahrhundert Dänen Einzug gehalten und eine Handelskompanie gegründet. Als Sprache im Kontakt zwischen Tamilen und Europäern war das Portugiesische vorherrschend geblieben. Und geblieben waren auch die rauen Umgangsformen, die in der Kolonie gepflegt wurden und aus Sicht der Tamilen ein abschreckendes Beispiel vom Leben der Christenmenschen lieferten. Für die Arbeit der Missionare stellte dieses schlechte Vorbild eine gewaltige Hürde dar. »Daher auch die Heiden mehrmals gekommen sind und haben gesagt: Sollen wir uns zu der Religion begeben, darinnen ja mehr Sünden ausgeübt werden als bei uns? Ja, wir denken nicht anders, als ob die Christen in ihren Kirchen zu solchen Lastern angeführt würden; denn sobald die Kirchen aus sind, sehen wir sie hingehen zum Saufen, Spielen, Tanzen und anderen bösen Dingen«, heißt es in einem von Ziegenbalgs Briefen in die Heimat.

Der junge Missionar verfügte, als er in Indien ankam, über keinerlei Missionserfahrung und hatte auch keine Vorstellung von den Verständigungsschwierigkeiten, die seinen Aufenthalt in der ersten Zeit erheblich beeinträchtigen sollten. Zwar hatte er aufgrund der Entsendung durch die dänische Mission grundlegende Kenntnisse des Dänischen erworben, allerdings halfen diese vor Ort kaum weiter. »Wir konnten mit ihnen anfänglich ganz und gar nichts reden, weil wir allein Dänisch, sonst aber weder Portugiesisch noch Malabarisch verstanden«, klagte er drei Monate nach seiner Ankunft. Da hatte er bereits damit begonnen, mithilfe eines zweisprachigen Hausangestellten Portugiesisch zu lernen. Allerdings missfiel dem Missionar die Schwerfälligkeit einer Kommunikation, bei der er seine Botschaften an die Tamilen erst ins Portugiesische übersetzen und dann von seinem »Dolmetscher« ins »Malabarische« übertragen lassen musste. Also fasste Ziegenbalg kurzfristig den Entschluss, selbst Tamil zu lernen: »So haben wir dennoch nunmehr auch das Malabarische angefangen, wozu ich einen eigenen Schulmeister von diesen Heiden im Hause halte. Es ist eine sehr schwere Sprache, die nicht ohne große Zeit und Mühe erlernt werden kann.«

Aber Bartholomäus Ziegenbalg war zäh und ging sein Sprachstudium systematisch an. Weder las er in dieser Zeit deutsche noch lateinische Bücher, sondern nur tamilische Schriften. 1709 erstellte er auf der Grundlage seiner Lektüreerfahrungen ein *Verzeichnis der Malabarischen Bücher*, das heute als erste tamilische Literaturgeschichte gilt. Der deutsche Missionar ließ sich die tamilischen Texte von seinem Sprachlehrer vorlesen oder las sie selbst laut vor, um sich den Klang der Sprache zu vergegenwärtigen. Nach eigenen Angaben war er schon nach acht Monaten in der Lage, Tamil zu lesen und seine Christenlehre den Menschen in ihrer Muttersprache nahezubringen. Jede Gelegenheit, mit Tamilen ins Gespräch zu kommen, nutzte er als Möglichkeit der Annäherung an die Alltagssprache und die Gedankenwelt der Inder. Der Missionar war beeindruckt vom philosophischen Tiefgang der tamilischen Glaubensvorstellungen und ebenso von deren Ähnlichkeit mit denen der christlichen Lehre. Er entwickelte einen Fragenkatalog, den er an unterschiedliche tamilische Gesprächspartner mit der Bitte um Rückmeldungen verschickte. Deren Antworten, ins Deutsche rückübersetzt und kommentiert, schickte Ziegenbalg zwischen 1714 und 1717 in Fortsetzungen als *Malabarische Korrespondenz* an die Missionszentrale der Francke'schen Stiftungen, die sie wiederum in ihrer weitverbreiteten pietistischen Schriftenreihe, den *Halle'schen Berichten*, veröffentlichte.

Nicht nur die Übersetzungsleistung – aus dem Deutschen ins Tamil und aus dem Tamil zurück ins Deutsche – macht die Bedeutung dieser Korrespondenz aus; vor allem bemerkenswert ist, dass hier den vermeintlich »rückständigen Heiden« eine Bühne gegeben wurde, auf der sie sich authentisch als wertgeschätzte Informationsquellen artikulieren konnten. Eine solche Respektsbekundung war bei missionarischen Einsätzen rund um die Welt in jener Zeit alles andere als üblich. In seiner Heimat und bei seinen pietistischen Brüdern machte er sich damit keine Freunde. Als er in den Folgejahren eine wohlwollende Beschreibung des »malabarischen Heidentums« und eine *Genealogie der malabarischen Götter* an August Hermann Francke nach Halle schickte, um sie in Deutschland drucken zu lassen, verweigerte dieser seine Unterstützung und rügte den Missionar. Diese Schriften könnten keinesfalls gedruckt werden, erklärte der Theologe, schließlich sei das Ziel, das Heidentum auszurotten, und nicht, deren Irrglauben in Europa zu verbreiten.

Von Palmblättern zum Buchdruck

In Fragen der Drucklegung von Schriften musste Bartholomäus Ziegenbalg sich in Tranquebar noch mit Schwierigkeiten ganz anderer Art auseinandersetzen. Bei seiner Ankunft gab es noch keine einzige Druckwerkstatt in der gesamten südindischen Region. Alle Schriften der Tamilen wurden auf Palmblätter geschrieben und kopiert. Das erklärt die schwungvolle, runde Form der einzelnen Schriftzeichen; eckige Schriftzüge hätten die empfindlichen Blätter beim Beschriften schnell reißen lassen. Gleichermaßen musste der Missionar mit seinen eigenen Veröffentlichungen verfahren, was die Verbreitung etwa seiner Übersetzungen des Alten und Neuen Testaments erheblich erschwerte.

Seine Bittbriefe nach Deutschland zeigten denn auch schnell Erfolg: 1712 wurde eine Druckpresse nach Indien geschickt, ebenso die wichtigsten Lettern für den Druck der tamilischen Schrift. Allerdings waren die Typen so groß geraten, dass die Papiervorräte innerhalb kürzester Zeit aufgebraucht waren. Erst die Lieferung neuer, deutlich kleinerer Lettern aus England brachte eine Verbesserung. 1719 konnten erstmals in größerer Zahl Ausgaben des Neuen Testaments in der Übersetzung von Bartholomäus Ziegenbalg gedruckt und verteilt werden. An dieser sogenannten *Tranquebar-Bibel*, die einen großen Fortschritt für die weitere Missionsarbeit bedeutete, konnte sich deren Urheber selbst nicht mehr erfreuen. Denn Bartholomäus Ziegenbalg, zeitlebens von schwächlicher Konstitution, war im Februar desselben Jahres mit gerade mal 36 Jahren verstorben. Bei seiner Beerdigung versammelte sich um sein Grab »seine« tamilische Gemeinde, die dank seines unermüdlichen Einsatzes auf 250 getaufte Christen angewachsen war.

TAMIL

Indien, Sri Lanka, Malaysia, Singapur

anerkannte Amtssprache in Indien, Sri Lanka, Singapur

85 Mio. MuttersprachlerInnen

Tamilisch, Malabarisch (veraltet)

Zwischen der klassischen Schriftsprache und der im Alltag benutzten Umgangssprache bestehen erhebliche Abweichungen; die älteste Grammatik geht bis auf das Jahr 200 v. Chr. zurück.

Sprachbrücken

Das zweitälteste Gewerbe der Welt

Eine der ältesten bildlichen Darstellungen eines Dolmetschers stammt von einem Relief aus dem Grab des Pharaos Haremhab um 1330 vor Christus. Es zeigt den Übersetzer als »Diener zweier Herren« – einerseits dem Pharao zugewandt, andererseits den Bittstellern und vermittelnd zwischen beiden von ihnen. Im Alten Testament ist es Josef, der sich in Ägypten eines Dolmetschers bedient, als geschickte Tarnung für die eigenen Sprachkenntnisse: »Weil Josef sich mit ihnen durch einen Dolmetscher verständigte, ahnten sie nicht, dass er alles verstand.« (1. Mose 42,23) Als die gern als »zweitältestes Gewerbe der Welt« bezeichnete Profession reicht das Dolmetschen in jene Frühzeit der Menschheitsgeschichte zurück, in der die ersten Kulturen begannen, über die Grenzen der eigenen Sprachen hinaus die Welt zu erkunden.

Eine der frühesten Institutionen, an denen systematisch übersetzt wurde, war die 271 nach Christus gegründete Akademie von Gundischapur. Hier waren es griechische Philosophen und aramäische Christen, die angesichts der religiösen Verfolgung im Byzantinischen Reich beim Sassanidenherrscher Asyl gefunden hatten und von ihm mit Übersetzeraufgaben betraut wurden. Dem Vorbild Gundischapurs folgend, entstand in Bagdad einige Jahrhunderte später das *Haus der Weisheit*, eine Einrichtung, bei der bis zu neunzig Übersetzer astronomische, mathematische und medizinische Werke ins Arabische übertrugen, um so den Austausch zwischen westlicher und östlicher Welt zu befördern. Eine der ältesten europäischen Übersetzerschulen gab es im späten Mittelalter im spanischen Toledo. Hier stand neben der Übertragung wissenschaftlicher Texte vor allem die Ausbildung qualifizierten Übersetzer-Nachwuchses im Mittelpunkt.

Als sogenannte *trujamanes* im westlichen und *Dragomanen* im östlichen Mittelmeerraum hatten Dolmetscher und Übersetzer deutlich weiterreichende Aufgaben als die, reine »Mediatoren der Worte« zu sein. Ihre Rolle in Handel und Politik ebenso wie in Wissenschaft und Religion erforderte diplomatisches Fingerspitzengefühl und strategisches Geschick ebenso wie die feinfühlige Vermittlung zwischen den verschiedenen Kulturwelten. Deshalb genossen sie hohe Wertschätzung.

Deutlich anders war die Situation im Zeitalter der Entdeckungsreisen und der Kolonisation entfernter Weltgegenden. Hier trafen die europäischen Seefahrer, Händler und Missionare nicht selten auf Sprachen, von denen sie zuvor noch niemals gehört hatten und für die es keinerlei Unterstützung durch qualifizierte Übersetzer gab. Die einzige Möglichkeit bestand darin, sich radebrechend und gebärdensprachlich den Fremden zu nähern und Stück für Stück eine sprachliche Verständigungsgrundlage zu erarbeiten. Eine Vielzahl von Wörterlisten, oft handschriftlich zu Papier gebracht und mit laienhaften Beschreibungen der Laute und ihrer Aussprache versehen, war das Resultat solcher sprachlichen Erstkontakte. Insbesondere für die Vertreter der christlichen Ordensgemeinschaften, die mit dem Anspruch durch die Welt reisten, den »Heiden« in den entferntesten Winkeln der Erde das Wort Gottes zu überbringen, gehörten Übersetzertätigkeiten zum Kern ihrer Aufgabe. Nicht zufällig gilt die Bibel bis heute als das meistübersetzte Buch der Welt – mit Teil- oder vollständigen Übersetzungen in fast 4000 Sprachen.

Die Schwierigkeiten, auf die die übersetzenden Botschafter des Christentums allenthalben stießen, waren dabei erheblich weitreichender, als es die Aufgabe einer Wort-zu-Wort-Übersetzung der biblischen Texte zunächst vermuten lassen würde. Denn egal, ob in Südamerika, Afrika oder Ozeanien: Bei den meisten indigenen Kulturen trafen christliche Glaubensinhalte auf naturreligiöse Traditionen, in denen es keine Vorstellung und entsprechend keinerlei Begrifflichkeit etwa für einen dreifaltigen Gott oder das Prinzip von Schuld und Sühne gab.

Woran so mancher Missionar schier verzweifeln mochte, nahm, Generationen später, der deutsche Autor, Weltreisende und Übersetzer Roger Willemsen mit augenzwinkernder Gelassenheit. Wer Sprachgrenzen überschreitet, so seine Erkenntnis, begibt sich auf ein Terrain, in dem Wörter und deren Bedeutung in ganz neuem Licht erscheinen, zuweilen unerheblich werden, zuweilen auch erstaunliche Relevanz bekommen: »In Borneo orientierte ich mich übrigens mit einem kleinen Wörterbuch Indones–Jerman. Dort waren gewisse Worte, die man braucht, nicht vorgesehen, gewisse Zahlen wie die Acht zum Beispiel – für die hat man ja seine Hände – oder ›verheiratet‹ oder ›Hafen‹. Stattdessen gab es Begriffe wie ›Maulchrist‹, ›Gänsewein‹, ›Hautschmutz‹, ›Zwingherr‹, ›Kartenbrief‹ und ›Betastung‹. Sie wären erstaunt zu erfahren, wie gut man auf das Wort für ›verheiratet‹ verzichten kann, wenn man sich erst einmal für einen häufigeren Gebrauch von ›Betastung‹ entschieden hat.«

Die Donauroute stellte eine wichtige Verbindung zwischen Westeuropa und dem Osmanischen Reich her

Ein »Sprachknabe« als Brückenbauer zwischen Ost und West

Okzident trifft Orient

In Österreich nannte man sie »Sprachknaben« oder »Dragomanen«. Einer von ihnen war Joseph von Hammer-Purgstall (1774–1856). Als er 1799 nach Konstantinopel ging, war die Blütezeit dieser hoch spezialisierten Dolmetscher und ihrer Ausbildung in der Hauptstadt des Osmanischen Reichs schon vorbei. Das hinderte ihn nicht daran, als Orientalist und Brückenbauer zwischen Europa und der arabisch-osmanischen Welt Geschichte zu schreiben.

Konstantinopel hatte sich seit dem 16. Jahrhundert zur Drehscheibe für Handel und Politik zwischen Orient und Okzident entwickelt. Dass für den Austausch zwischen West und Ost stets osmanische Dragomane zum Einsatz kamen, missfiel den Europäern: Sie verdächtigten die Dolmetscher mangelnder Neutralität. Abhilfe schuf die Ausbildung eigener Dolmetscher an einem in Konstantinopel speziell zu diesem Zweck eingerichteten Sprachinstitut. Die künftigen »Sprachknaben« waren nicht älter als zehn Jahre, wenn sie aus ihren Heimatländern nach Konstantinopel kamen. Mit schneller Auffassungsgabe und kindlicher Unbekümmertheit erlernten sie die türkische Sprache und machten sich mit den Gebräuchen der osmanischen Kultur vertraut. Der Bedarf an Dolmetschern war groß. Im Straßenbild von Konstantinopel waren sie aufgrund ihrer spezifischen Tracht eindeutig erkennbar und konnten so jederzeit für eine Verhandlung herbeigerufen werden. Die europäischen Dragomanen präsentierten sich farbenfroh mit rotem Mantel und gelben Schuhen. Erst im 18. Jahrhundert wurden weitere Sprachinstitute gegründet, in Wien und Paris etwa, sodass ein Aufenthalt in Konstantinopel nur noch für den sprachlichen »Feinschliff« erforderlich war.

Joseph von Hammer-Purgstall hatte seine Ausbildung in Wien absolviert, bevor er nach Konstantinopel ging. Arabisch und Türkisch beherrschte er nicht nur in der Hochsprache, sondern auch in diversen umgangssprachlichen Varianten; dazu konnte er die arabische Schrift lesen und schreiben. Persisch, Französisch, Englisch und Griechisch sprach er ebenfalls fließend. Kein Wunder, dass seine Dolmetscherdienste geschätzt wurden. Dass er dennoch nicht die große Karriere machte und nicht seinem Wunsch gemäß zum Botschafter in Konstantinopel aufstieg, hatte er wesentlich seinem aufbrausenden Temperament und seiner mangelnden Diplomatie zu verdanken. So blieb er zeitlebens österreichischer Beamter, wurde 1811, unter Fürst Metternich, »Hofdolmetscher«, später »Hofrat« an der Staatskanzlei in Wien – und entwickelte sich in der Folge zu einem der passioniertesten Briefschreiber seiner Zeit, der mit Orientalisten, Sprachforschern und Völkerkundlern in West und Ost, aber auch mit Kulturgrößen wie Goethe, Balzac oder Beethoven einen regen Austausch pflegte.

Ein- und ausgewanderte Wörter

TÜRKISCH

şinitsel → abgeleitet von deutsch *Schnitzel*
aysberg → abgeleitet von deutsch *Eisberg*
otoban → abgeleitet von deutsch *Autobahn*
fön → abgeleitet von deutsch *Föhn*

DEUTSCH

Tsatsiki → abgeleitet von türkisch *cacık* für »Joghurtspeise«
Schabracke → abgeleitet von türkisch *çaprak* für »Satteldecke«
Kaviar → abgeleitet von türkisch *havyar* für »Kaviar«
Joghurt → abgeleitet von türkisch *yoğurt* für »Joghurt«

Die Literatur des Orients für Europa entdecken

70 Bücher und mehr als 800 Fachartikel brachte Joseph von Hammer-Purgstall zu Lebzeiten auf den Weg. Ihm gebührt das Verdienst, erstmals die Literatur der arabischen und osmanischen Welt durch Übersetzungen für Europa zugänglich gemacht zu haben: Dazu zählt insbesondere die erste vollständige Übertragung des *Diwan* von Mohammed Schemsed-din, genannt Hafis, (1812–1813) mit fast 900 Gedichten, die Johann Wolfgang von Goethe zu seinem *West-östlichen Divan* (1819/1827) inspirierte. Weitere Übersetzungen galten dem arabischen Dichter al-Mutanabbī, dem türkischen Lyriker Baki oder dem persisch-islamischen Philosophen al-Ghazālī. Umfassende Geschichten der persischen, arabischen und osmanischen Literatur vermittelten einen Überblick über deren jeweilige historische Entwicklungen. Übersetzungen ins Französische, etwa der Erzählungen aus *Tausendundeiner Nacht*, und eine Übertragung der ursprünglich in Griechisch verfassten *Selbstbetrachtungen* des Kaisers Marc Aurel ins Persische lassen erkennen, wie souverän Joseph von Hammer-Purgstall sich zwischen den verschiedenen Sprachen zu bewegen verstand.

Dass ihm in Konstantinopel die große Karriere verwehrt blieb, erwies sich kulturgeschichtlich als Glücksfall. So konnte er sich intensiv seinen Sprach- und Literaturstudien widmen und damit das Tor zur Kultur des Orients für nachfolgende Generationen aufstoßen.

TÜRKISCH

Türkei, Zypern, Iran, Libanon, Syrien, viele osteuropäische Länder

Amtssprache in der Türkei und auf Zypern

75 Mio. MuttersprachlerInnen;
15 Mio. SprecherInnen (Zweitsprache)

Osmanisch (veraltet)

Das Türkische in seiner »Standardform«, erweitert um Elemente aus dem Persischen und Arabischen, war die Amtssprache des Osmanischen Reichs.

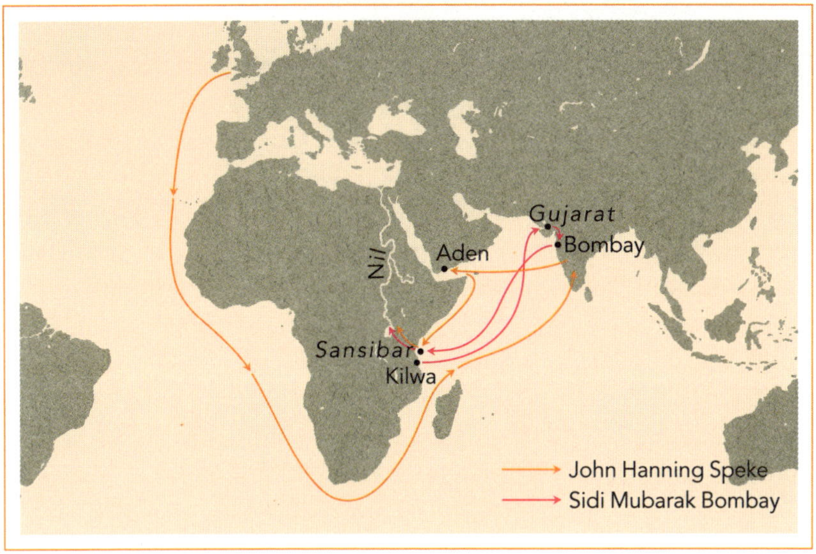

Den britischen Offizier und den afrikanischen Sklaven verband das Hindi ihrer Indienaufenthalte

Ein Afrikaner als Expeditionsdolmetscher

Mit Hindi bis zur Quelle des Nils

Kein Thema hat die Afrikaforschung im 19. Jahrhundert mehr beschäftigt als die Entdeckung der sagenumwobenen Quellen des Nils. Insbesondere zwischen den Briten John Hanning Speke (1827–1864) und Richard Francis Burton (1821–1890), die 1857 gemeinsam zu einer Expedition aufgebrochen waren, entbrannte eine leidenschaftliche Kontroverse um die Frage, wer denn nun der eigentliche Entdecker des »richtigen« Nilursprungs sei. Zur endgültigen Klärung sandte die Royal British Society 1866 den Schotten David Livingstone in die Region. Als von ihm kein Lebenszeichen mehr kam, machte sich der amerikanische Journalist Sir Henry Morton Stanley auf den Weg, um Livingstone – und womöglich zugleich die Nilquellen – zu finden. Die Namen Spekes, Burtons, Livingstones und Stanleys sind in die Geschichte eingegangen. Der eigentliche Held dieser Expeditionen jedoch, ein Afrikaner mit soliden Hindi-Kenntnissen, ist vergessen.

Dabei hätte die gemeinsame Expedition von Speke und Burton ebenso wie Spekes zweite Expedition und die Reise Stanleys ohne Sidi Mubarak Bombay

(1820–1885) einen völlig anderen Verlauf genommen. Denn der den Yao angehörende Afrikaner fungierte als Übersetzer, Vermittler, Berater, Karawanen- und Reiseleiter. Eine wesentliche Voraussetzung dafür hatte er während seiner Sklavenjahre in Indien erworben.

Die Yao, im heutigen Grenzgebiet zwischen Tansania und Mosambik beheimatet, spielten seit dem 18. Jahrhundert eine Mittlerrolle im Sklavenhandel zwischen den Arabern in der östlichen Küstenregion Afrikas und den Ethnien Zentralafrikas. Im Alter von zwölf Jahren wurde Sidi Mubarak Bombay an einen arabischen Händler verkauft und von diesem in den Westen Indiens verschifft. Mehr als zwanzig Jahre währte dort sein Sklavendienst. Erträglicher wurde er allein durch die Tatsache, dass Sidi sprachbegabt war, sich schnell mit dem Hindi der Inder vertraut machte und sich so mit den Menschen in seiner Umgebung verständigen konnte. Nach dem Tod seines »Besitzers« wurde Sidi Mubarak Bombay in die Freiheit entlassen und kehrte nach Sansibar zurück. Dort verdingte er sich in der Armee des Sultans und erwarb, so ist zu vermuten, Kenntnisse in Kiswahili ebenso wie im Arabischen.

Auf Sansibar lernte Sidi Mubarak Bombay auch John Hanning Speke kennen. Der hatte viele Jahre als Offizier der Britisch-Indischen Armee in Indien gelebt. Das während dieser Zeit erlernte Hindi wurde zur Kommunikationsbasis für die beiden Männer – und zu einer entscheidenden Voraussetzung für Spekes afrikanische Expeditionserfolge: Denn mit Sidi Mubarak Bombay

Ein- und ausgewanderte Wörter

HINDI

zahlreiche Lehnwörter aus dem Englischen, z. B. ***Hospital, Radio, Computer, Bus, Ticket***

DEUTSCH

Bungalow → über das Englische abgeleitet von hindi *bangla* für »Haus für Europäer in Bengalen«
Dschungel → über das Englische *jungle* abgeleitet von hindi *jangal* für »Wildnis«
Jute → über das Englische *jute* abgeleitet von hindi *jūṭ* für »Bastfaser«
Tamtam → über das gleichlautende französische Wort vom lautmalenden hindi *tam-tam* für »laute, Aufmerksamkeit heischende Betriebsamkeit«

an seiner Seite gelang ihm, auch nachdem er ohne Richard Francis Burton weiterreisen musste, die für die Nilursprungsfrage bedeutende Erkundung des nördlichen Viktoriasees und der dortigen Wasserfälle. Während Speke sich mit Bombay in Hindi unterhielt, konnte dieser sich mit den Karawanenbegleitern und vielen Einheimischen in Kiswahili verständigen. Zudem verfügte er über diplomatisches Geschick. Viele Karawanen von der Ostküste ins Landesinnere und zurück dienten dem Sklavenhandel. Aus Angst davor, selbst in Gefangenschaft zu geraten, blieben die Einheimischen lieber auf Abstand und verweigerten den Karawanenführern jede Hilfe. Eine gemeinsame Sprache und die eigene Sklavenerfahrung halfen Sidi Mubarak Bombay bei der Kontaktaufnahme und der Bitte um sicheres Geleit. Strategische Angebote, zum Beispiel in Form von Geschenken wie Salz oder Munition, konnten dabei eine große Hilfe sein, vorausgesetzt, man wusste sie geschickt einzusetzen. Sidi Mubarak Bombay erwies sich darin als Meister seines Fachs. Ein exzellenter Ruf eilte ihm von nun an voraus. Dies führte dazu, dass er einige Jahre später von Stanley erneut engagiert wurde, um ihn auf seiner Expedition ins Innere Afrikas zu begleiten.

Auch die Royal Geographic Society in London zeigte sich beeindruckt von Bombays Verdiensten. 1876 zeichnete sie ihn mit einer Silbermedaille aus und gewährte ihm eine jährliche Pension. Zur literarischen Figur hat den afrikanischen Dolmetscher unter anderem Ilija Trojanow erhoben. In seinem Roman *Der Weltensammler* über die Abenteuer Richard Francis Burtons erhält Sidi Mubarak Bombay eine eigene Erzählerstimme und kann – im ausschweifenden Stil afrikanischer Erzähltraditionen und mit seiner persönlichen Sicht – von seinen Erlebnissen mit den britischen Forschern und ihrem seltsamen Ehrgeiz berichten.

HINDI

Indien

Amtssprache in Indien

600 Mio. MuttersprachlerInnen

Hindi steht unter den meistgesprochenen Sprachen der Welt an dritter Stelle. Die indische Verfassung sieht Hindi neben dem Englischen als Amtssprache vor.

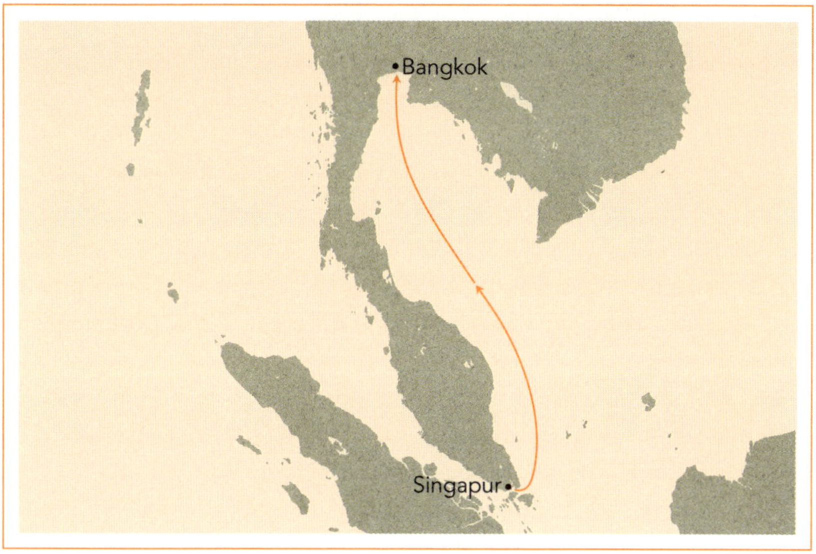

Als Frau mit Kind allein auf hoher See: Anna Leonowens reiste 1862 von Singapur nach Bangkok

Der König von Siam und die Lehrerin seiner Kinder

Englischunterricht für 39 Ehefrauen und 82 leibliche Kinder

Im Film *Der König und ich* (1956) tanzen Yul Brynner als König Mongkut und Deborah Kerr als Anna Leonowens eine Polka. In Wirklichkeit werden der siamesische Herrscher und die viktorianische Lehrerin einander niemals so nah gekommen sein. Zumindest die in dieser Szene deutlich werdende Neugier auf alles, was aus dem Westen kam – Sprache, Kultur, Wissenschaft und Technik –, zeichnete den König und die Zeit seiner Regentschaft jedoch auch in Wirklichkeit aus. Sie war wohl auch der Grund für seinen Wunsch, seine 39 Ehefrauen und deren 82 Kinder in Englisch unterrichten zu lassen.

Eine weitgereiste viktorianische Witwe

Als Anna Leonowens (vermutlich 1831–1915) im Jahre 1862 mit ihrem kleinen Sohn von Singapur nach Bangkok reiste, um am siamesischen Königshof die Stelle einer Hauslehrerin anzutreten, hatte sie schon mehr von der Welt gesehen als die meisten Engländerinnen des Viktorianischen Zeitalters. Als Tochter britisch-indischer Eltern und Ehefrau eines Iren mit wechselnden Berufen hatte sie lange in Indien, später in Perth in Westaustralien, in Malaysia und Singapur gelebt.

Dort erreichte sie die Anfrage von König Mongkut (1804–1868), der als Rama IV. 1851 den siamesischen Thron bestiegen hatte. Die Zeit seiner Regentschaft war geprägt von dem Bemühen, die Unabhängigkeit seines Landes gegenüber den Begehrlichkeiten der Kolonialmächte zu bewahren und zugleich das Königreich umfassend zu modernisieren. Vor seiner Thronbesteigung hatte Mongkut mehr als zwanzig Jahre als Mönch in einem buddhistischen Kloster gelebt, dort Latein und Englisch gelernt und sich intensiv mit wissenschaftlichen Themen, vorrangig Astronomie, Geografie und Medizin, befasst. Insbesondere mit dem französischen Bischof Jean-Baptiste Pallegoix, der als Apostolischer Vikar für Siam in Bangkok lebte, und mit den beiden amerikanischen Baptistenmissionaren Dan Beach Bradley und Jesse Caswell pflegte er einen intensiven Gedankenaustausch.

Dass Sprachkompetenz neue Welten erschließen kann, nahm Mongkut als zentrale Erfahrung seiner Mönchsjahre mit in sein königliches Amt. Aus dem Wunsch, sein Land für die Zukunft aufzustellen, leitete er die Förderung von Unterricht in der englischen Sprache ab. Für seinen eigenen zahlreichen Nachwuchs und für die Kinder der Höflinge ließ er an seinem Hof eine Schule errichten, an der zunächst die Ehefrauen der befreundeten amerikanischen Missionare, Mrs. Bradley und Mrs. Caswell, für die Vermittlung englischer Vokabeln und Grammatik zuständig waren. Dass beide dabei den Kindern zugleich christliches Gedankengut nahebringen wollten, missfiel dem König allerdings. Als er von einer jung verwitweten Engländerin erfuhr, die keiner Missionsgesellschaft angehörte und in Singapur eine englische Schule aufgebaut hatte, ließ er sie an den königlichen Hof in Bangkok einladen.

Ein- und ausgewanderte Wörter

THAILÄNDISCH

Khêk → abgeleitet von englisch *cake*

Fæchạn → abgeleitet von englisch *fashion*

Thæ̆ksī' → abgeleitet von englisch *taxi*

Chofexr' → abgeleitet von französisch *chauffeur*

Nach einer historischen Abbildung, die Anna Leonowens um 1862 mit einem üppigen Schmuckkreuz zeigt. Dem Wunsch des Königs von Siam entsprechend gestaltete sie ihren Unterricht allerdings ganz frei von missionarischen Ambitionen.

Für Anna Leonowens kam die königliche Einladung zum perfekten Zeitpunkt. Als junge Witwe ohne finanzielle Rücklagen fiel es ihr schwer, ihren Lebensunterhalt zu bestreiten und sich unter den zahlreichen Briten in Singapur eine gesellschaftliche Position aufzubauen. Die Hoffnung, sich mit einer eigenen Schule eine Zukunft zu schaffen, erwies sich finanziell als Desaster. Andere berufliche Perspektiven waren für Frauen der viktorianischen Ära nicht vorgesehen. Die Aussicht auf eine gut entlohnte Stellung inmitten der verschwenderischen Pracht des königlichen Palastes von Siam, umgeben vom orientalischen Flair einer Glanz und Reichtum verströmenden Kultur, war da mehr als verlockend.

Hauslehrerin und Assistentin des Königs

Über Rolle und Bedeutung von Anna Leonowens als Hauslehrerin am siamesischen Königshof gibt es unterschiedliche Einschätzungen, die nicht zuletzt durch die exotisch-romantisierenden Darstellungen in einem Musical (*Der König und ich*, 1951) und zwei Filmen (*Der König und ich*, 1956, und *Anna und der König*,1999, mit Jodie Foster in der Hauptrolle) befördert wurden. Alle drei basieren im Kern auf Beschreibungen, die Anna Leonowens selbst in späteren Jahren in einem Reisebericht und einem Roman (*The English Governess at the Siamese Court*, 1870, und *Romance of the Harem*, 1873) über ihre Zeit in Siam geliefert hat. Ein deutlicher Hang zu Übertreibungen und teilweise wenig schmeichelhafte Urteile über den Herrscher und das Leben am Hof führten dazu, dass weder die Bücher noch die Filme in Thailand je verbreitet werden durften.

Unbestritten ist, dass Anna sprachbegabt war, neben dem Englischen als Muttersprache beherrschte sie Hindi, Marathi und Sanskrit. Dass sie auch perfekt Thailändisch sprach, wie sie von sich selbst behauptete, ist von einigen Biografen angezweifelt worden. Immerhin bedurfte es zum Verstehen und Kommunizieren im Siamesischen eines feinen Ohrs für Bedeutungsunterschiede, die lediglich durch die jeweilige Tonhöhe zum Ausdruck gebracht werden. Zum Lesen und Schreiben der Schrift – einer sogenannten *Abugida*, bei der die Buchstaben nicht in der gesprochenen Reihenfolge angeordnet und Wörter nicht voneinander getrennt werden – waren ebenfalls Übung und Erfahrung erforderlich. Um sich gegebenenfalls mit König Mongkut zu verständigen, konnte Anna Leonowens sich auch des Englischen bedienen. Für den täglichen Umgang mit den jungen Schülerinnen und Schülern am Hof aber waren ausreichende Thaikenntnisse unverzichtbar.

Anders als den Missionarsgattinnen war Anna Leonowens, die einen Großteil ihres Lebens in Asien zugebracht hatte, die buddhistische Gedankenwelt vertraut und sympathisch. Wie von Mongkut erwartet, konzentrierte sie sich in ihrem Unterricht auf westlich-europäische Literatur und Kultur und sparte religiöse Unterweisungen aus. Als fortschrittlich denkende Frau – in späteren Jahren trat sie in den USA der Suffragettenbewegung bei – missfiel ihr die Stellung der Frauen in der thailändischen Gesellschaft, insbesondere im Umfeld der Harems. Ebenso verachtete sie das Sklaventum, das sich in Siam zwar weniger brutal manifestierte als in anderen Teilen der Welt, dennoch für ein extremes soziales Ungleichgewicht sorgte. Für ihr erzieherisches Engagement spricht die Tatsache, dass sie Harriet Beecher-Stowes Roman *Uncle Tom's Cabin* mit seiner klaren Anti-Sklaven-Haltung, der ein paar Jahre zuvor (1852) veröffentlicht worden war, zur Lektüre in ihrem Englischunterricht auswählte und mit Mongkuts ältestem Sohn und späteren Thronfolger Chulalongkorn diskutierte. Dass dieser in den Jahren seiner Regentschaft die Sklaverei in Siam abschaffte, hat Anna Leonowens sich als Verdienst ihres Unterrichts auf die Fahne geschrieben.

Zu König Mongkuts außenpolitischen Reformbemühungen gehörte der Ausbau von Kontakten zu westlichen Staaten. Er ernannte den Engländer Sir John Browning zum Außerordentlichen Botschafter und Bevollmächtigten Thailands in Europa, rekrutierte durch ihn Ausbilder für seine Armee, die westlich-militärische Taktiken erlernen sollte, und schloss Handelsverträge unter anderem mit Dänemark, Frankreich, Deutschland und den USA. Für das diplomatisch-protokollarische Know-how und den guten Ton der vielfältigen Korrespondenz brauchte es sprachliche Formulierungssicherheit und Fingerspitzengefühl. Naheliegend, dass der König sich dabei nicht allein auf seine eigenen Sprachkenntnisse verließ, sondern sich die Unterstützung eben jener Frau holte, die offensichtlich zu seiner Zufriedenheit an seinem Hof unterrichtete. Für Anna Leonowens ergab sich daraus eine für diese Zeit außergewöhnliche Vertrauensstellung. Spannender als die viel diskutierte Frage nach der emotional-erotischen Komponente der Beziehung ist dabei die Erkenntnis, dass eine Frau im Viktorianischen Zeitalter als sprachliche »Brückenbauerin« erfolgreich den Aufbruch eines traditionellen asiatischen Landes in eine von westlichen Werten geprägte Zukunft begleiten konnte.

THAILÄNDISCH

Thailand

Amtssprache in Thailand

20 Mio. MuttersprachlerInnen

Thai, Siamesisch

Das Thailändische gilt als Tonsprache: Die zumeist einsilbigen Wörter verändern ihre Bedeutung durch unterschiedliche Tonhöhen und Tonverläufe.

Shooting an Elephant
1924-27

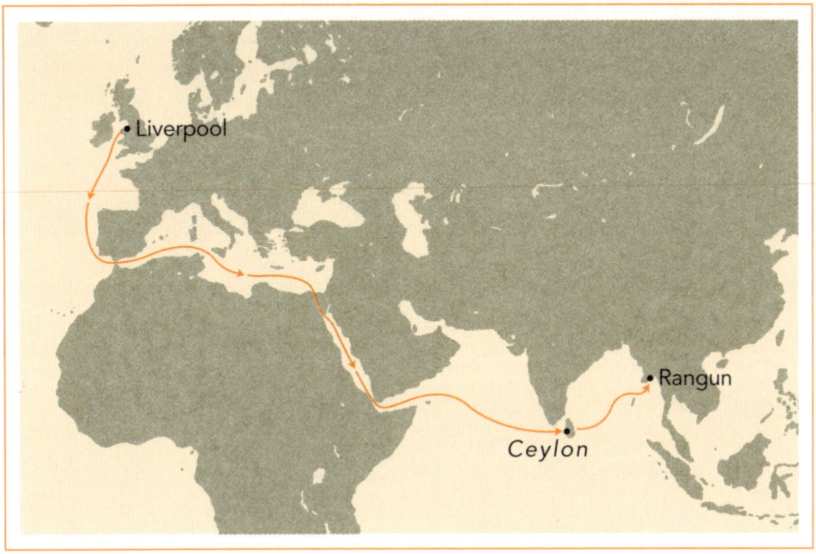

Bei der Anreise zu seinem Einsatzort als Offizier in Burma passierte George Orwell den Suezkanal

Im Dienst Seiner Majestät, des britischen Königs

George Orwell in Burma

Burma bedeutete für Eric Arthur Blair (1903–1950) Flucht. Nach den Schuljahren in Eton, die er wie ein »lauwarmes Bad in Standesdünkel« erlebt hatte, wollte der 19-Jährige nur weg aus England. Burma, die britische Kronkolonie fast am anderen Ende der Welt, bot eine Alternative. Hier trat Blair 1922 seinen Dienst als Polizeioffizier der Indian Imperial Police an. Die Weltgegend war ihm vertraut: Er selbst war in Motihari im indischen Bundesstaat Bihar als Sohn eines Kolonialbeamten zur Welt gekommen und hatte dort seine ersten Lebensjahre bis zum Umzug der Familie nach Großbritannien verbracht. Seine Mutter, einer anglofranzösischen Teakholzhändlerfamilie entstammend, war in Moulmein in Unterburma aufgewachsen. Dort lebte auch ein Großteil ihrer Familie.

Die Hoffnungen, die George Orwell – wie er sich ab 1933 als Schriftsteller nannte – auf ein besseres Leben fernab vom Vereinigten Königreich gesetzt hatte, sollten sich nicht erfüllen. In der von Dünkel und Anmaßung geprägten kolonialen Welt Burmas fühlte er sich ebenso ausgegrenzt und fehl am Platz wie zuvor in Eton. Nach fünf Jahren quittierte er den Dienst und verließ enttäuscht die Kronkolonie. Dorthin zurückkehren sollte er nie mehr. Aber die Erfahrungen, die er in Burma gemacht hatte, begleiteten ihn und sein Schreiben sein ganzes Leben.

Koloniale Sprachstrategien

Im Gegensatz zu den meisten Briten in Burma hatte George Orwell ein großes Interesse daran, die Sprachen seines »Gastlandes« zu lernen. Er nahm Unterricht in Hindustani und Burmesisch und beherrschte beide Sprachen innerhalb kurzer Zeit fließend. Für die Kolonialvertreter wurde er damit als Dolmetscher und Übersetzer zu einer wichtigen Stütze. Für ihn selbst war es vor allem Ausdruck der Höflichkeit, dass er sich mit den Einheimischen in deren eigener Sprache verständigen konnte. Darüber hinaus eröffneten die Sprachen ihm einen einzigartigen Zugang zu Kultur, Religion und Alltagsleben. Ein George Orwell nahestehender Kolonialbeamter, Roger Beadon, erinnerte sich später, dass Orwell regelmäßig burmesische Klöster besucht und mit den Mönchen lange intellektuelle Gespräche geführt hatte: »Man musste die Sprache schon fließend beherrschen, um auf diesem Niveau zu kommunizieren«, so Beadon.

So intensiv er sich mit den Sprachen Burmas beschäftigte, so genau beobachtete Orwell auch das Sprachverhalten seiner Landsleute. Erschreckend war für ihn die demonstrative Geringschätzung der burmesischen und die koloniale Aufwertung der eigenen Sprache. Diese Erfahrungen spiegeln sich in dem Schlüsselroman jener Jahre, *Tage in Burma* (1934). Eine der Protagonistinnen des Buches ist *Memsahib* Lackersteen, die Ehefrau eines Holzhändlers. Für Orwell verkörpert sie die für viele Briten typische Arroganz: »Eine verdammte Memsahib, gelb und mager, die bei Cocktails in Skandalen wühlte, (...) zwanzig Jahre im Lande lebte, ohne ein Wort von seiner Sprache zu können.«

Seit Burma 1886 offiziell als Provinz der Kronkolonie Britisch-Indien angegliedert worden war, wurde die burmesische Sprache systematisch zugunsten

Ein- und ausgewanderte Wörter

BURMESISCH

k hpee → abgeleitet von französisch *café*
sar → abgeleitet von englisch *Sir*
hkarait → abgeleitet von englisch *christ*

des Englischen zurückgedrängt. Kolonialbeamte hielten es für überflüssig, sich mit der Landessprache überhaupt vertraut zu machen. Allerdings war auch der umgekehrte Fall nicht gern gesehen: Dass ein Burmese Englisch lernte und perfekt beherrschte, schien für manchen Briten die Erhabenheit seiner ehrwürdigen Muttersprache zu »beschmutzen«. In Orwells Roman kommentiert ein britischer Geschäftsmann die guten Englischkenntnisse seines Butlers mit den Worten: »Wir werden den Kerl rausschmeißen müssen, wenn er zu gut englisch sprechen lernt. Ich kann Dienstboten, die englisch sprechen, nicht ausstehen.«

Die ganze Anmaßung des britischen Kolonialismus verdichteten sich für Orwell in solchem Sprachgebaren. Für ihn selbst als Repräsentant der britischen Kolonialmacht ergab sich daraus ein unerträglicher Konflikt. In dem Essay *Einen Elefanten erschießen* (1938) schrieb er: »Meinen Dienst hasste ich mehr, als ich zu sagen vermag. In einer Stellung wie der meinen lernt man die hässliche Kehrseite des Empire aus nächster Nähe kennen.«

Dass Sprache als Macht- und Kontrollfaktor eingesetzt werden kann: Diese Erkenntnis sollte 1949 in Orwells düsterem Zukunftsroman *1984* als zentrales Thema in den Mittelpunkt rücken. Entscheidende Anstöße dazu hatten die Jahre in Burma geliefert.

BURMESISCH

Myanmar, Thailand, Bangladesch, Malaysia, Singapur, Laos

Amtssprache in Myanmar

35 Mio. MuttersprachlerInnen

Birmanisch

Burmesisch verfügt über eine eigene Schrift, die sich aus der indischen Brahmi-Schrift entwickelt hat. Die meist einsilbigen Verben und Nomina werden nicht konjugiert bzw. dekliniert. Burmesisch ist eine Tonsprache: Veränderungen im Ton können eine Bedeutungsverschiebung beinhalten.

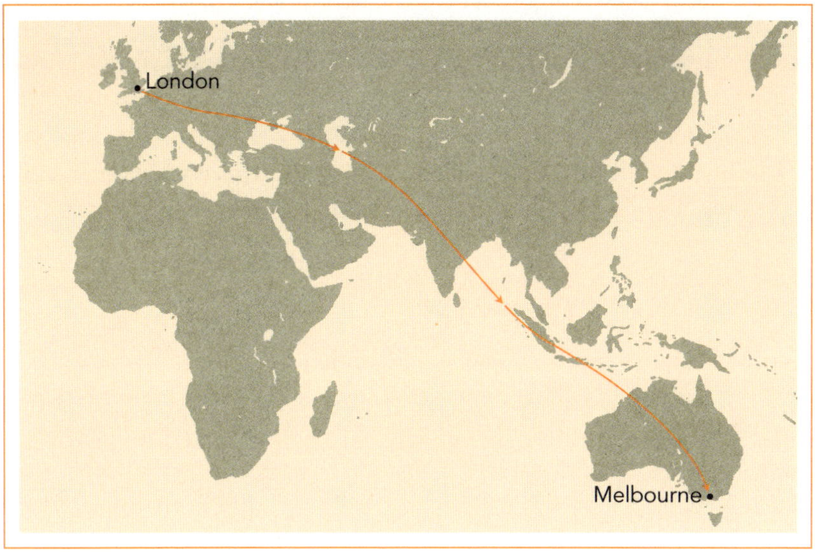

Mehr als 17.000 Kilometer legte Luise Hercus auf dem Weg in den Süden Australiens zurück

Die Sprache der Gesänge

Auf den Sprachspuren der Aborigines

Was es heißt, der eigenen Muttersprache beraubt zu werden, erfuhr Luise Anna Schwarzschild (1926–2018) als junges Mädchen am eigenen Leib. 1938 floh sie mit ihrer jüdischen Familie aus München nach England und kehrte zeitlebens nicht mehr nach Deutschland – und zur deutschen Sprache – zurück. Andere Sprachen aber wurden zum Kern ihrer lebenslangen wissenschaftlichen Betätigung, die Bewahrung bedrohter, aussterbender, vergessener Sprachen zu ihrem Lebenselixier. Dazu bedurfte es der Bekanntschaft mit dem Physiker Graham Hercus, den Luise 1956 heiratete und dem sie ins australische Melbourne folgte. Hier traf sie auf einen Jungen aus der Gemeinschaft der Warrnambool, den sie eine Zeit lang in ihre Familie aufnahm. Von ihm erfuhr Luise Hercus, dass es in der weitläufigen Landschaft der Victoria-Region durchaus Aborigines gab, die ihre vermeintlich ausgestorbenen Muttersprachen noch beherrschten. Damit hatte sie ihr Lebensthema gefunden. In den folgenden Jahrzehnten reiste die Linguistin unermüdlich bis in die entlegensten Siedlungen im Südosten Australiens, eignete sich umfangreiche Kenntnisse in mehr als einem Dutzend Aborigines-Sprachen an, führte Gespräche, erstellte Tonaufnahmen und verfasste Wörterbücher, Grammatiken und linguistische Schriften, unter anderem zum Arabana, den Thura-Yara-Sprachen, dem Wirangu, dem Kaurna und den Yarli-Sprachen. Im National Film and Sound Archive of Australia sind Tondokumente aus ihrem Nachlass archiviert, die mehr als vierzig heute ausgestorbene Aborigines-Sprachen im Originalklang hörbar machen.

Mick McLean, *Clever Man* und Sprach-Bewahrer

Viele Aborigines waren seit Mitte des 19. Jahrhunderts durch die europäische Kolonialisierung in Bedrängnis geraten. Landnahmen und die systematischen Angriffe auf das sprachliche und kulturelle Erbe hatten zur Auslöschung ganzer Ethnien geführt. Vor diesem Hintergrund war es für eine weiße Europäerin eine gewaltige Herausforderung, das Zutrauen der Ureinwohner zu gewinnen. Aber Luise Hercus hatte ein ausgesprochen zugewandtes, Vertrauen erweckendes Wesen. Im Lauf der Jahre baute sie ein großflächiges Netzwerk von Gewährsleuten für die verschiedenen Sprachen auf, mit deren Hilfe sie Grammatiken und Wörterbücher zu Papier brachte.

Einer ihrer wichtigsten Informanten und zugleich Berater, Dolmetscher und Brückenbauer wurde Mick (Irinyili) McLean (1888–1976), ein Angehöriger der Arabana-Wangkangurru. Von Kindheit an hatte er mit großer Begeisterung den zumeist mündlich weitergegebenen mythischen Geschichten und den geheimnisvollen Legenden der Arabana-Ältesten gelauscht. Als junger Mann hatte er die Sprachen vieler umliegender Gemeinschaften erlernt, um so Zugang zu deren Schatz an *oral histories* zu gewinnen. Dabei galt sein Interesse vor allem den *clever men*, eine Art australischer Schamanen, wie sie zu jeder Aborigines-Gruppe gehörten. Ihnen oblag die Aufgabe, als »Hüter des Wissens« eine Brücke zwischen Vergangenheit und Gegenwart zu bauen und als »Heiler der menschlichen Seele« für das körperliche wie seelische Wohlergehen der Schutzbefohlenen zu sorgen. Ihr Wissen gaben sie traditionell nur an vorbestimmte Mitglieder der eigenen Ethnie weiter. Mick McLean aber wollte das geheime Wissen möglichst vieler *clever men* zusammentragen und es für die Zukunft sichern. Die Dringlichkeit dieser Aufgabe vermittelte er so nachdrücklich, dass ihm gelang, was zuvor noch kein Aborigine geschafft hatte: Er wurde in den Rang eines *clever man* erhoben und mit dem Wissensschatz gleich mehrerer Aborigines-Gruppen betraut.

An diesem einzigartigen Schatz ließ Mick McLean Luise Hercus nach Kräften teilhaben. Umgekehrt war die passionierte Wissenschaftlerin mit ihren akademischen Dokumentationsmöglichkeiten für ihn eine große Hilfe bei dem, was er zu seiner Lebensaufgabe erklärt hatte. Die beiden verband bis zum Tod Mick McLeans 1976 eine ebenso fruchtbare wie von großer wechselseitiger Wertschätzung getragene Freundschaft.

Songlines und die Sprache der Gesänge

Wo immer Luise Hercus in engeren Kontakt zu australischen Ureinwohnern trat, erhielt sie früher oder später Hinweise auf die geheimnisvollen *songlines* oder »Traumpfade«. Stück für Stück erschloss sich für die Forscherin deren wahre Dimension, konnte sie Zusammenhänge erahnen zwischen den einzelnen Elementen, die sich zu einer allumfassenden Kosmologie der Ureinwohner Australiens zusammenfügten, zu einem einzigartigen Schöpfungsmythos, der alle Aborigines-Stämme und den ganzen Kontinent in ein gewaltiges Beziehungs- und Bedeutungsgeflecht einbindet. Jegliches Ding auf Erden, alle Geistwesen, alle Ahnen, alles Wissen und alle Gesetze des Lebens stehen in einem Zusammenhang. Über ganz Australien spannt sich demnach eine imaginäre mythische Landschaft mit einer Vielzahl spiritueller Orte. Verbunden sind sie durch die imaginierten *songlines*, auf denen die reale Welt der Aborigines und die Traumwelt der Ahnen und Schöpfungswesen aufeinandertreffen.

Fester Bestandteil der *songlines* sind rituelle Zeremonien mit einer präzisen Choreografie, in deren Rahmen sich die Aborigines in die Parallelwelt versenken und dort neue spirituelle Energie tanken. Luise Hercus hatte es Mick McLean

ARABANA

Südaustralien

weitgehend ausgestorben

weniger als ein Dutzend MuttersprachlerInnen

Arabuna

Viele Aborigines-Sprachen in (Süd-)Australien sind – wie das Arabana – vom Aussterben bedroht. Sogenannte »revival workshops«, organisiert von »mobile language teams« der Universität von Adelaide, wollen junge SprecherInnen für die bedrohten Sprachen begeistern.

zu verdanken, dass er ihr bei verschiedenen Gruppen Zugang zu solchen Ritualen ermöglichte und sie hautnah erleben – und aufzeichnen – konnte, wie in stundenlangen Gesangszyklen und magischen Versen in Verbindung mit Bewegung und Rhythmus die verschlüsselten Botschaften der *songlines* übermittelt wurden. Im Lauf von Jahrzehnten sammelte sie allein für den Süden Australiens Informationen über mehrere Dutzend hier zusammenlaufende *songlines*, zugehörige spirituelle Orte und traditionelle Gesänge.

Mick McLean hatte einmal in seinem Leben sogar an einer sogenannten *Mudlunga* oder *Modlonga* teilgenommen, einer im Abstand von vielen Jahren wiederholten Tanz-Gesang-Zeremonie, die sich quer durch Australien über Tausende Kilometer in einer großen Bewegung von einer zur nächsten Aborigines-Gruppe fortpflanzt. Jahrzehnte später konnte er Luise Hercus die Gesänge noch präzise wiedergeben und die dazugehörige Choreografie präsentieren.

Für die europäische Forscherin kam das Eintauchen in diese Vorstellungswelt einer Offenbarung gleich. Als Linguistin wurde sie dabei an die Grenzen rein verbaler Kommunikation geführt. Zwar konnte sie die Wörter, Verse, Texte erfassen, aber sie blieben – als reines Wortgerüst – unvollständig, solange sie nicht in Kontext mit den begleitenden Klängen und der tänzerischen Choreografie der Bewegungen gebracht wurden. Ein rein sprachwissenschaftlicher Ansatz griff hier zu kurz. Daher übergab Luise Hercus die Tondokumente der Gesänge an befreundete Musikforscher und bat sie, die Klangverläufe in ein Notenbild umzusetzen. Die Bedeutung der »Körpersprache« für die *songline*-Botschaften brachte Mick McLean der Forscherin nahe. Seine Arbeit als »Übersetzer« beinhaltete vor allem die Beschreibung und Deutung der einer Europäerin völlig unverständlichen Gestik, Mimik und Bewegung. Von ihm lernte sie, dass für ein wirkliches Verständnis der magischen Tanz-Gesänge der Zusammenhang aller drei Elemente – Text, Melodie und Bewegung – unerlässlich war. Daraus leitete sie einen interdisziplinären Forschungsansatz ab, der sprach- und musikwissenschaftliche mit ethnologischen Sichtweisen verband und für die wissenschaftliche Auseinandersetzung mit der Kultur der Aborigines eine Pionierleistung darstellte.

Bis kurz vor ihrem Tod im Alter von 92 Jahren setzte Luise Hercus ihre Spracharbeit im Süden Australiens fort und erinnerte gern daran, dass sie Mick McLean an seinem Sterbebett versprochen hatte, so viel wie möglich von den Wörtern, Geschichten, Gesängen der Aborigines vor dem Vergessen zu bewahren. In einem Nachruf errichtete ein australischer Journalist ihr ein Denkmal: Mit ihrem Lebenswerk habe Luise Hercus sich auf alle Zeit als »Arche Noah« der verlorenen Aborigines-Sprachen in die Geschichte Australiens eingeschrieben.

HÄNDLER UND MISSIONARE

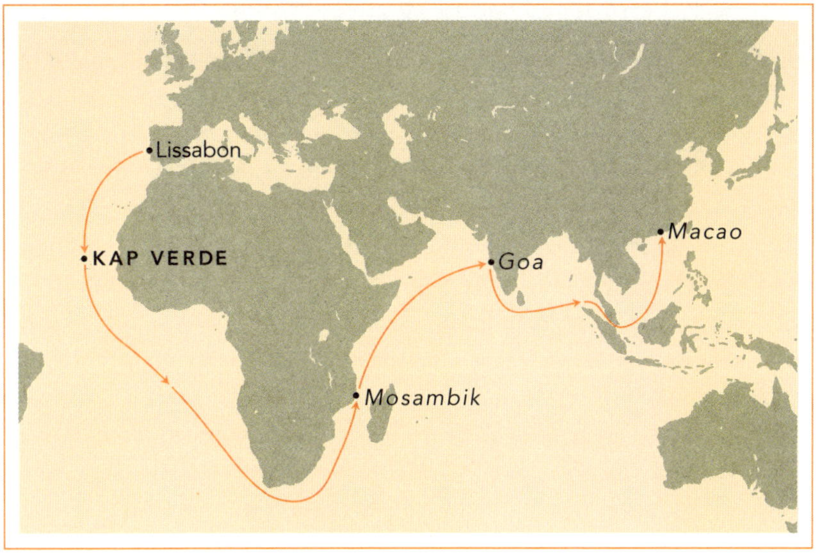

Ein ganzes Jahr benötigte Adam Schall von Bell für die Schiffspassage von Lissabon nach Macao

Der chinesische Mandarin aus Köln

Adam Schall von Bell – Missionar und Astronom

Als Adam Schall von Bell im Jahr 1618 von Lissabon in Richtung China aufbrach, hatte er durchaus eine Vorstellung von dem, was ihn in der Ferne erwartete. Denn der junge, 1592 in Köln geborene Jesuit war nicht der erste Missionar der Ordensgemeinschaft, den es in das geheimnisumwobene »Reich der Mitte« zog. Schon 1565 hatten sich Jesuiten in der portugiesischen Kolonie auf der Halbinsel Macao niedergelassen. Dort gründeten sie das erste westliche Institut, in dem Ausländer Chinesisch lesen und schreiben lernen konnten. Einige Jahrzehnte später erstellten die beiden italienischen Jesuiten Matteo Ricci und Michele Ruggieri ein portugiesisch-chinesisches Glossar und lieferten damit die erste Übertragung aus dem Chinesischen in eine europäische Sprache. Umgekehrt übersetzten sie mathematische und naturwissenschaftliche Werke, etwa von Euklid und Christophorus Clavius, ins Chinesische und ermöglichten den chinesischen Gelehrten damit einen Einblick in den Stand und die Errungenschaften abendländischer Forschung.

Die von seinen Vorgängern in China geweckte Neugier auf einen wissenschaftlichen Austausch mit europäischen Gelehrten kam Adam Schall von Bell zugute. Der aus einem rheinischen Adelsgeschlecht stammende junge Mann war bereits mit 15 Jahren zum Studium nach Rom geschickt worden und hatte dort nicht nur eine theologisch-philosophische, sondern zugleich eine umfassende Ausbildung in Mathematik und Astronomie erhalten. Die Berichte der Mitbrüder aus dem fernen China weckten in ihm den Wunsch, sich ebenfalls dorthin entsenden zu lassen. Dass insbesondere die astronomischen Fähigkeiten den jungen Jesuiten für eine einzigartige Karriere am chinesischen Kaiserhof qualifizieren sollten, ahnte zu dieser Zeit niemand, denn vorrangig war das Ziel, chinesische »Heiden«, gleich welcher Konfession, für das Christentum zu gewinnen.

Die wichtigste Voraussetzung für die spätere Karriere in China schuf Adam Schall während seines Aufenthalts in Macao in den Jahren 1619 bis 1623. In der von Jesuiten eingerichteten Lehranstalt studierte er die chinesische Sprache, Schrift und Literatur und erwarb über die Jahre profunde Kenntnisse darin. Zwar bedeutete die vergleichsweise schlichte chinesische Grammatik keine große Herausforderung, umso mehr die für einen Europäer ungewohnte Tonalität der Sprache, bei der kleinste Nuancen eine Bedeutungsverschiebung beinhalten können. Erst recht erforderte das Erlernen der Schrift und ihrer Zeichen, die teilweise aus mehreren Dutzend Strichen bestehen, eine enorme Disziplin. Für einen Gelehrten wie Adam Schall von Bell, der sich nicht nur im Alltag verständigen, sondern sich mit den angesehensten Wissenschaftlern des Lan-

Ein- und ausgewanderte Wörter

CHINESISCH

āsīpílín → abgeleitet von englisch/deutsch *Aspirin*
bèiguǒ → abgeleitet von englisch *bagel*
bāluókè → abgeleitet von deutsch *Barock*
xiāngbīn → abgeleitet von französisch/deutsch *Champagner*

DEUTSCH

Ketchup → abgeleitet von chinesisch *kêtsiap* für »gewürzte Fleischtunke«
Taifun → abgeleitet von chinesisch *tai fung* für »großer Wind«
Kotau (machen) *(= demütige Ehrerweisung)* → abgeleitet von chinesisch *Kòutóu* oder *kētóu* für »Kopf stoßen«

Eine historische Abbildung aus dem Jahr 1667 zeigt den Jesuiten im Gewand eines Mandarins. Die Weltkarte im Hintergrund trägt den Titel »P. Adam Schall Germanus I. Ordinis Mandarinus«.

des zu fachspezifischen Themen austauschen wollte, galt es, Zehntausende von Schriftzeichen zu erlernen und schreibend zu beherrschen.

»Die Geheimnisse des Himmels ergründender Lehrer«

1623 reiste Adam Schall von Bell von Macao aus nach Peking weiter – und hier begann sein außergewöhnlicher Aufstieg am chinesischen Kaiserhof. Mit verschiedenen, in Chinesisch abgefassten Publikationen, etwa über die europäische Erfindung des Fernrohrs, erregte er die Aufmerksamkeit des Kaisers und seiner Beamten. 1630 wurde er zum Direktor des kaiserlichen Kalenderamts ernannt und war fortan – und inzwischen mit einem eigenen chinesischen Namen: T'ang Jo-wang – zuständig für die Leitung der kaiserlichen Sternwarte und die Überwachung des chinesischen Kalenders. Traditionell wurde in China auch das Kalenderministerium von Astronomen betreut. Sie hatten in der Hierarchie des Hofes eine herausragende Stellung, weil von ihren Vorhersagen staatstragende Entscheidungen abhingen. Zu den großen Herausforderungen für den deutschen Jesuiten gehörte eine Reform dieses Kalenders. Gemäß dem konfuzianischen Weltbild schuf der Kalender die Voraussetzung für das anzustrebende Ideal einer perfekten Harmonie von Natur und »Himmel« auf der einen und dem individuellen und gesellschaftlichen Leben des Menschen auf der anderen Seite. Allerdings hatte in der Vergangenheit das überlieferte Kalenderwerk, das die Position der Sterne für jeden Tag anzeigte, allzu häufig versagt, weil sich die angezeigten günstigen Tage für Unternehmungen aller Art als schlichtweg falsch erwiesen hatten.

Eine gewaltige Aufgabe für den deutschen Astronomen, denn anders als der westliche Kalender, der sich am Umlauf der Sonne orientierte, beruhte das chinesische System auf einer Verbindung von komplizierten Sonnen- und Mondjahrberechnungen. Aber Adam Schall von Bell bewies insbesondere bei der Berechnung zu erwartender Sonnen- und Mondfinsternisse eine glückliche Hand und mehrte so seinen Ruhm am kaiserlichen Hof.

Bei vielen seiner jesuitischen Mitbrüder geriet er damit allerdings in Misskredit, weil sie in seinem Tun eine »unheilige« Vermischung von Glauben und Aberglauben, von seriösem Wissen und unseriöser Sterndeuterei zu erkennen glaubten. Adam Schall von Bell selbst sah in dem Kalenderprojekt, an dem er mit chinesischen Gelehrten Hand in Hand arbeitete, eine strategisch kluge »interkulturelle« Kombination aus westlichem astronomischem Wissen und überlieferten chinesischen Vorstellungen. Mehr als 140 Bände umfasste sein Reform-Kalenderwerk am Ende – eine Großtat, die den deutschen Jesuiten in den Augen des Hofes für eine nie dagewesene Ehre qualifizierte: Nach dem Tod des Kaisers Chongzhen und dem Wechsel von der Ming- zur Mandschu-Dynastie wurde Adam Schall von Bell persönlicher Berater des bei der Thronbesteigung 1644 gerade mal siebenjährigen Kaisers Shunzhi. Damit stieg er in den höchsten chinesischen Beamtenrang auf. 1653 wurde ihm der Ehrentitel *Tongxuan-jiaoshi* – »Die Geheimnisse des Himmels ergründender Lehrer« – verliehen. 1658 wurde er zum »Hohen Würdenträger der Kaiserlichen Bankette« *(Kuang-lu tai-fu)* und damit zum Mandarin, einem Staatsbeamten der 1. Klasse, ernannt.

Adam Schall von Bells elaborierte chinesische Sprachkenntnisse haben im frühen 17. Jahrhundert einen bedeutsamen interkulturellen Brückenschlag zwischen Europa und China ermöglicht. Dazu trug der intensive Dialog mit den chinesischen Kollegen ebenso bei wie eine Vielzahl von Publikationen, die der deutsche Astronom überwiegend in chinesischer Sprache verfasste. Diese wissenschaftlichen Abhandlungen und eine beachtliche Zahl von Übersetzungen europäischer Gelehrtenwerke galten in China als Pflichtlektüre für die Fachwelt und Lehrmaterial für den astronomischen Nachwuchs. Diese Wertschätzung zeugte auch von der sprachlichen Perfektion, zu der Adam Schall von Bell es gebracht hatte: Sein Fach-Chinesisch war von den Fertigkeiten eines Muttersprachlers nicht mehr zu unterscheiden. Der von ihm reformierte Kalender blieb in China bis zum Jahr 1911 gültig.

Trotz aller Wertschätzung geriet Adam Schall von Bell am Ende seines Lebens in die Wirren der chinesischen Politik, wurde zum Opfer von Verleumdungen und schließlich sogar wegen angeblichen Hochverrats zum Tod durch *Lingchi*, Zerstückelung bei vollem Bewusstsein, verurteilt. Ironie des Schicksals: Jener Himmel, dem zeitlebens seine astronomische Aufmerksamkeit gegolten hatte, sprang ihm in dieser Situation zur Seite. Mehrere Naturerscheinungen, darunter der Vorbeizug eines Kometen, deuteten die Chinesen als himmlische Mahnung, das Urteil an dem »himmelskundigen« Europäer nicht zu vollstrecken. Von Bell wurde aus dem Gefängnis entlassen. An eine Rückkehr in seine Heimat war allerdings nicht zu denken, denn kurz nach der Entlassung erlitt er einen Schlaganfall, an dessen Folgen er am 15. August 1666 verstarb.

Drei Jahre nach seinem Tod wurde er durch Kaiser Khan-hsi, der gerade erst den Drachenthron bestiegen hatte, öffentlich rehabilitiert. Khan-hsi ordnete eine Trauerfeier für den deutschen Mandarin an und trug selbst eine Laudatio vor, die auch in das Grabmal eingemeißelt wurde. Sie endet mit den Worten: »Nimm hin diese kleine Belohnung für die immerwährende Treue, mit der du deiner vergessen und dich ganz dem öffentlichen Wohl geweiht hast.«

CHINESISCH

Volksrepublik China, Taiwan (Republik China), Minderheitensprache in vielen ostasiatischen Ländern

Hochchinesisch auf Grundlage des Mandarin ist Amtssprache in China und Taiwan sowie eine der vier Amtssprachen in Singapur

1,3 Milliarden MuttersprachlerInnen

Chinesisch gilt als meistgesprochene Sprache weltweit. Die chinesische Schriftsprache *báihuàwén* verfügt über mehr als 100.000 Schriftzeichen, von denen für den Alltagsgebrauch etwa 3000 bis 5000 ausreichend sind.

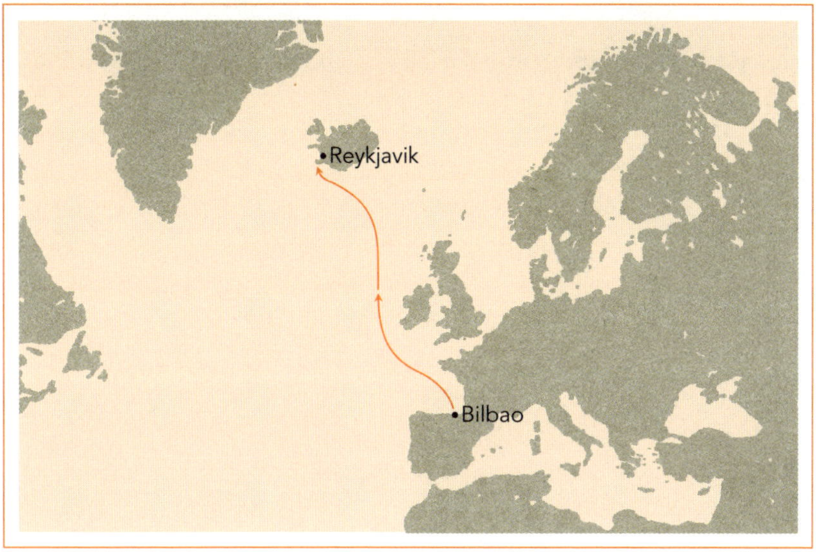

Schlechte Fangquoten vor der baskischen Küste ließen die Walfänger weiter nach Norden vorrücken

Baskische Walfänger als Spracherfinder

Sternstunde maritimer Sprachkreativität

Es war eine Dissertation, in lateinischer Sprache verfasst und 1937 an der Universität Leiden eingereicht, die für eine kleine sprachhistorische Sensation sorgte. Denn sie richtete die Aufmerksamkeit auf zwei baskisch-isländische Wörterbücher aus dem späten 17. und frühen 18. Jahrhundert, die den Doktoranden Nicolaas Gerardus Hendricus Deen auf verschlungenen Wegen erreicht hatten. Bis zu diesem Zeitpunkt war die Existenz dieser beiden Wörterbücher ebenso wie die zweier weiterer, später aufgefundener Glossare gänzlich unbekannt gewesen.

Die Geschichte der ursprünglich handgeschriebenen und jeweils nur wenige Seiten umfassenden Dokumente wirft ein Schlaglicht auf ein außergewöhnliches Kapitel europäischer Kultur- und Sprachgeschichte, in dessen Mittelpunkt ein frühneuzeitliches Pidgin steht, also eine stark vereinfachte, in Vokabular und Grammatik reduzierte Sprache, die der praktisch-pragmatischen Verständigung von Basken mit Isländisch sprechenden Zeitgenossen diente.

Initiatoren dieser außergewöhnlichen Sprachentwicklung waren baskische Walfänger, die seit dem Mittelalter in Europa einen legendären Ruf hatten. So klein im Vergleich zu den europäischen Großmächten die Volksgruppe der Basken auch war und so unverständlich ihre mit keiner anderen Sprache vergleichbare Ausdrucksweise: Wenn es um die Jagd auf hoher See ging, insbesondere um die Jagd auf Wale, galt den Basken der uneingeschränkte Respekt der anderen seefahrenden Nationen. Keine von ihnen war beim Fang der Meeresriesen so professionell und so erfolgreich, keine hatte ein auch nur annähernd vergleichbares Maß an Kommerzialisierung erreicht. Darin genossen die Basken über Jahrhunderte eine Monopolstellung. Zum lukrativen Geschäft wurde der Walfang für sie zum einen durch den Verkauf der Barten, die als Fischbein für Krinolinen, Korsetts und Schirme überall in Europa heiß begehrt waren. Darüber hinaus war die Nachfrage nach dem aus dem Fett der Wale ausgekochten Tran riesengroß, denn das Öl diente bis ins späte 19. Jahrhundert als Brennstoff für Lampen. Aus einem einzigen ausgewachsenen Grönlandwal ließen sich bis zu 12.000 Liter Öl produzieren.

Bis ins 14. Jahrhundert sicherten die atlantischen Gewässer unmittelbar vor der spanisch-französischen Küste ausreichende Erträge. Als sich dort die Bestände jedoch immer mehr dezimierten, erweiterten die baskischen Walfänger notgedrungen ihre Fanggebiete Richtung Norden – bis nach Neufundland und Labrador, spätestens im frühen 16. Jahrhundert auch bis nach Island. Für die Verarbeitung der Meeressäuger benötigten die Basken feste Stationen an Land. Insbesondere im Westen Islands entstanden mehrere solcher behelfsmäßig ausgestatteten Lager, in denen sich die Basken während der Fangzeiten oft über Monate aufhielten. Kontakt mit den in der Region beheimateten Isländern war dabei unvermeidlich. Nur mit deren Unterstützung ließ sich der Alltag der Männer organisieren. Dazu bedurfte es der verbalen Verständigung und einer kommunikativen Grundlage.

Ein- und ausgewanderte Wörter

DEUTSCH

Anchovis → abgeleitet von baskisch *anchovy* über portugiesisch *anchova* für »kleiner getrockneter Fisch«

bizarr → abgeleitet von baskisch *bizar* über französisch *bizarre* für »absonderlich«, »eigenwillig«

Cavinit trucka for mi – »Ich kaufe nichts«

Das war die Geburtsstunde einer auf der baskischen Sprache basierenden, aber zur Erleichterung der Kommunikation in Grammatik und Wortschatz stark vereinfachten »Pidgin«-Version, mit deren Hilfe die Basken sich gegenüber den Einheimischen verständlich artikulieren konnten.

Sprachhistorisch ist diese Entwicklung in zweierlei Hinsicht bemerkenswert: Zum einen handelt es sich um eine sehr frühe Pidgin-Entwicklung. Lediglich die *Lingua franca*, die von Händlern im östlichen Mittelmeerraum für ihre Geschäfte zwischen Europa und der arabischen Welt genutzt wurde, ist noch älteren Ursprungs, da sie sich bis ins Mittelalter zurückverfolgen lässt. Die meisten Pidgin-Sprachen entstanden dagegen erst im Kolonialzeitalter, als sich europäische Sprachen mit den Kolonialmächten in allen Teilen der Welt verbreiteten und zwischen den indigenen Gemeinschaften und den weißen Ankömmlingen eine einfache Verständigungsgrundlage geschaffen werden musste. Dass es hoch im Norden in der frühen Neuzeit schon zur Entwicklung eines »Walfänger-Pidgin« gekommen war, galt Mitte des 20. Jahrhunderts als wissenschaftliche Überraschung.

Zum anderen ist es erstaunlich, dass es überhaupt Dokumente gibt, die heute eine Rekonstruktion der entwickelten Sprachvariante ermöglichen. Deren Urheberschaft lag nicht bei den baskischen Seeleuten, von denen die meisten, so ist zu vermuten, in der frühen Neuzeit weder des Schreibens noch des Lesens kundig waren. Vielmehr ist die Urheberschaft der verschiedenen Glossare auf isländischer Seite zu suchen. Island verfügte bereits früh – im Zuge seiner intensiven Christianisierung – über eine weitverbreitete Schreib- und Lesefähigkeit und über Autoren oder Autorinnen, die den Basken, ihrer Sprache und ihrer fremden Kultur mit der nötigen Neugier begegneten.

Die beiden in der Dissertation von Nicolaas Deen dokumentierten Glossare tragen die Titel: *Vocabula Gallica* und *Vocabula Biscaica*. Ersteres versammelt Wörter, Sätze, Redewendungen, die ihren Ursprung bei Basken aus dem französischen Teil des Baskenlandes hatten; letztere eine Sammlung von Wörtern und Begriffen, die dem Baskisch im spanischen Teil entstammen. Sammlung I entstand, so hat es die Forschung nachgewiesen, im späten 17. Jahrhundert, hat einen Umfang von 16 Seiten und versammelt insgesamt 517 Wörter und kurze Sätze sowie 46 Zahlwörter. Sammlung II, die nur in einer Kopie aus dem 18. Jahrhundert überliefert wurde, umfasst 229 Wörter und Redewendungen und 49 Zahlen.

Viola Giulia Miglio, eine Linguistin im kalifornischen Santa Barbara, ist der Frage der Urheberschaft dieser beiden Wörterbücher nachgegangen. Demzufolge könnte Glossar I aus der Feder von Jón Ólafsson (1593–1679) stammen, einem weitgereisten Isländer, dessen Spitzname *Indíafari* darauf hinweist, dass er bis »nach Indien gereist« war. Über seine Expeditionen und Abenteuer berichtete er in seiner Autobiografie. Er verfasste ein isländisch-tamilisches Glossar und hatte nachweislich seit 1627 intensive Kontakte auch zu den Basken auf Island. Gemeinsam mit einer Gruppe von ihnen nahm er auch an einer Walfangexpedition nach Svalbard (Spitzbergen) teil. Dabei konnte er sich, so die Annahme, ausreichend Kenntnisse des »Walfänger-Pidgin« aneignen, das nicht zuletzt seiner eigenen Verständigung mit den Seeleuten diente und das er dann in einem Glossar schriftlich dokumentierte.

Für das Glossar II verweist die amerikanische Linguistin auf einen anderen West-Isländer, Jón Guðmundsson (1574–1658), Dichter, Magier und Heiler, der zahlreiche Publikationen verfasste, darunter eine Schrift zur Ehrenrettung jener 40 Basken, die 1615 gestrandet und anschließend auf Geheiß eines isländischen Amtmanns ermordet worden waren. Auch bei ihm würde eine Verschriftlichung jener Sprache, die ihm im Umgang mit den Basken begegnete, durchaus Sinn ergeben.

In der Folge tauchten zwei weitere Fundstücke auf, die die Existenz eines baskisch-isländischen Pidgin belegen. Von einem dieser Schriftstücke, dessen Original als verschwunden gilt, schreibt der Theologe und Dichter Sveinbjörn Egilsson im 19. Jahrhundert, dass das achtseitige Dokument eine Sammlung »lustiger« und zumeist unverständlicher Wörter umfasste und signiert war mit »1685. Helga Jónsdóttir«. Eine weitere Wortliste wurde erst vor wenigen Jahren an der Harvard University in Cambridge (Massachusetts) aufgefunden, wohin sie mit dem Nachlass des deutschen Rechtshistorikers und Nordisten Konrad von Maurer (1823–1902) gelangt war.

Die Inhalte der verschiedenen Glossare offenbaren die unterschiedlichen Lebens- und Alltagsbereiche, die durch die Pidgin-Sprache abgedeckt wurden – von Begriffen, die die Schiffe der Basken und die Funktionen der einzelnen Männer an Bord betrafen, über Redewendungen rund um das Thema Nahrung oder Kleidung bis hin zu praktischen Aufträgen. Dass man auch Interesse an der Kultur, an Glauben und Geisteswelt der jeweils anderen hatte, geben Pidgin-Wörter für zum Beispiel »Himmel« und »Hölle« zu erkennen.

Presenta for mi steht etwa als baskische Formulierung für »gib mir«, *bocata for mi attora* bedeutet »wasch mir das Hemd« und *ser travala for ju meint* »was machst du?«. Dass das Sprachklima zwischen den Gesprächspartnern durchaus rau war, lässt die Aufnahme diverser Schimpfwörter in die Glossare erkennen – etwa *fenicha for ju* für *fuck you*.

Für eine Reihe dieser Pidgin-Begriffe haben Sprachforscher lateinische, niederländische, englische oder französische Ursprungswörter ausmachen können. Zu erklären sind diese Einsprengsel aus der Entstehung der Pidgin-Wörter selbst: Bei den frühen Kontakten zwischen Basken und Isländern bedurfte es einer Annäherung, die teilweise wohl gebärdensprachlich, mit Händen und Füßen, durch Zeigen und Gesten, funktionierte, teilweise auch durch Ausweichen auf vorhandene rudimentäre Kenntnisse in anderen Sprachen, die vermittelnd eine Brücke zwischen dem Baskischen und dem Isländischen bildeten. So entstand ein heterogenes Sprachgemisch, das jedoch allem Anschein nach seine Aufgabe durchaus erfüllt hat. So lange die baskischen Walfänger ihre Stationen auf Island betrieben, so lange funktionierte der (Sprach-)Kontakt zu den Einheimischen. Erst nachdem die Walfänger im frühen 18. Jahrhundert durch die Konkurrenz aus den Niederlanden und Frankreich verdrängt wurden, geriet auch ihr Pidgin in Vergessenheit.

BASKISCH

Spanien, Frankreich

Amtssprache im Baskenland und in der autonomen Gemeinschaft Navarra

800.000 MuttersprachlerInnen

Euskara, Euskera (Eigenname)

Das Baskische gilt als einzige »isolierte« Sprache in Europa, die genetisch mit keiner anderen Sprache verwandt ist.

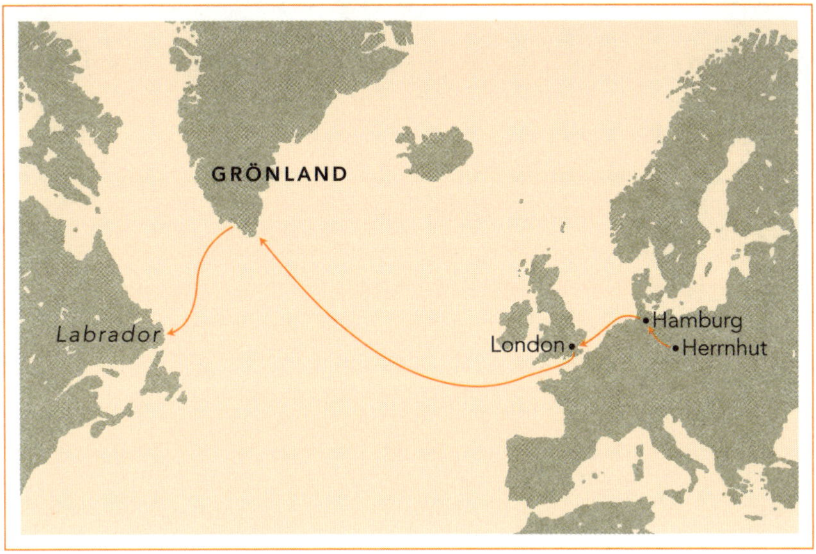

Die Herrnhuter Missionare in Labrador hatten zuvor schon in Grönland bei den Inuit gelebt

Mission in Eis und Schnee

Das Drama einer Inuit-Völkerschau

Hamburg, Berlin, Prag, Frankfurt, Darmstadt, Krefeld, Paris – das waren, in den Jahren 1880 und 1881, die Stationen einer denkwürdigen Reisegesellschaft. Sie war vom Hamburger Tierhändler Carl Hagenbeck angeheuert worden und wurde von Johan Adrian Jacobsen, einem gewieften norwegischen Agenten, betreut. Insgesamt acht Inuit, beheimatet im kanadischen Labrador, sollten als »lebende Exponate« bei ihrer »Tournee« das »primitive« Leben von arktischen Jägern und Sammlern demonstrieren. Zumindest für fünf von ihnen war die Sprache der »Gastgeber« kein Problem, denn Abraham Ulrikab und seine Familie stammten aus der Kolonie Hebron, einer Missionsstation, die deutsche Herrnhuter nach 1770 in der Küstenregion von Labrador errichtet hatten. Wenn sie sich auch nicht fließend auf Deutsch artikulieren konnten, verstehen konnten sie das meiste von dem, was in ihrer Nähe gesprochen wurde. Das erleichterte ihre Situation allerdings kaum, im Gegenteil: Ausgestellt wie Tiere im Zoo, waren sie unmittelbar Zeugen der allzu oft abschätzigen Kommentare über die »seltsamen, kleinen, verstümmelten Menschengestalten aus dem unwirtlichen Norden«, wie es in einem

Zeitungsbericht hieß. Völkerschauen waren seit dem späten 19. Jahrhundert in Mode. Aus allen Teilen der (kolonialen) Welt wurden Gruppen fremder Ethnien nach Europa geschafft mit dem Ziel, der »zivilisierten« Welt einen unmittelbaren Eindruck von der Fremdheit, Absonderlichkeit und »Primitivität« anderer Kulturen zu vermitteln.

Für die acht Inuit, die aus Geldnot dem Lockruf des Agenten gefolgt waren, nahm die Reise einen tragischen Verlauf: Da man vergessen hatte, sie gegen Pocken zu impfen, erkrankten sie alle nacheinander an der todbringenden Krankheit. Keiner von ihnen kehrte lebend in die Heimat zurück.

Herrnhuter Missionare bei den Inuit

Die Herrnhuter waren eine protestantische Ordensgemeinschaft, die seit ihrer Gründung im 15. Jahrhundert eine intensive Missionsarbeit betrieb. Im 18. Jahrhundert richteten sie ihr Augenmerk auf den hohen Norden, gründeten Niederlassungen in Grönland und 1771 an der kanadischen Labradorküste. Dorthin wurden zwei Missionare entsandt, die zuvor in Grönland im Einsatz gewesen waren und deshalb mit der Sprache der Inuit gut vertraut waren. Ihre Sprachkenntnisse umfassten nicht nur das religiöse Vokabular, sondern befähigten sie auch, als Lehrer und »Mediziner«, als Rechtsbeistand und Verwalter für ihre Schützlinge tätig zu werden. Umgekehrt brachten sie den Einheimischen viele Lebensgewohnheiten nahe, wie sie sie aus ihrer Heimat kannten. Dazu gehörten die in den Gemeindehäusern beliebten deutschen Kachelöfen ebenso wie Adventskranz und geschmückter Tannenbaum in der Weihnachts-

Ein- und ausgewanderte Wörter

INUKTITUT

minú:ti → abgeleitet von deutsch *Minute*
yá:ri → abgeleitet von deutsch *Jahr*
sontá:x → abgeleitet von deutsch *Sonntag*
frai:tax → abgeleitet von deutsch *Freitag*
háilix → abgeleitet von deutsch *heilig*
gú:ti → abgeleitet von deutsch *Gott*
pusáuni → abgeleitet von deutsch *Posaune*
kattopúlaq → abgeleitet von deutsch *Kartoffel*

zeit. Auch Kartoffeln als Lebensmittel wurden eingeführt – für sie gab es vor der Herrnhuter-Zeit noch nicht einmal ein eigenes Wort. Vor allem legten die Herrnhuter Wert auf eine pflichtbewusst-korrekte Strukturierung von Zeit und Zeitabläufen, wie sie sich in Wortneuschöpfungen spiegelte: *minú:ti, sitúnti, yá:ri,* die Wochentage von *sontá:x* bis *fraitax* und *sunabint*, die Monate von *yannari* bis *di:sémbə* fanden so Eingang in Sprache und Leben der Inuit.

Ein kanadischer Musikwissenschaftler, Tom Gordon, und die Musikethnologin Sarah Eyerly haben die Bedeutung von Musik im Missionierungsprozess der Herrnhuter untersucht. Signifikant war hier das Bemühen, den Einheimischen Kirchenlieder oder auch klassische Arien in ihrer eigenen Sprache nahezubringen. Dabei stellte allerdings das Inuktitut eine erhebliche Hürde dar. Denn der komplizierte Sprachbau mit seinen teilweise ellenlangen Wortbildungen erwies sich als wenig kompatibel mit einem Sprech- und Singrhythmus, wie ihn deutsches Liedgut oder klassische Arien vorgeben. So entstanden Liedtexte in einem heute nur noch schwer verständlichen »Missions-Inuktitut«. Die von den Herrnhutern vermittelte europäisch-»indigenisierte« Musik allerdings, mit deutschen Weihnachtsliedern und Werken von Mozart bis Bach, hat bei den Labrador-Inuit einen festen Platz in ihrem Kulturschatz gefunden. *Opinak ikkeliojotit*, die Inuit-Version von Mozarts *Ave verum corpus*, gehört für einige Kirchenchöre bis heute zum festen Repertoire. Unverzichtbar als Begleitinstrument: eine *púsauni*!

INUKTITUT

Ostkanada (Labrador, Neufundland)

Inuktitut umfasst verschiedenen Sprachen bzw. Dialekte und gehört in die östliche Gruppe der Inuit-Sprachen. Es wird in einzelnen Regionen Ostkanadas als Amtssprache anerkannt. Die Sprache ist vom Aussterben bedroht.

40.000 MuttersprachlerInnen

Die Grammatik kennt neben Singular (Einzahl) und Plural (Mehrzahl) auch den Dual (»Zweizahl«). Der sogenannte polysynthetische Sprachbau führt zur Bildung von extrem langen, aus zahlreichen Vor- und Nachsilben zusammengesetzten Einzelwörtern, die einen ganzen Satz beinhalten können.

Missverständnisse

Kannitverstan trifft Känguru

Einige Hundert Riesenmammutbäume im Süden Deutschlands verdanken ihr Vorhandensein einem sprachlichen Missverständnis. Der württembergische König Wilhelm I., naturverbunden und mit großer Liebe zu besonderen Pflanzen und Bäumen, hatte 1864 Kunde erhalten von einer neuen, in den USA entdeckten Baumart, deren Alter und gigantische Ausmaße mit keiner anderen Baumart vergleichbar waren. Also brachte er eine Bestellung für »ein Löt Samen« auf den Weg. Ein Lot, als damalige Maßeinheit etwa 15 Gramm umfassend, wurde in den Vereinigten Staaten, so erzählt es zumindest die Legende, als *a lot* und damit als Wunsch nach einer »ziemlich großen Menge« gedeutet. So war es am Ende ein ganzes Pfund Samen, das in den Treibhäusern Wilhelms I. landete und dort als künftige Mammutbäume angezüchtet wurde.

Sprachbegegnungen sind in hohem Maße anfällig für Missverständnisse. Denn wo Kommunikation ein Verstehen ermöglichen soll, lauert grundsätzlich auch die Gefahr des Gegenteils. Sprachliches Missverstehen, schlechter Aussprache oder ungenauem Zuhören geschuldet, droht selbst dann, wenn keine Sprachgrenzen überschritten werden – wie bei Ernst Jandl und dem »Röcheln der Mona Lisa« oder im Fall von Marion Gräfin Dönhoff, die sich in einer Anekdote aus Kinderzeiten an den ihr so seltsam scheinenden Beginn des Tischgebets erinnert: »Komma, Jesus, sei unser Gast.«

Die Gefahr potenziert sich, wenn die Dialogpartner in unterschiedlichen Sprachen beheimatet sind. Auch bei der Namensgebung des Kängurus schien lange Zeit ein solch sprachgrenzüberschreitendes Missverständnis Pate gestanden zu haben. Joseph Banks, der berühmte englische Pflanzensammler und Teilnehmer an der ersten Weltumseglung von Captain Cook, hatte nach der Ankunft im Osten Australiens eine Begegnung mit einem »Tier so groß wie ein Windhund, von mausgrauer Farbe und sehr flink«. Befragt nach dem Namen des Tiers, rief ihm einer der Einheimischen ein Wort zu, das Banks als *kanguru* notierte. Mit diesem Namen sorgte das graue Beuteltier, das in Europa bis dahin unbekannt war, für Furore. Allerdings kamen im Nachhinein erhebliche Zweifel an der korrekten Namensgebung auf. Denn nachfolgende Generationen von Australienreisenden trafen zwar auf jede Menge Beuteltiere, aber nirgendwo auf das Wort »Känguru«. Was nach einer peinlichen Kommunikationspanne aussah, fand am Ende, in den 1970er-Jahren, dank John B. Haviland ein sprachliches Happy End. Im Rahmen eines Forschungsprojekts arbeitete der amerikanische Linguist mit den Guugu-Yimithirr, einer kleinen Aborigines-Gemeinschaft im Nordosten Australiens. Und in deren Vokabular stieß er auf den Begriff *gangurru* zur Kennzeichnung eines großen Kängurus!

In der Sprachwissenschaft werden solche Kommunikationsprobleme auf lexikalischer oder semantischer Ebene als »inter*linguale* Missverständnisse« bezeichnet – im Unterschied zu den sogenannten »inter*kulturellen* Missverständnissen«. Die deutsche Ethnologin Heike Behrend erinnert sich in ihrer Autobiografie an die ersten Begegnungen mit den Bewohnern eines kenianischen Bergdorfs und die erste gemeinsame Mahlzeit. Bemüht, der nachdrücklichen Einladung höflich Folge zu leisten, leert sie ihren Teller in einem Zug, um dann festzustellen, dass alle anwesenden Dörfler einen guten Rest auf dem Teller belassen haben – als Mahlzeit für diejenigen, die nicht mit am Tisch sitzen, wie Heike Behrend später erfährt. Solche ungewollten Verstöße gegen kulturelle Gepflogenheiten bringen ihr im Dorf vorübergehend den Namen »Affe« ein. Ihre Rehabilitation (ihr Buch trägt den Titel *Menschwerdung eines Affen*) erfordert ein gutes Stück Arbeit. Aber gerade die Bruchstellen, Gruß- und Höflichkeitsrituale, Tischsitten und Umgangsformen, an denen Kommunikation zunächst misslingt, weil zur verbalen Kommunikation auch ein kultureller Kontext gehört, bieten dabei einen beträchtlichen Lerneffekt.

Dafür, dass aus sprachlichen Missverständnissen ein Erkenntnisgewinn resultieren kann, liefert Peter Hebel in einer seiner Kalendergeschichten ein Paradebeispiel: Sie erzählt von einem deutschen Handwerksburschen in Amsterdam, der, neugierig, aber der fremden Sprache unkundig, nach dem Besitzer eines prächtigen Hauses, dem Eigentümer eines großen Schiffs und schließlich bei einem Leichenzug nach dem Namen des Verstorbenen fragt. Jedes Mal erhält er die Antwort *kannitverstan* und deutet sie als Namen des Mannes, den er wegen seines Wohlstands beneidet hatte, der ihm dann aber vor Augen führte, dass auch alles Glück der Welt nicht vor dem Tod zu bewahren vermag: »Mit diesen Gedanken begleitete er die Leiche ... sah den vermeinten Herrn Kannitverstan hinabsenken in seine Ruhestätte ... und wenn es ihm wieder einmal schwerfallen wollte, dass so viele Leute in der Welt so reich seien und er so arm, so dachte er nur an den Herrn Kannitverstan in Amsterdam, an sein großes Haus, an sein reiches Schiff, und an sein enges Grab.«

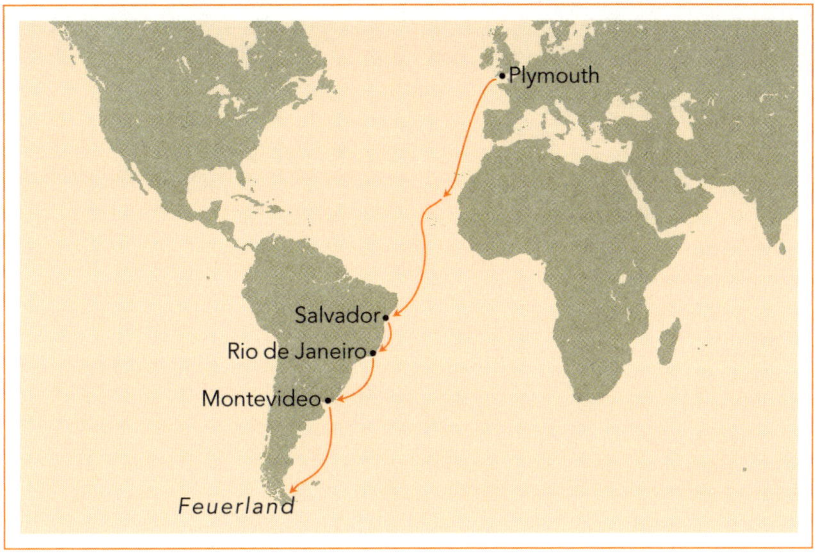

1831 stach die *Beagle* Richtung Südamerika in See. Mit an Bord: Jemmy Button und Charles Darwin.

Der Sprachschatz der Seenomaden

Finis Terrae Feuerland

Kap Horn – der letzte Zipfel der bewohnten Welt, eine unwirtliche Landschaft, öde Tristesse und eine Einsamkeit, die körperlich greifbar scheint. Die Südspitze Südamerikas und die dort lebenden Menschen haben über Jahrhunderte hinweg die Fantasie der Seefahrer und Entdeckungsreisenden beflügelt. Wie leben Menschen am äußersten Ende der Welt? Wie sprechen sie? Verfügen sie, isoliert und abgeschnitten von aller Zivilisation, überhaupt über eine Form der Verständigung, die den Begriff »Sprache« verdient? Wenige andere indigene Sprachen haben so viele und so unterschiedliche Deutungen provoziert wie das Yámana. Wie in einem Brennglas lassen sich daran Stationen und Positionen früher Sprachbegegnungen verdeutlichen.

Den Anfang machten zwei deutsche Forscher, die eigentlich für ihren neugierigen, wertfreien Blick auf fremde Kulturen und Sprachen bekannt werden sollten.

Abbildung links: Nach einer Fotografie von Martin Gusinde aus den 1920er-Jahren: Die Yámana beschworen die Geister des Wind- und des Regenhimmels in geheimnisvollen Zeremonien, für die es einer aufwändigen Körperbemalung und kunstvoll aus dem Fell der Guanakas gefertigter Masken bedurfte.

Johann Reinhold Forster (1729–1798) und sein Sohn Georg (1754–1794) kamen mit Captain James Cook im Rahmen der zweiten Weltumseglung nach Feuerland und zu den Yámana. Ihr Urteil in diesem Fall war vernichtend: Die Sprache der Yámana sei »unverständlich«, das »hässliche, stets offene Maul« zu keiner wohlgesetzten Artikulation fähig, befand Johann Reinhold Forster, mehr noch: Nicht einmal das bei sprachlichen Erstbegegnungen bewährte Prinzip der »Gebärdensprache«, bei dem man durch Zeigen auf Gegenstände deren Begriffe lernen und austauschen könne, funktioniere in diesem Fall: »Sie sind selbst für Gebärden zu dumm.« Und Georg Forster ergänzte: »Dem Tiere näher und mithin unglückseliger kann wohl kein Mensch sein.«

Ein fragwürdiger Akt der Humanität

Anders als Vater und Sohn Forster war der englische Marineoffizier Robert FitzRoy (1805–1865) kein Sprachspezialist. Aber als Kapitän, der auf den Weltmeeren unterwegs war, wusste er um die Bedeutung einer funktionierenden Kommunikation auch mit Menschen entlegener Kulturen und Sprachen. Als er 1830 mit seinem Schiff, der *HMS Beagle*, an der Südspitze Südamerikas Station machte und dort mehrere Monate unter den einheimischen Yámana verblieb, nutzte er die Zeit, um eine *column of words* zu erstellen, eine Liste mit grundlegenden Begriffen, die zur Verständigung mit den Seenomaden diente. Kurz vor seiner Rückreise heuerte er zudem vier junge Yámana an, die mit nach England reisen und dort in der englischen Sprache und Kultur unterrichtet werden sollten. Sie könnten später, so FitzRoys Plan, bei künftigen englischen Aktivitäten auf Feuerland als Dolmetscher eine hilfreiche Rolle spielen. Wie FitzRoy die jungen Leute anheuerte, ist zumindest in einem Fall überliefert: Den Jungen Orundellico tauschte er gegen einen schimmernden Perlmuttknopf ein, was dem Jungen bei den Engländern den Namen Jemmy Button einbrachte. In London angekommen, erregten die vier »Wilden« schnell allgemeine Aufmerksamkeit. Insbesondere Jemmy Button erwies sich als ausgesprochen gelehrig und machte schnelle Fortschritte, sowohl in der englischen Sprache wie in den Grundlagen des christlichen Glaubens. Innerhalb kürzester Zeit war er mit den Alltagsgepflogenheiten seiner neuen Heimat vertraut, perfektionierte seine Umgangsformen und bewies einen ausgeprägten Sinn für modische Ausstattung: Er liebte farbenprächtige Anzüge und präsentierte sich in der Öffentlichkeit stilecht mit Schnürgürtel, Stehkragen und Biedermeierschleife. Die Aufmerksamkeit, die ihm bis in allerhöchste gesellschaftliche und akademische Kreise zuteilwurde, gefiel ihm. Allerdings ahnte er wohl kaum, dass es vor allem die Exotik des »Fremden« und »Wilden« war, die die Londoner Gesellschaft an ihm faszinierte. Nicht zufällig verblüffte die Londoner vor allem, dass dieser Jemmy Button tatsächlich auch Gemüse aß, hielten sie ihn doch für den Abkömmling von Kannibalen!

Als sich Robert FitzRoy 1831 mit der *HMS Beagle* wieder auf den Weg Richtung Feuerland machte, war Jemmy Button ebenso mit an Bord wie ein anderer junger Mann, von dem die Welt noch hören sollte: Charles Darwin. Der gerade 22-jährige Naturforscher hatte von Jemmy Button einen durchaus positiven Eindruck: Er sei »der Liebling aller, aber ebenfalls leidenschaftlich«, »Sein Gesichtsausdruck zeigt zugleich sein freundliches Gemüt. Er war fröhlich, lachte oft und war bemerkenswert mitfühlend mit allen, die Schmerzen litten.« Umso mehr entsetzte auch Darwin wie einst Vater und Sohn Forster nach der Ankunft in Feuerland die erste Begegnung mit den Einheimischen. Deren Sprache sei »misstönend«, notierte er, und er habe Klänge gehört, »gegen die die Laute domestizierter Tiere weit verständlicher sind«. Überhaupt, so sein Fazit, sei die Verschiedenheit zwischen wilden und zivilisierten Menschen ... »größer als zwischen einem wilden und domestizierten Tier, insofern beim Menschen eine größere Veredelungsfähigkeit vorhanden ist«.

Als Musterbeispiel solcher »Veredelungsfähigkeit« sollte Jemmy Button allerdings nicht taugen. Einige Monate nach seiner Rückkehr zu den Yámana begegneten Kapitän FitzRoy und Charles Darwin ihm ein weiteres Mal. Aus dem wohlgenährten und prächtig gekleideten Jemmy war wieder ein ausgemergelter, »wilder« Orundellico im Lendenschurz und mit Körperbemalung geworden, der keinerlei Interesse mehr an der ihm zugedachten Dolmetscher-Rolle zu haben schien, ebenso wenig an der Idee, jemals wieder nach Europa zurückzukehren. Schlimmer noch: Ein paar Jahre später kam es in einer englischen Missionsstation während des sonntäglichen Kirchgangs zu einem Massaker an mehreren Engländern. Die Tat konnte nie aufgeklärt werden, aber der Verdacht, an dem Blutbad beteiligt gewesen zu sein, verfolgte Jemmy Button bis zum Ende seines Lebens im Jahre 1864.

Für die europäische Geistesgeschichte des 19. und frühen 20. Jahrhunderts erwies er sich als Präzedenzfall, an dem – zuweilen mitleidig, häufiger anmaßend – die nur schwer überbrückbare Kluft zwischen den »zivilisierten« und den »Naturvölkern« exemplifiziert wurde. Diese »Prominenz« führte dazu, dass Jemmy Buttons tragische Lebensgeschichte in der Folge mehrfach und mit durchaus unterschiedlichen Sichtweisen literarisch aufbereitet wurde, nicht zuletzt von Michael Ende, für dessen Jim Knopf – nomen est omen – der »wilde« Orundellico Pate stand.

Ein Wörterbuch ist ein Wörterbuch ist (mehr als) ein Wörterbuch

Als Adoptivsohn eines britischen Missionars kam Thomas Bridges (1842–1898) schon im Alter von 13 Jahren nach Feuerland. Als 17-Jähriger übernahm er nach dem Tod seines Vaters die Leitung der Missionsstation bei den Yámana (die Bridges als Yaghan bezeichnete) und verbrachte in der Folge den größeren Teil seines Lebens bei der indigenen Bevölkerung Feuerlands. Anders als alle Europäer vor ihm begeisterte er sich für deren Sprache und erteilte jeder europäisch-imperialen Hochnäsigkeit eine klare Absage: »So unglaublich es auch erscheinen mag, so unbestritten ist, dass die Sprache eines der ärmsten Volksstämme weltweit, der über keine Literatur, keine Poesie, keinen Gesang, keine Geschichtsschreibung und keine Wissenschaft verfügt, in Vokabular und Struktur der Sprache vielen anderen höherstehenden Stämmen haushoch überlegen ist.« Bis zum Ende seines Lebens arbeitete Thomas Bridges an einer Grammatik und einem Wörterbuch, das Begriffe aus der Sprache der Yámana ins Englische übertrug und zugleich deren tieferen Sinn zu erläutern versuchte. 1081 Seiten und 32.430 Wörter umfassten die handschriftlichen Aufzeichnungen in der finalen Version. Eine solche Wissenssammlung und ein so umfangreiches Kompendium wurden für wenige andere indigene Sprachen jemals erstellt. Mit geradezu obsessiver Sorgfalt verfeinerte der englische Missionar in immer neuen Überarbeitungen seine handgeschriebenen Aufzeichnungen, die viel mehr beinhalteten als rein lineare Übersetzungen: *Anemaköna* zum Beispiel übertrug Bridges mit: »herumwandern ohne Ziel, aus reiner Neugier«. *Akeamana* bedeutete: »mit Keil und Hammer überprüfen, ob das Holz eines Baumes gut zu spalten ist«. Besondere Aufmerksamkeit widmete er den feinen Bedeutungsverschiebungen, die sich in sprachlichen Nuancen bekundeten. So bedeutete etwa *lúata*: »sich festbeißen wie ein Raubtier«. *Lúaláshu* meinte »beißen, um zu verwunden«; *lúagámata* hingegen »auf etwas beißen und mit Erstaunen feststellen, dass die Konsistenz ganz anders ist als erwartet«. Der Schweizer Autor Michael Hugentobler hat Thomas Bridges in seinem Roman *Feuerland* (2021) ein Denkmal errichtet und legt dem deutschen Völkerkundler Ferdinand Hestermann eine eindrucksvolle Würdigung in den Mund: »Hestermann hatte bisweilen das Gefühl, dieses Buch sei nur als Wörterbuch getarnt, in Wahrheit sei es ein Bauplan, eine Anleitung zum Erschaffen eines Teils der Welt, für den Fall, dass diese Welt einst untergehen sollte. Es war eine Kopie der Wirklichkeit in Form von Wörtern, es war ein philosophischer Gral, nichts mehr und nichts weniger.«

Die Wachswalzen des Martin Gusinde

An der bizarren und bis heute nicht vollständig geklärten Editionsgeschichte des Yámana-Wörterbuchs von Thomas Bridges war der Völkerkundler Ferdinand Hestermann ebenso beteiligt wie der deutsche Missionar und Universitätsprofessor Martin Gusinde (1886–1969). Viermal reiste der dem Orden der Steyler Missionare angehörende Anthropologe in den Jahren 1918 bis 1924 für längere Aufenthalte nach Feuerland. Die schon zu diesem Zeitpunkt drohende Gefahr des Aussterbens der Yámana und anderer indigener Gruppen im Süden Südamerikas spornte Gusinde an, so intensiv wie möglich deren Kultur und Alltag zu erkunden. Bei und mit den Yámana schrieb Martin Gusinde Forschungsgeschichte. Denn zum einen gewann er das Vertrauen der Feuerlandbewohner, die ihm Zutritt gewährten zu ihren geheimen Riten, Zeremonien und Festen. Zum anderen war er mit einem für die damalige Zeit enorm fortschrittlichen Equipment ausgestattet – er hatte sowohl eine Plattenkamera als auch Wachswalzen im Gepäck. So ist dem Steyler Missionar nicht nur eine monumentale mehrbändige Fachpublikation zu verdanken, sondern auch eine in dieser Kompaktheit außergewöhnliche Sammlung von Fotografien mit hohem ästhetischen Anspruch und großer dokumentarischer Qualität. Die Wachswalzen nutzte Martin Gusinde, um im Auftrag des Berliner Phonogramm-Archivs Sprache und Gesänge der indigenen Gemeinschaften Feuerlands aufzuzeichnen. Sie sind erhalten geblieben und lassen heute – ein seltener Glücksfall – eine untergegangene Sprache auch akustisch lebendig werden.

YÁMANA

Südspitze Südamerikas (Feuerland)

ausgestorben

eine Muttersprachlerin

Yaghan, Yagán, Háusi Kúta

Die Sprache ist dank mehrerer detaillierter Wörterbücher gut dokumentiert. Sie ist reich an Verben, in denen sich die Lebenswelt der Seenomaden widerspiegelt.

Reise ohne Heimkehr: Werner Munzinger kehrte vom Roten Meer nicht mehr in die Schweiz zurück

Ein Pascha mit Schweizer Pass

Werner Munzinger und seine afrikanische »Stauffacherin«

In den frühen biografischen Beiträgen über Werner Munzinger (1832–1875) wird dessen Ehe mit einer Frau aus dem Volk der ostafrikanischen Bogos allenfalls am Rande erwähnt. Kaum je wird sie mit ihrem vollständigen Namen – Naffa' Oulette Mariam – genannt. Uneinigkeit besteht hinsichtlich der Frage, ob sie nun Witwe war oder nicht und ob sie einen Sohn mit in die Ehe brachte oder nicht. Dabei bedeutete diese Ehe für den Schweizer Afrikaforscher nicht nur privates Glück, sie ermöglichte ihm auch sprachlich wie kulturell einen Zugang zu einer Region, die bis zu diesem Zeitpunkt bei den Europäern wenig Aufmerksamkeit gefunden hatte. In einem Brief an seine Familie in der Schweiz fand Werner Munzinger für die starke Frau an seiner Seite ein treffliches Bild: Sie sei ihm, so schrieb er stolz und dankbar in Anspielung auf einen der kühnen »Stammväter« der Schweizer Eidgenossenschaft, »in Augenblicken der Schwäche eine wahre Stauffacherin«. Als »Frau Munzinger« begleitete sie den Sprachforscher auf seinen Reisen und Expeditionen, selbst dann, wenn sie politisch hochbrisant waren. Als Abkömmling einer hochrangigen Familie war sie des Bilen, der Sprache der Bogos, ebenso mächtig wie des in ihrer Heimat ebenfalls verbreiteten Tigré. An Munzingers Publikationen über die Bogos, insbesondere auch an seinem 1865 veröffentlichten Wörterbuch der Tigré-Sprache und seinen Aufzeichnungen zu Sprache und Grammatik der Barea, hatte sie maßgeblichen Anteil.

Sprachforscher, Handelskaufmann und Politiker

Werner Munzinger hatte in Paris Arabisch und Orientalistik studiert, bevor er 1852 mit der Absicht nach Kairo reiste, dort seine Sprachstudien zu vertiefen. Zur Sicherung seines Lebensunterhalts trat er in den Dienst einer Schweizer Handelsfirma und reiste in deren Auftrag in die als Karawanentreffpunkt bekannte Hafenstadt Massaua (Massawa) am Roten Meer. Von dort sollte er neue Handelsprodukte für den europäischen Markt requirieren, etwa das begehrte Gummiarabicum. Munzinger erwies sich schnell als geschickter Handelspartner mit diplomatischem Geschick. Zugang zu wichtigen Geschäftspartnern, so erkannte er bald, erhielt man am besten, wenn man sich in den jeweiligen lokalen Sprachen verständigen konnte. Hier war der Schweizer aufgrund seiner akademischen Ausbildung und seines geschulten Sprachverständnisses gegenüber den meisten anderen europäischen Kaufleuten eindeutig im Vorteil. Er lernte Sprachen schnell und erschloss sich dabei nicht nur einen Bestand an Begriffen und Formulierungen, sondern auch grammatikalische Strukturen. Die von ihm erarbeiteten und später auch veröffentlichten Untersuchungen zum Tigré, dem Bilen der Bogos und der Barea-Sprache der Nara unterschieden sich damit substanziell von den meist dürftigen Wortlisten, mit denen andere, weniger sprachaffine Händler sich behelfen mussten.

Von seinen geschäftlichen Erfolgen beflügelt und mit ausreichenden Sprachkenntnissen gerüstet, eröffnete Werner Munzinger schließlich in Keren im Herzen der Bogos-Region am südlichen Roten Meer eine weitere Handelsniederlassung. Als »edel und gastfreundlich, Christen durch Erinnerung und Gefühl« beschrieb er das Hirtenvolk, möglicherweise unter dem Eindruck der Bekanntschaft mit seiner späteren Frau Naffa' stehend, die dem christlichen Teil der Ethnie und einer Familie mit einem großen Netzwerk entstammte. Munzingers Forschungsinteressen und ihre umfassenden Kenntnisse über die Ethnien und Kulturen im Süden des Roten Meeres ergänzten einander aufs Beste. So lernte er durch sie, dass die verschiedenen Sprachen nicht nur auf unterschiedliche Ethnien, sondern auch auf einen sozialen Status schließen ließen. Während etwa das Tigré von der gehobenen liturgischen Sprache Ge'ez abstammte und einen gewissen Grad an Kultiviertheit zum Ausdruck brachte, war das Barea (in der Sprache der äthiopischen Amharen ein Ausdruck für »Sklaven«) Ausweis einer niederen sozialen Stellung.

Solche Erkenntnisse ließ Werner Munzinger in seine Veröffentlichungen geschickt einfließen. Auf diese Weise wuchs sein Ansehen bei den Europäern, aber auch die Einheimischen schätzten ihn und die Ernsthaftigkeit, mit der er sich mit ihren Kulturen auseinandersetzte. Damit war die Grundlage geschaffen für eine Karriere, die den Schweizer zum hochrangigen europäischen Diplomaten aufsteigen ließ, ihn aber auch in Ägypten und in der Region am Roten Meer in besondere Positionen beförderte. Seine Vita weist ihn als britischen, später dann französischen Vizekonsul in Massaua aus. 1871 ernannte ihn der ägyptische Vizekönig zum Generalgouverneur der Provinz Massaua, zwei Jahre später stieg er als erster Europäer in den Rang eines »Pascha« auf.

Trotz seiner Verbundenheit mit Afrika plagte Werner Munzinger die Sehnsucht nach seiner Schweizer Heimat. Einem jungen Landsmann, der ihn wegen seiner geplanten Auswanderung kontaktiert hatte, schrieb er: »Ich rate Ihnen, zu Hause zu bleiben; es ist viel schöner zu Hause als bei den Wilden und Halbwilden; es ist viel mehr wahre Poesie zu Hause als in ganz Afrika ...« Wiedersehen sollte er Europa nicht. Denn 1875 wurde er bei einer ägyptischen Expedition in Richtung Dschibuti mitsamt seiner Begleitmannschaft in einen Hinterhalt gelockt und ermordet. An seiner Seite starb seine treue Reise- und Lebensgefährtin Naffa. Gemeinsam wurden sie in afrikanischer Erde beigesetzt.

TIGRÉ

Nordostafrika, Eritrea, Sudan

eine von insgesamt neun anerkannten Regionalsprachen im heutigen Eritrea

800.000 MuttersprachlerInnen

variierende Schreibweisen: Tigrē, Tigre

Die Sprache ist eng mit der altäthiopischen Liturgiesprache Ge'ez verwandt, war ursprünglich schriftlos und benutzt heute die äthiopische Schrift.

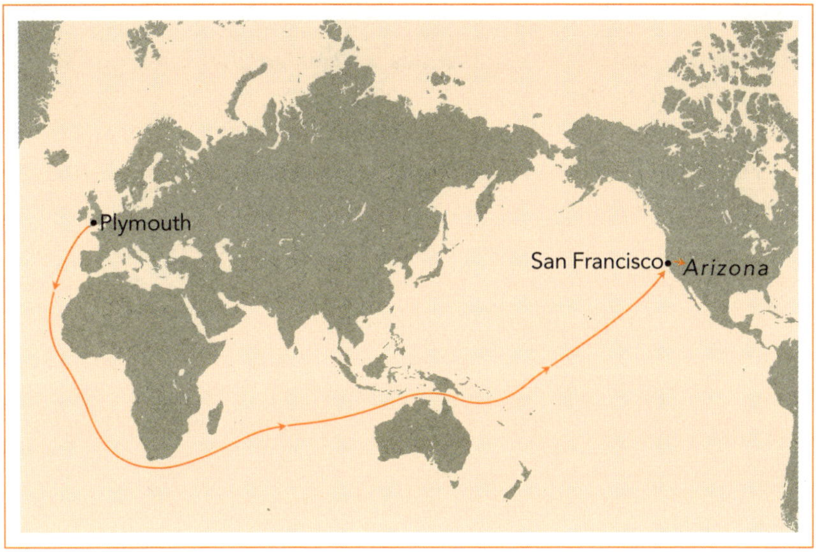

Weil ihm England zu eng war, reiste Thomas Varker Keam in die USA aus und machte dort sein Glück

Kunst und Handwerk der amerikanischen Ureinwohner

Der *indian trader* – Freund oder Feind?

In der Berliner Museumswelt des frühen 20. Jahrhunderts hatte der Name Thomas Varker Keam (1842–1904) einen besonderen Klang. Denn ihm verdankte das Königliche Museum für Völkerkunde eine einzigartige Sammlung von nicht weniger als 2500 Kunst- und kunsthandwerklichen Objekten der Navajo und Hopi, darunter historisch bedeutsame Zeremonialrelikte der beiden Kulturen.

Thomas Varker Keam war einer der erfolgreichsten *indian trader* seiner Zeit. Wer auch immer sich für die Traditionen der amerikanischen Ureinwohner im Südwesten der Vereinigten Staaten interessierte, fand in ihm einen passionierten, gleichwohl geschäftstüchtigen Ansprechpartner. Dass er sowohl die komplizierte Sprache der Navajo wie die der Hopi fließend beherrschte, verschaffte ihm einen gewaltigen Vorteil gegenüber konkurrierenden Händlern und einen großen Vertrauensvorschuss bei den beiden indigenen Gruppen.

Seine Heimat im englischen Cornwall hatte Keam bereits als Jugendlicher verlassen. Er hatte sich Richtung USA eingeschifft und war dort den *California*

Volunteers beigetreten, einer militärischen Kavallerieeinheit, die den Kampf gegen die Konföderierten im Süden der USA unterstützen sollte. Diesem Einsatz verdankte Keam die amerikanische Staatsbürgerschaft und den Kontakt zu verschiedenen indigenen Gruppen, in deren Nähe er für längere Zeit stationiert war. Insbesondere die Navajo und deren dramatischer Kampf um Selbstbestimmung und Eigenständigkeit beeindruckten den Engländer. Ausdruck seiner Wertschätzung und seines Interesses war der Eifer, mit dem er die Sprache der Diné, wie die Navajo sich selbst nennen, studierte. Dass diese Sprache für Nicht-Muttersprachler extrem schwer zu lernen war, weil die Laute so fremd und die grammatikalischen Konstruktionen völlig abweichend von vertrauten Kategorien etwa des Englischen waren, konnte ihn nicht schrecken. Dabei mochte die Tatsache, dass er sich in eine junge Navajo-Frau verliebt hatte, einen zusätzlichen Anreiz schaffen. Asdzáán Libá (»Graue Frau«) war gerade mal 15, als Thomas Varker Keam sie kennenlernte. Dass der Heiratsantrag, den er nach kurzer Bekanntschaft bei ihrer Familie stellte, angenommen wurde, zeugt von dem Respekt, den der Engländer bei den ansonsten Weißen gegenüber äußerst misstrauischen Navajo erlangt hatte. Die Hochzeit fand nach traditionellem Navajo-Ritus statt. In den folgenden Jahren hatte Keam die Position eines *Special Agent* im Auftrag des staatlichen *Bureau of Indian Affairs* inne und kam damit als Dolmetscher und in politischer Mission vermittelnd zwischen den Ureinwohnern und den Siedlern zum Einsatz. Mit gleicher Intensität eignete er sich in der Folge die Sprache der benachbarten Hopi an und erwarb auch bei ihnen eine außergewöhnliche Vertrauensstellung.

Damit verfügte er über beste Voraussetzungen für die Eröffnung einer Handelsniederlassung, über die in der Folge Geschäfte mit den Indigenen abgewickelt wurden. Keams im englischen Stil mit weitläufigem Garten angelegtes Domizil entwickelte sich im Lauf der Jahre zu einer Anlaufstelle für amerikanische und europäische Forschungsreisende und neugierige Touristen ebenso wie für Künstler und Kunsthandwerker der Navajo und Hopi. Thomas Varker Keam galt als großzügiger und herzlicher Gastgeber. Er teilte bereitwillig sein erworbenes Wissen mit den Forschern und vermittelte Gesprächspartner bei den Ureinwohnern inklusive erforderlicher Dolmetscherdienste; umgekehrt lenkte er als einer der ersten Händler überhaupt die Aufmerksamkeit von Sammlern und Museen auf den Kunst- und kunsthandwerklichen Schatz, den es bei Navajo und Hopi zu heben galt, von den Töpfereien über Webarbeiten und Silberschmuck bis hin zu den rituellen *Kachina*-Figuren, die den Geist einer Naturerscheinung darstellen.

Im Zuge der Debatte um koloniale Raubkunst ist auch die Rolle der *indian trader* ins Visier einer kritischen Aufarbeitung geraten. Im Fall von Thomas Varker Keam greift das Bild des skrupellos-ignoranten Geschäftemachers auf Kosten der Ureinwohner allerdings zu kurz. Anders als viele seiner »Kollegen« hat er sich immer wieder auf die Seite der befreundeten Navajo oder Hopi gestellt, hat gemeinsam mit ihnen für mehr Rechte, mehr Land und weniger Einflussnahme durch staatliche Stellen gekämpft, hat insbesondere auch die Unterdrückung der Sprachen durch christliche Missionsgesellschaften und in den Schulen angeprangert. Für viele kunsthandwerkliche Produkte, die ursprünglich Gebrauchsgegenstände gewesen waren, schuf er einen Markt und eine ästhetische Aufwertung, die indigenen Kunsthandwerkern zu Wohlstand und Ansehen auch über ihre Gruppen hinaus verhalfen. Die historischen Artefakte, die er amerikanischen und europäischen Museen zum Kauf anbot, stammten seinen Angaben zufolge aus verlassenen Siedlungen und waren von den weiterziehenden Gruppen zurückgelassen worden, weil sie für sie keine Bedeutung mehr hatten.

Auch nachdem Thomas Varker Keam 1902 seine Handelsstation verkauft hatte und nach mehr als 40 Jahren bei den Navajo und Hopi nach England zurückgekehrt war, blieb sein Andenken gewahrt: Die Region, in der er sein Anwesen errichtet hatte, trägt bis heute den Namen *Keams Canyon*.

NAVAJO

Arizona, Utah, New Mexico, Colorado

gefährdete Sprache

170.000 MuttersprachlerInnen

Navaho, Diné bizaad, Naabeehó bizaad (Eigenbezeichnungen)

Das Navajo ist hochkomplex und enthält viele außergewöhnliche Laute. Im Zweiten Weltkrieg wurde es als Geheimcode der Amerikaner im Pazifik eingesetzt.

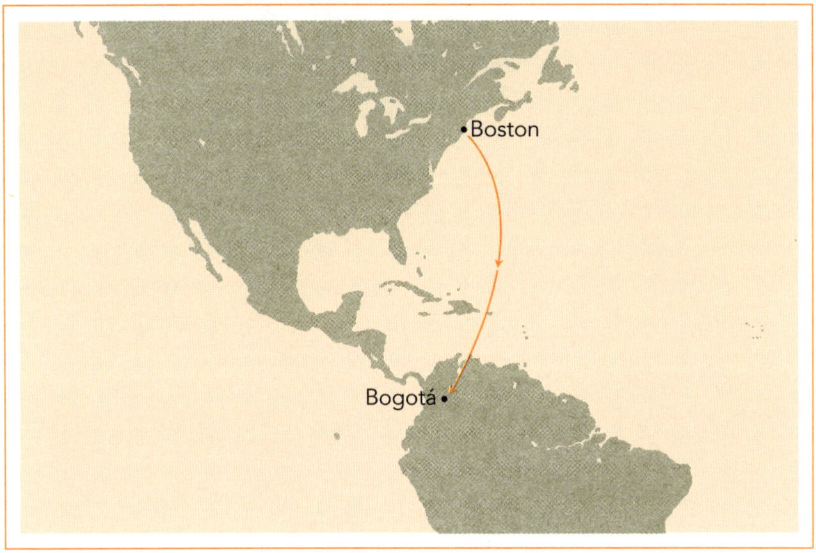

Der Harvard-Absolvent Richard Evans Schultes verbrachte Jahre seines Forscherlebens am Amazonas

Der »Vater der Ethnobotanik« und die Sprachschätze des Amazonas

Ein halluzinogener Kaktus und das tödliche Kurare

Wenn Richard Evans Schultes in Harvard oder irgendeiner anderen Universität ans Rednerpult trat, konnte man ihn – im dunklen Tweed, mit Schlips und Kragen, glatt rasiert und mit runder Brille – für die Inkarnation eines Bücherstuben-Professors halten. Sobald er jedoch von seinen Erlebnissen am Amazonas und von der dortigen Flora und Fauna zu berichten begann, erkannte man schnell einen Abenteurer, dessen Forschungen ebenso außerordentlich waren wie dessen Mut und Zähigkeit.

Der von deutschen Amerika-Auswanderern abstammende Richard Evans Schultes (1915–2001) absolvierte ein Botanik-Studium in Harvard und schrieb seine Dissertation über den Peyote, einen halluzinogenen, bei den Kiowa im Westen der USA beliebten Kaktus. Anschließend verbrachte er fast 14 Jahre, meist ganz auf sich gestellt, in unzugänglichen Regionen im Nordwesten des Amazonasbeckens, in die vor ihm noch kein Weißer vorgedrungen war. Für mehr als 20.000 Pflanzenarten gelang ihm in diesen Jahren eine exakte taxonomische Erfassung. Mehr als 300 Neuentdeckungen tragen seither

Der Peyote, dem Richard Evans Schultes seine Dissertation widmete, wurde von vielen indigenen Gruppen im Westen der USA und in Südamerika wegen seiner halluzinogenen Wirkung als göttlich verehrt

sein botanisches Kürzel, für mehr als 2000 Pflanzen gelang ihm der Nachweis ihrer medizinischen Nutzbarkeit. Die eigentliche Großtat aber war eine andere: Schultes war der Erste, der im akademischen Umfeld eine Lanze für die Bewohner des Regenwaldes brach. Ihre Erfahrungen mit der medizinischen Heilkraft von Pflanzen waren für ihn ein geradezu unerschöpflicher Schatz – und die Zusammenarbeit mit ihnen unabdingbare Voraussetzung für die Erschließung eines enormen pharmazeutischen und medizinischen Reservoirs.

Die Anfänge der Ethnobotanik

Dieses Engagement hat Richard Evans Schultes in der Wissenschaft den Titel des »Vaters« und Begründers der sogenannten Ethnobotanik eingebracht. In seinen Begegnungen mit den Ureinwohnern am Amazonas eröffnete sie ihm Zugang selbst zu streng verborgenen, geheimen Lebensbereichen der verschiedenen indigenen Gruppen. Schultes lebte über Monate und Jahre nicht *bei*, sondern *mit* diesen Gemeinschaften, voller Neugier auf die Abläufe des Alltags, die besonderen Rituale, den einzigartigen Erfahrungsschatz. Während der Jahre im Regenwald lernte er essbare von giftigen, heilende und Unheil bringende Pflanzen erkennen und unterscheiden. Vor allem knüpfte er Kontakte zu Heilern und Schamanen, die das über Generationen mündlich weitergegebene Heilwissen ihrer Gemeinschaften hüteten. Überzeugt von der Aufrichtigkeit seines Interesses, weihten sie den neugierigen Weißen mit seinen Schreibkladden und seiner Fotoausrüstung sukzessive in die Geheimnisse ihres Könnens ein und ließen ihn an ihren regelmäßigen Streifzügen durch die Natur auf der Suche nach pflanzlichem Nachschub und an der Zubereitung von Heilmitteln aller Art teilnehmen.

Auf diese Weise gelang es Schultes schließlich auch, das geheimnisvolle Kurare-Pfeilgift und dessen Anwendungsmöglichkeiten in der modernen Medizin zu »entschlüsseln«. Ebenso erforschte er den hochwirksamen Ayahuasca- (oder Yagé-)Pflanzensud, der insbesondere in den schamanistischen Praktiken der Cofán am Amazonas Anwendung fand. Er habe durchaus die eine oder andere halluzinogene Substanz selbst erprobt, hat er rückblickend einmal erklärt: »Es wäre ausgesprochen unhöflich gewesen, ein solches Angebot zu verweigern, wenn die Ureinwohner schon so entgegenkommend waren, mir etwas davon anzubieten.«

WITOTO

Peru, Kolumbien

Zur Witoto-Sprachfamilie gehören verschiedene, regional unterschiedliche Dialekte.

weniger als 5000 MuttersprachlerInnen

Huitoto, Komini, Uitoto

Ein Ursprungsmythos erzählt, wie der »sprechende Stamm« des Witoto-Baums in verschiedene Teile gespalten wurde, die fortan jeweils eigene Sprachvarianten entwickelten.

Wichtigste Voraussetzung für die Kooperation mit indigenen Heilern und anderen Pflanzenkundigen waren Schultes' umfassende Kenntnisse in zwei Amazonassprachen, dem Witoto und dem Makuna, die mit ihren dialektalen Varianten in einer großflächigen Amazonasregion verbreitet waren. In mehr als einem Dutzend weiterer Amazonassprachen verfügte er zumindest über so viel Sprachwissen, dass er damit umfangreiche Tabellen zu Pflanzen und deren Namen und Anwendungen in den verschiedenen Kulturen anlegen konnte. Eine Verständigung in der jeweiligen Muttersprache betrachtete er als eine Form der Respektbekundung gegenüber Menschen, die ihm mit ihren Kenntnissen in bestimmten Lebensbereichen haushoch überlegen waren: »Als Forscher habe ich dort die Erfahrung gemacht, dass ein Mensch der Zivilisation den Amazonasbewohnern nicht überlegen, sondern in vielerlei Hinsicht unterlegen war.« Hellsichtig erkannte er schon in den 1940er- und 1950er-Jahren die Fragilität der natürlichen Lebensräume und sah die Gefahr, dass der Erfahrungsschatz, den die indigenen Gruppen über lange Zeiträume im Umgang mit der Pflanzenwelt gewonnen hatten, in absehbarer Zukunft dem Vergessen anheimgegeben sein könnte. Seine Aufgabe sah er darin, die Namen der Pflanzen und Informationen zu deren medizinischer Verarbeitung festzuhalten und dazu vergleichende Listen zusammenzustellen.

Der Amazonasregenwald sei für Schultes so etwas wie eine riesige Bibliothek gewesen, so hat einer seiner Schüler es einmal formuliert. Und Schultes habe die Ureinwohner bewundert für ihre Fähigkeit, diese Bibliothek zu entschlüsseln und in ihr zu lesen. Bis ins hohe Alter setzte Schultes sich für den Regenwald und – mehr noch – für deren Bewohner ein, denn die Auslöschung ganzer Ethnien, deren Sprache, Kultur und Erfahrungsschatz, war für ihn ein katastrophaler und nicht reparabler Schaden für die ganze Menschheit.

HERZENSBOTEN UND LIEBENDE

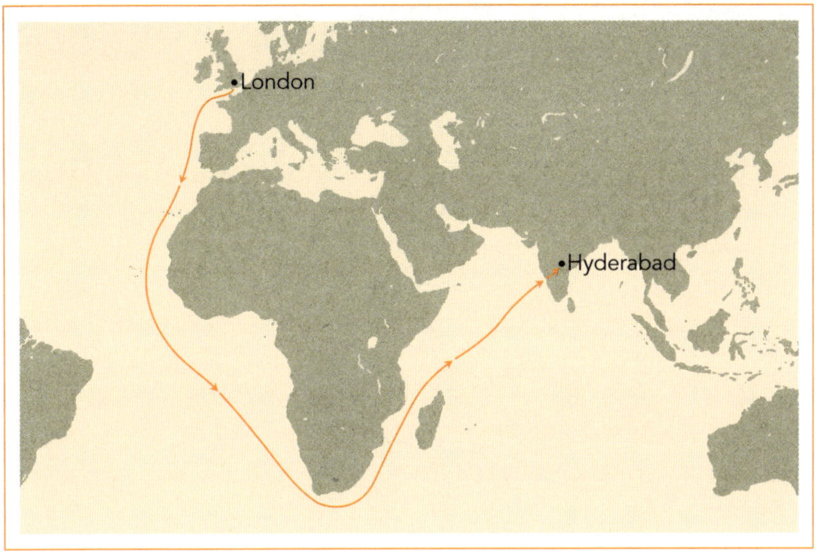

Im Gegensatz zu den meisten Briten liebte James Achilles Kirkpatrick Luxus und Kultur in Hyderabad

Ein weißer Mogul und die indische Prinzessin

Schwelgen im Luxus Hyderabads – James Achilles Kirkpatrick

Wer in Hyderabad etwas auf sich hielt, sprach Urdu. Im Gegensatz zum Hindi, der Sprachschwester gleichen Ursprungs, galt Urdu als Sprache der gebildeten Oberschicht und – mit einem reichen religiösen Vokabular – als Sprache der Muslime. Urdu, wohlklingend, elegant und formvollendet, war die Sprache des Hofes und die Sprache der Poesie. Auch James Achilles Kirkpatrick (1764–1805) verfasste Verse in Urdu, wenn sein politisches Amt ihm Zeit dazu ließ. Sprachen zu lernen, fiel dem Sohn eines hochrangigen britischen Kolonialbeamten leicht. Er war in Madras zur Welt gekommen und mit Tamil und Englisch aufgewachsen, beherrschte für seinen Dienst bei der Britischen Ostindienkompanie aber auch Persisch und Telegu. Urdu war unerlässlich für seinen Aufstieg zum britischen Botschafter am Hof des Nizam in Hyderabad. Aber für James Achilles Kirkpatrick war diese Sprache weitaus mehr als eine Pflichtübung. Anders als die meisten Briten in Indien war er zutiefst beeindruckt von der Kultur und dem Lebensstil seiner indischen Umgebung. Der Luxus Hyderabads faszinierte ihn, und er genoss das einzigartige Flair, das der Handel mit Diamanten und Juwelen, mit Seide und Gewürzen der Stadt verlieh. Wann immer es möglich war, tauschte er die britische Uniform gegen die fließenden Seidengewänder eines wohlhabenden Inders, mit vielreihigen Perlenketten als Schmuck und edlen Khussa an den Füßen. Er rauchte Wasserpfeife, kaute Betel und unterhielt einen Harem – ganz so, wie es im höfischen Umfeld üblich war. Nicht zufällig titulierten spätere Biografen ihn als »weißen Mogul«. Seinen britischen Landsleuten, die den Indern gern mit herablassender Arroganz begegneten und allenfalls rudimentäre Sprachkenntnisse erwarben, war diese kulturelle Grenzüberschreitung ausgesprochen suspekt. Am Hof allerdings ebneten ihm seine gepflegte Sprache und die Verinnerlichung der höfischen Lebens- und Denkweise viele Wege – und er gewann damit das Herz einer jungen Prinzessin, der Enkelin des damaligen Premierministers von Hyderabad und Nachfahrin einer der angesehensten Familien der Stadt.

Eine interkulturelle Ehe und ihre Folgen

1799, bei der Hochzeit ihrer älteren Schwester, sah Khair-un-Nissa, zu dieser Zeit gerade mal 14 Jahre alt, den mehr als zwanzig Jahre älteren Briten zum ersten Mal und verliebte sich unsterblich in diesen Mann, der ein so wunderbar gepflegtes Urdu sprach, wenn auch mit unüberhörbar britischem Zungenschlag. Er habe dieses zauberhaft romantische Wesen in all seiner ungeschützten Leidenschaft zutiefst bedauert, gestand James Achilles Kirkpatrick seinem Bruder später in einem Brief, und er habe alles darangesetzt, ihr die Unmöglichkeit dieser Beziehung zu verdeutlichen. Am Ende jedoch erlag er ihrer Schönheit und ihrem beharrlichen Charme. Die Hochzeit fand im Jahr 1801 nach muslimischer Sitte statt, nachdem Kirkpatrick zuvor zum Islam konvertiert war. Über die Rechtmäßigkeit dieser Ehe gab es heftige Debatten. Das junge Glück ließ sich davon nicht stören und lebte seine außergewöhnliche Beziehung, aus der zwei Kinder, ein Junge und ein Mädchen, hervorgingen.

Ein- und ausgewanderte Wörter

URDU

sofa → abgeleitet von englisch *sofa*
ḍākṭar → abgeleitet von englisch *doctor* für »Arzt«, »Doktor«
ṭamāṭar → abgeleitet von englisch *tomato* für »Tomate«

Allerdings war das Glück nur von kurzer Dauer. Die Feindseligkeit, mit der insbesondere der britische Generalgouverneur in Indien, Lord Richard Wellesley, das Treiben Kirkpatricks verfolgte und Verleumdungen über ihn in die Welt setzte, führte schließlich zu dessen unehrenhafter Entlassung aus dem Dienst. Kirkpatrick, von dieser Kränkung in der Seele getroffen, erkrankte schwer. Die Sorge um seine Zukunft und die seiner Familie ließ ihn nicht zur Ruhe kommen. Um wenigstens seine Kinder in Sicherheit zu wissen, sollten sie nach England reisen und dort im Haus seines Vaters aufwachsen. Sich von ihnen noch einmal zu verabschieden, gelang James Achilles Kirkpatrick nicht. Sein gesundheitlicher Zustand verschlechterte sich rapide, und er verstarb kurze Zeit später, gerade mal 41 Jahre alt.

Der Brückenschlag, den er und Khair-un-Nissa mit ihrer Beziehung vollzogen hatten, hätte als Musterbeispiel einer gelungenen Symbiose zweier Kulturen Schule machen können. Dafür allerdings war die Zeit nicht reif. Nicht einmal im engen Umfeld der beteiligten Familien wurde der zarte Keim der interkulturellen Annäherung weiter gehegt. Die Kinder des Ehepaars wurden in England getauft, in englischer Sprache unterrichtet und von jedem Kontakt zu ihrer indischen Verwandtschaft ferngehalten. Der neue Nizam in Hyderabad wiederum verstieß Khair-un-Nissa aus ihren Gemächern am Hof. Erst als sie todkrank war, gestattete man ihr die Rückkehr in den Palast, wo sie 1813 mit 27 Jahren verstarb.

URDU

Indien, Pakistan, Afghanistan, Bangladesch, Nepal

National- und Amtssprache in Pakistan und einigen indischen Bundesstaaten

95 Mio. MuttersprachlerInnen;
150 Mio. SprecherInnen (Zweitsprache)

Die Sprache ist als Bildungssprache zwischen dem 13. und 15. Jahrhundert entstanden. Geschrieben wird Urdu in der persisch-arabischen Schrift von rechts nach links.

MACHBUBA.

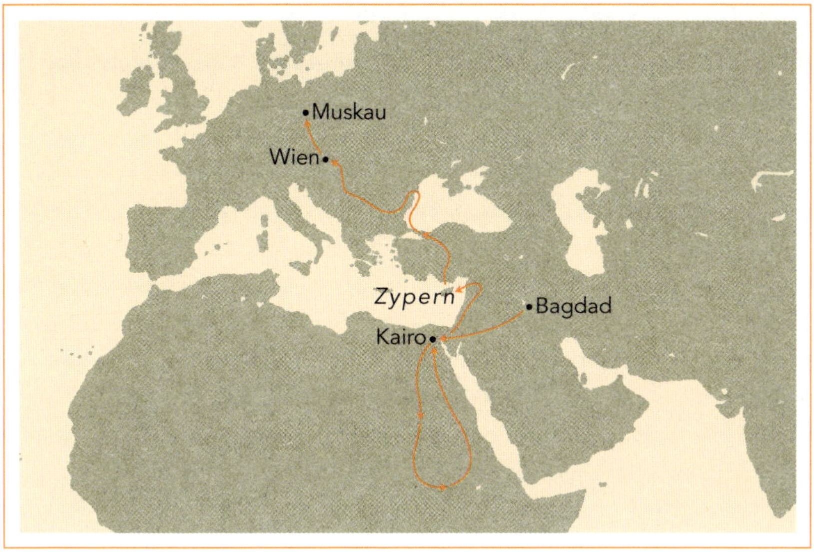

Machbuba begleitete Fürst Pückler auf seiner Reise bis Bagdad und durch den Nordosten Afrikas

Der Frauenheld und die abessinische Sklavin

Liebe macht spracherfinderisch

Es war eine Tragödie, die Machbuba (ca. 1826–1840), die gerade mal zehn oder elfjährige Tochter eines hochrangigen abessinischen Hofbeamten, auf den Sklavenmarkt nach Kairo führte. Bei einer kriegerischen Auseinandersetzung waren ihr Vater und ihre sechs Brüder getötet und die Frauen der Familie gefangen genommen und anschließend als Sklavinnen verkauft worden. Viele afrikanische Sklavenwege führten im 19. Jahrhundert nach Kairo, denn dorthin kamen Händler aus allen Teilen Afrikas, Europas und des Osmanischen Reichs, um Nachschub an menschlicher Handelsware zu besorgen.

Als dort eines Tages ein Mann vor ihr stand, hochgewachsen, schlank und der Kleidung nach keiner der üblichen Sklavenhändler, konnte Machbuba zwar kein Wort von dem verstehen, was er mit seinen Begleitern besprach. Aber die Art und Weise, wie er sie in Augenschein nahm und dann hastig eine große Menge Taler aus seinem Beutel holte, um den Kauf zu besiegeln, sprachen für sich. Machbubas »Käufer« war kein Geringerer als der prominente Reiseschriftsteller, Schlossbesitzer und geniale Parkgestalter Hermann Fürst von Pückler-

Muskau (1785–1871), ein Lebemann und Frauenheld. 1837, bei der ersten Begegnung mit Machbuba, war er 52 Jahre alt, aber dem weiblichen Geschlecht immer noch so verfallen wie in jungen Jahren.

Der Fürst weilte auf Einladung des ägyptischen Vizekönigs Mehmed Ali Pascha in Ägypten und bereiste den Nordosten des afrikanischen Kontinents, um Material für neue Publikationen zu sammeln. Im Rückblick auf die erste Begegnung mit Machbuba deutete er sein Interesse an der jungen Frau als ein rein »wissenschaftliches« mit dem Ziel, »den Charakter dieses originellen Mädchens zu studieren, an der die Zivilisation noch nichts hatte verderben noch verbessern können«. Gleichermaßen bemühte er sich, seinem Lesepublikum in Europa klarzumachen, dass seine Gesinnung es ihm niemals erlaubt hätte, das junge Mädchen als Sklavin zu betrachten: »Übrigens versteht es sich von vornherein, dass ich ein zu gewissenhafter und selbst zu freier Preuße bin, um sie jetzt noch als Sklavin zu behandeln. Mit dem Eintritt in mein Haus war sie eine Freie, obgleich ich fürchte, dass sie noch keinen recht deutlichen Begriff von diesem Zustande hat.« Die Beschreibungen allerdings, die er an anderen Stellen von seinen »Erziehungsmethoden« lieferte, wenn der »Bettschatz« widerborstig war und gegen den Herrn und Meister aufbegehrte, sprachen eine andere Sprache.

Die größte Hürde für Fürst Pücklers Interesse an der »treuesten Kopie einer Venus von Tizian ... nur in schwarzer Manier« stellte jenseits erotischer Begehrlichkeiten die verbale Verständigung dar: Denn Machbuba sprach keine seiner Sprachen, nur ein bisschen Arabisch, am flüssigsten allerdings die Sprache der Oromo, »Abessinisch«, wie Fürst Pückler sie bezeichnete. Sie ließ, so schrieb er einmal, »ihr Silberstimmchen vernehmen« und bat »auf das Rührendste in abessinischer Sprache um Erlösung«, »was ich dem Sinne nach sehr gut, wenn auch von den Worten nur die wenigen verstand, welche ich bereits nach und nach von ihr gelernt hatte«.

Es dürfte für Machbuba eine Freude gewesen sein, Jahre später, nachdem sie Fürst Pückler zurück nach Europa begleitet hatte, in München auf einen Forscher zu treffen, der sich brennend für ihre Muttersprache interessierte. Der Ethnologe Karl Tutschek hatte durch mehrere Sklaven, die von Afrika aus nach München an den Hof Maximilians II. gelangt waren, erstmals Kontakt zum Oromo als Sprache der Abessinier bekommen und mit der Erstellung des ersten Oromo-Wörterbuchs mit deutschen und englischen Übersetzungen begonnen. Von Machbuba ließ Tutschek sich traditionelle Gesänge der Oromo vortragen, und er tauschte sich mit ihr über deren Sinn und Bedeutung aus.

Von solch intensiver Konversation mit seiner Gefährtin war Fürst Pückler weit entfernt. Aus seinen Aufzeichnungen geht hervor, dass es in der Anfangszeit ihres Zusammenseins eine Art sprachlicher Behelfslösung zwischen ihnen beiden gab, eine »Separatsprache«, wie er sie nannte, womit offenbar eine Mischung aus Gebärdensprache und einem Konglomerat unterschiedlicher sprachlicher Versatzstücke gemeint war.

Parlare italiano

Für die Alltagskommunikation mochte ein solches Radebrechen ausreichen. Aber Fürst Pückler hatte bald schon erkannt, dass Machbuba keineswegs nur hübsch, sondern ausgesprochen intelligent und zudem lernwillig und von schneller Auffassungsgabe war. Mit ihrer Unterstützung, so begriff er, würde er schneller und leichter einen Zugang zu jener afrikanisch-orientalischen Welt finden, die er zu bereisen und anschließend zu beschreiben gedachte. Dafür bedurfte es allerdings einer deutlich besseren Verständigungsgrundlage.

Die zahlreichen Pückler-Biografen und -Biografinnen haben je nach persönlicher Einstellung die Beziehung des Fürsten zu Machbuba als schändlichen Übergriff auf eine Minderjährige, als eher väterliche Zuneigung oder als die einzige ganz große echte Liebe des deutschen Casanovas zu erklären versucht. Kaum je allerdings wurde nach einer Erklärung dafür gesucht, warum es ausgerechnet die italienische Sprache war, in der Fürst Pückler die junge Abessinierin unterrichten ließ. Er selbst besaß aufgrund früher Wanderjahre in Italien allenfalls rudimentäre Italienischkenntnisse. Weshalb hätte er diese zur Verständigungsgrundlage machen sollen? Die Begründung liegt wohl in der Person des Dragomanen Giovanni, der während der afrikanischen Reise zur Entourage des Fürsten gehörte und ihn als Übersetzer unterstützen sollte. Dragomane waren im Mittelmeerraum seit Jahrhunderten als Mittler und Übersetzer insbesondere zwischen den europäischen Ländern und der arabisch-osmanischen Welt im Einsatz und standen Reisenden gegen entsprechende Entlohnung mit ihren Diensten zur Seite. Giovanni war, wie der Name nahelegt, von Haus aus Italiener. In der Sprachkompetenz dieses Mannes sah Fürst Pückler, so darf man annehmen, eine ausreichende Gewähr für eine gründliche Sprachausbildung seiner jungen Gefährtin – und auch für sich selbst. So rückten beide, der Fürst und Machbuba, in die Rolle von Sprachschülern, die ähnliche Voraussetzungen hatten, um sich in der gemeinsam erlernten italienischen Sprache zu verständigen. Und das taten sie offensichtlich mit beachtlichem Erfolg: Fortan korrespondierten die beiden, wie erhaltene Briefe dokumentieren, in Italienisch miteinander, wenn sie für längere Zeit voneinander getrennt waren. Und sie führten gemäß Pücklers Berichten durchaus tiefschürfende Gespräche: An einem Tag etwa, »wo sie sehr ernst gestimmt schien«, habe er mit ihr über Religion und Glauben gesprochen, so der Fürst: »›Du bist eine Abessinierin‹, sagte ich, ›dort gibt es viele Christen. Bist du auch eine Christin oder eine Muhamedanerin?‹ ›Ich weiß es nicht‹, erwiderte sie leise, ›da ich so jung aus meinem Vaterlande geraubt wurde ... Ist es dir nicht einerlei, ob ich eine Christin oder eine Muhamedanerin bin?‹«

Krank und einsam auf Schloss Muskau

Machbuba begleitete Fürst Pückler während seiner Reisen im Nordosten Afrikas und reiste am Ende, 1840, mit ihm auch nach Europa. In Wien, Budapest und München erregte sie in jenen Kreisen, in denen der Fürst verkehrte, durch ihre aparte dunkelhäutige Schönheit und durch ihre akrobatischen Reitkünste beachtliches Aufsehen. Ihm gefiel die Aufmerksamkeit, die seine Gefährtin erregte. Sie selbst war in einer schwierigen Lage, denn des Deutschen war sie nach wie vor nicht mächtig. Joseph Hammer-Purgstall, der berühmte österreichische Orientalist, notierte in seinen Aufzeichnungen, er habe sie in Wien kennengelernt und sich mit ihr in Arabisch unterhalten. Als sie schließlich im Herbst 1840 auf Schloss Muskau ankam, das von Pücklers geschiedener Frau Lucie bewohnt wurde, hatte sich ihr Gesundheitszustand aufgrund einer Tuberkulose bereits dramatisch verschlechtert. Dennoch reiste Fürst Pückler in geschäftlichen Angelegenheiten nach Berlin und überließ die Kranke in der fremden Umgebung des Schlosses sich selbst und Menschen, denen sie sich kaum verständlich machen konnte. Nicht einmal die Bemühungen des behandelnden Arztes, ihn zurückzuholen, konnten ihn dazu bewegen, seine Pläne zu ändern. Fürst Pücklers Biografen haben immer wieder gerätselt, wie sich diese augenscheinliche Gefühlskälte und Reserviertheit erklären lassen, allerdings ohne eine befriedigende Antwort zu finden. Zumindest war der Arzt durch einen glücklichen Zufall des Italienischen so weit mächtig, dass er sich mit der Patientin verständigen und ihre Botschaften an den Fürsten übermitteln konnte »... jeden Morgen und jeden Abend fragt sie begierig *se non arrivata una lettere da Berlino*«, schrieb er an den Fürsten. Und einen Tag vor ihrem Tod am 27. Oktober 1840: »Gestern noch versuchte sie an Euer Durchlaucht zu schreiben, und als die Schwäche sie an der Fortsetzung hinderte, sagte sie: ›*Scrivete un buon, buon addio al mio caro Principe.*‹« In weiser Voraussicht hatte der Fürst dafür gesorgt, dass sie kurz vor ihrem Tod noch getauft wurde. So erhielt die 14-Jährige ein christliches Begräbnis. Ihr Grab auf dem evangelischen Kirchfriedhof in Bad Muskau ist bis heute erhalten.

Auf dem Grabstein steht schlicht ihr Vorname, der, mit dem sie in die Geschichte eingegangen ist: Machbuba. Dass es sich dabei nicht um ihren ursprünglichen, vollständigen Oromo-Namen handelte, ist inzwischen bekannt, denn Machbuba (maḥbūba) stammt aus dem Arabischen und bedeutet »Geliebte« oder »Liebling«. Fürst Pückler hatte ihr diesen Namen verliehen, obwohl sie ihm bei ihrer Bekanntschaft in Kairo als Ajiamé vorgestellt worden war, was übersetzt »die von auswärts Kommende« bedeutet. Sie selbst hatte dem Oromo-Forscher Tutschek in Wien »Birilele« als ihren Vornamen angegeben. Der Name ihrer Familie ebenso wie ihr genaues Geburtsdatum waren ihr abhandengekommen.

OROMO

Äthiopien, Kenia

Amtssprache im äthiopischen Bundesstaat Oromia

25 Mio. MuttersprachlerInnen

Afaan Oromoo, Galla, Galligna (veraltet)

Seit 1991 wird offiziell die lateinische Schrift verwendet.
Unter Haile Selassie war es verboten, Oromo zu schreiben.

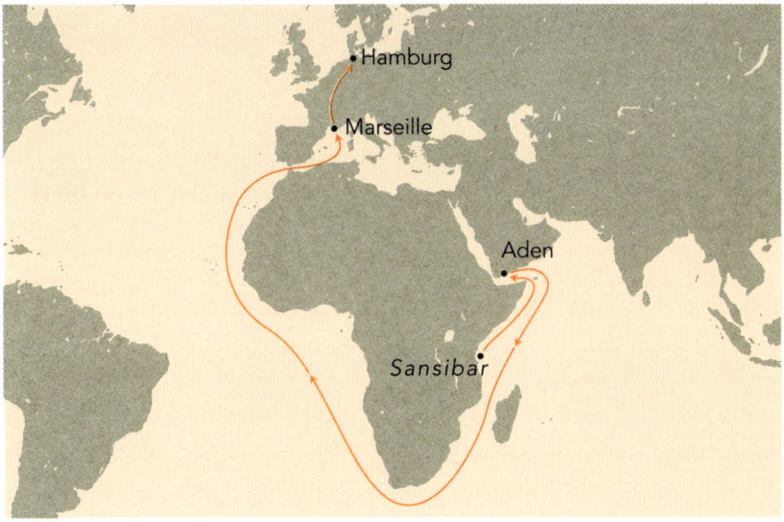

Prinzessin Salme floh 1867 von Aden aus mit Rudolph Heinrich Ruete nach Hamburg

Der Hamburger Kaufmann und die Prinzessin aus Sansibar

Nakupenda – ich liebe dich

Es beginnt wie ein Märchen aus Tausendundeiner Nacht: Ein Mann und eine Frau, sie eine arabische Prinzessin, er ein aufstrebender deutscher Kaufmann, begegnen einander auf den Balkonen zweier benachbarter Häuser, kommen ins Gespräch, flirten, verlieben sich. Es ist der Sommer des Jahres 1865. Stone Town, Hauptstadt der legendären ostafrikanischen Gewürzinsel Sansibar, liefert die Kulisse für diese ungewöhnliche – und verbotene – Liebesgeschichte. Denn die Frau ist Prinzessin Sayyida Salme (1844–1924), Tochter des Sultans Said ibn Sultan von Oman und Sansibar, eines strenggläubigen Muslims. Der Mann ist Rudolph Heinrich Ruete (1839–1870), ein Christ und bürgerlicher Abstammung, der auf Sansibar für ein Hamburger Handelshaus Geschäfte abzuwickeln hat. Wer von beiden wohl das erste Wort gesprochen hat? Und wer in welcher Sprache das erste Liebesgeständnis? *Nakupenda*? Oder: Ich liebe dich?

Prinzessin Salme war zweisprachig aufgewachsen, beherrschte Kiswahili und Arabisch fließend. Heimlich – weil für eine Frau ihres Standes und ihrer Zeit nicht statthaft – hatte sie sich das Lesen und Schreiben beigebracht, außerdem

Kenntnisse in diversen anderen Sprachen erworben, allen voran im Tscherkessischen ihrer Mutter. Die war als kleines Mädchen im Kaukasus verschleppt worden, als Sklavin an den Hof des Sultans gekommen und dort zu einer seiner 35 Nebenfrauen aufgestiegen. Weil sie im Umfeld des Hofes und unter ihren Halbgeschwistern nur wenige Freunde hatte, richtete die umtriebige Prinzessin, je älter sie wurde, ihre Aufmerksamkeit auf die Fremden auf Sansibar, auf die weitgereisten Europäer vor allem, deren Kultur und Lebensstil sie faszinierte. Ihr großer Wunsch war es, selbst einmal nach Europa zu reisen. Mit heimlich erworbenen Englischkenntnissen hatte sie dafür bereits die Grundlage geschaffen. Rudolph Heinrich Ruete sprach neben seiner Muttersprache fließend Englisch und Französisch. Auch in Kiswahili hatte er sich vor seinem ersten Einsatz auf Sansibar Vokabeln und grammatikalisches Grundwissen angeeignet. Gut vorstellbar also, dass bei den ersten Liebesschwüren des jungen Paares Englisch und Kiswahili eine innige romantische Beziehung eingingen.

Prinzessin Salme alias Emily Ruete

Als Prinzessin Salme schwanger wurde, ließ sich die Liaison mit dem Deutschen nicht länger geheim halten. Jetzt war schnelles Handeln erforderlich, denn für ihr »Vergehen«, die Affäre mit einem Ungläubigen, hätte die Sultansfamilie die Tochter mit Steinigung und Tod bestrafen müssen. Mithilfe britischer Diplomaten gelang Salme auf einem englischen Schiff die Flucht nach Aden. Dort ließ die Muslimin sich taufen, nahm den Namen Emily an und trat mit Hein-

Ein- und ausgewanderte Wörter

KISWAHILI

shule → abgeleitet von deutsch *Schule*

bruda → abgeleitet von deutsch *(Ordens-)Bruder*

januari, februari, machi, aprili, mei, juni, julai, agosti, septemba, oktoba, novemba, desemba → abgeleitet von den deutschen Monatsnamen

DEUTSCH

Safari → abgeleitet von kiswahili *safari* – »Reise«

rich Ruete vor den Traualtar. Aus Prinzessin Salme wurde Emily Ruete. Für die Sultansfamilie war sie fortan eine Persona non grata. Und auch alle späteren Versuche einer neuerlichen Annäherung, von Emily nicht zuletzt im Hinblick auf Erbe und finanzielle Unterstützung gestartet, verhallten, von geringfügigen Geldzuwendungen abgesehen, ohne Erfolg. In Hamburg wiederum empfing man das junge Paar, als es Wochen nach der Hochzeit eintraf, mit unverhohlener Neugier. Eine arabische Prinzessin, ebenso exotisch wie elegant, die der Liebe zu einem Kaufmann wegen auf Rang und Reichtum und den Luxus eines Lebens am Sultanshof verzichtet hatte: Das sorgte gehörig für Gesprächsstoff. Emily wiederum brauchte Zeit, um sich in der deutschen Sprache und Kultur zurechtzufinden, Zeit auch, um die Trauer über ihren kurz nach der Geburt verstorbenen Sohn zu überwinden. Ihr Leben in Hamburg war weit entfernt von den flirrenden Europafantasien, die sie auf Sansibar gepflegt hatte. Zwischen 1868 und 1870 brachte Emily drei weitere Kinder zur Welt. Im August 1870, wenige Monate nach der Geburt des letzten Kindes, geriet ihr Mann Heinrich unter eine Pferdestraßenbahn und verstarb wenige Tage später. Mit drei kleinen Kindern, ohne Kontakt zu ihrer Familie und ohne soziales Umfeld in Hamburg, musste Emily Ruete ihr Leben neu ausrichten. Sie hatte den Menschen verloren, der ihr inmitten der kühlen norddeutschen Atmosphäre Heimat und Wärme gegeben hatte. Mit Arabisch-Unterricht besserte sie ihr spärliches Finanzpolster auf. Schließlich begann sie, ihre Lebensgeschichte zu Papier zu bringen. 1886 veröffentlichte Emily Ruete im Berliner Friedrich Luckhardt-Verlag in zwei Bänden die *Memoiren einer arabischen Prinzessin*, die als erste Autobiografie einer arabischen Frau und detailgenaue Schilderung des Lebens am Hof eines Sultans angepriesen und mit beachtlichem Erfolg verkauft wurden.

Das eigentlich Bemerkenswerte an dieser Veröffentlichung wurde von der zeitgenössischen Kritik kaum einmal gewürdigt: Emily Ruete hatte ihre Autobiografie in einem geradezu makellosen Deutsch verfasst, in jener Sprache, die sie sich der Liebe wegen unter Anleitung ihres Mannes selbst angeeignet hatte.

Hamburg goes Sansibar

Es war kein Zufall, der den Hamburger Kaufmann Ruete nach Sansibar gebracht hatte. Seit 1847 die erste Brigg des Handelsunternehmens von Johan Carl Heinrich Oswald im Hafen von Sansibar eingelaufen war und die deutschen Abgesandten eine feste Niederlassung errichtet hatten, pflegte die Hamburger Kaufmannschaft einen regen wirtschaftlichen Handel, etwa mit Gewürzen, Sesamsaaten, Rohrzucker, Elfenbein und Tropenhölzern, und genoss dabei die Protektion der Herrscher auf Sansibar. William O'Swald – wie er sich bald nannte – und seine Söhne agierten auf Sansibar als Konsuln des Deutschen Reichs und in Hamburg als Generalkonsuln des Sultans von Sansibar.

Die der ostafrikanischen Küste vorgelagerte Insel spielte auf der politischen Weltkarte des 19. Jahrhunderts eine besondere Rolle. Seit dem späten Mittelalter galt Sansibar als »Tor« zum Osten Afrikas und als Brücke zwischen der arabischen und der afrikanischen Welt. Frühe Seefahrer und Händler, insbesondere aus Oman, hatten sich auf Sansibar niedergelassen und waren dort mit der afrikanischen Bevölkerung verschmolzen. Das erklärt die Rolle des Islam als vorherrschende Religion und das Nebeneinander von Arabisch und Kiswahili.

Insofern war Sansibar auch für die europäischen Kolonialmächte ein überaus begehrter Standort. Als Wegbereiter der deutschen Kolonialpolitik setzten die Hamburger Kaufleute ein Zeichen, richteten überseeische Handelsniederlassungen ein, gingen vertragliche Verbindungen mit den jeweiligen Herrschern vor Ort ein und sorgten gleichzeitig für den Ausbau des Hamburger Hafens zum Welthafen – und für eine gründliche Ausbildung und Vorbereitung ihrer Kaufmannssöhne für das Überseegeschäft. Dazu gehörte nicht zuletzt ein Sprachenstudium, in der Mitte des 19. Jahrhunderts häufig noch autodidaktisch und mithilfe von Rückkehrern aus den afrikanischen Niederlassungen. Nach allgemein verbreiteter Auffassung hielt man es für sinnvoller, die in die Überseestationen zu entsendenden Kaufleute die Sprache der Einheimischen lernen zu lassen, als umgekehrt von den afrikanischen oder arabischen Handelspartnern vor Ort Kenntnisse in den großen europäischen Sprachen zu erwarten. Eine solche Entfremdung der Einheimischen von ihrer Muttersprache und das Eintauchen in die Sprachwelt der kolonialen Partner hätte, so die allgemeine Ansicht, falsche Hoffnungen auf einen möglichen »Aufstieg« wecken können. Eine solche Entwicklung war jedoch nicht im Sinne der deutschen und europäischen Kolonialpolitik.

Kiswahili – Karriere einer afrikanischen Sprache

Die wachsende Nachfrage insbesondere nach Elfenbein löste im 19. Jahrhundert in Ostafrika einen wahren Handelsboom aus. Von der Ostküste Afrikas, Heimat der Swahili, wurden Karawanen über Hunderte Kilometer ins Landesinnere und zurück zum Transport der Waren organisiert. Für den Handel mit Europa war die Insel Sansibar Drehscheibe und wichtigster Warenumschlagplatz. Diesem komplexen Handelsgeflecht verdankt das Kiswahili seine Karriere als Verkehrs- und Handelssprache in der gesamten ostafrikanischen Region. Für diesen Aufstieg war die Sprache gut gerüstet, denn Kiswahili gehört zu den wenigen afrikanischen Sprachen, die schon früh im 18. Jahrhundert über eine eigene – zu dieser Zeit noch arabische – Schrifttradition verfügten. Der Wechsel zur lateinischen Schrift erfolgte parallel zur lexikalischen und grammatikalischen Dokumentation der Sprache durch europäische Missionare im 19. Jahrhundert.

Auch für die deutschen Überseekaufleute auf Sansibar wurden Kenntnisse in Kiswahili zu einer zunehmend wichtigen Voraussetzung für erfolgreiche Geschäftsabschlüsse. Bis nach Deutschland allerdings schaffte die afrikanische Sprache es nur in Ausnahmefällen. Mit dem Tod ihres Mannes verlor Emily Ruete in Hamburg den einzigen Menschen, der ihr dort in ihrer Muttersprache ein Stück (Sprach-)Heimat hatte geben können.

KISWAHILI

Ostafrika (Tansania, Kenia, Kongo, Uganda, Burundi, Mosambik, Somalia, Oman)

Muttersprache der Swahili; Nationalsprache in der Demokratischen Republik Kongo; Amtssprache in Uganda und Tansania; als Verkehrssprache in vielen anderen ostafrikanischen Ländern verbreitet und weiter auf dem Vormarsch

5–10 Mio. MuttersprachlerInnen;
80–120 Mio. SprecherInnen (Zweitsprache)

Kisuaheli, Suaheli, Swahili

Das Standard-Kiswahili (für die schriftliche und offizielle Kommunikation, zumeist in lateinischer Schrift) basiert auf dem Stadt-Dialekt von Sansibar und wurde in den 1930er-Jahren eingeführt.

Von Vancouver aus startete der Ire Lafcadio Hearn mit dem Dampfer *Abyssinia* in Richtung Japan

Der Ire, der Japan nach Europa brachte

Das »Land der aufgehenden Sonne« mit der Seele suchen

Japan war das Land seiner Sehnsucht. Was ihm weder in Europa noch in der Geschäftigkeit der Vereinigten Staaten vergönnt gewesen war, hoffte er in jenem fernen, fremden Traumland zu finden: eine Heimat in Abgeschiedenheit und stiller Selbstgenügsamkeit. Als der irische Schriftsteller Lafcadio Hearn (1850–1904), Kind einer griechischen Mutter und eines irischen Militärarztes, 1890 nach Japan kam, stand das Kaiserreich vor gewaltigen gesellschaftlichen Umbrüchen und einer politischen Neuausrichtung, die den Aufbruch in die Moderne einleitete. Lafcadio Hearn allerdings beschwor in Dutzenden Büchern den Geist des alten Japan und seiner Schönheiten. Damit lieferte er der westlichen, von einer großen Japan-Faszination erfassten Welt Bilder, Emotionen, Anreize, die das europäische Japan-Bild für lange Zeit prägen und an der Wende vom 19. zum 20. Jahrhundert den Japonismus in Malerei und Kunst beflügeln sollten.

Das Pidgin-Japanisch des Lafcadio Hearn

Lafcadio Hearn war offiziell mit dem Auftrag eines amerikanischen Verlegers nach Japan gereist, ein Buch über das ferne, unbekannte Kaiserreich zu verfassen. In der Hafenstadt Matsue fand er eine Anstellung als Sprachlehrer für Englisch. Für seine eigene Verständigung in der fremden Sprachwelt wurde ihm offiziell ein Dolmetscher an die Seite gestellt. Aber erst die Begegnung mit Setsu Koizumi eröffnete ihm den Zugang zu jener uralten Kultur, auf die er sich wie kein anderer Europäer vor ihm einließ. Die Tochter eines verarmten Samurai, die den kränkelnden Iren pflegen und umsorgen sollte, wurde schon wenige Monate nach ihrer Bekanntschaft Lafcadios Frau. Ihretwegen nahm er die japanische Staatsbürgerschaft an – und einen japanischen Namen: Yakumo Koizumi. Er wurde zum Sprachschüler seiner Frau, sie zu seiner Geschichtenerzählerin, die ihn, weil sie die alten Mythen, Märchen und Legenden so liebte, allabendlich in die Gedankenwelt und die Geheimnisse der japanischen Kultur einführte. In ihren späteren Erinnerungen an die Ehe mit Lafcadio Hearn erzählt Setsu Koizumi von den sprachlichen Verständigungsproblemen – und ihrer Lösung: Da ihr Mann Schwierigkeiten mit der japanischen Grammatik und dem Wortschatz hatte, habe er niemals japanische Bücher lesen können, sodass es ihre Aufgabe war, ihm deren Inhalte und Geschichten zu erzählen, und zwar immer wieder – und in immer einfacheren Sprachversionen, so lange, bis er sie verstanden habe. Sukzessive sei so ein gemeinsames »Familien-Wörterbuch«

Ein- und ausgewanderte Wörter

JAPANISCH

arubaito → abgeleitet von deutsch *Arbeit* (im Japanischen Begriff für *Minijob)*

metoronōmu → abgeleitet von deutsch *Metronom*

ryukkusakku → abgeleitet von deutsch *Rucksack*

DEUTSCH

Harakiri → abgeleitet von japanisch *hara für* »Bauch« und *kiru* für »schneiden«

Kimono → abgeleitet von japaniisch *kimono* für »Gewand«

Ju-Jutsu → abgeleitet von japaniisch *Jū* für »geschmeidig, sanft« und *jutsu* für »Kunstgriff«

Lafcadio Hearn, der seit seiner Heirat den Namen Yakumo Koizumi trug, verständigte sich mit seiner japanischen Frau Setsu Koizumi in einer »Privatsprache«

entstanden, nicht immer mit exakten japanischen Begriffen und Deutungen, aber im Familienkreis für alle verständlich. Für dieses »gebrochene« Japanisch habe Hearn selbst den Namen *Hearn-san Kotaba* – »Hearns Sprache« – erfunden. Dieser »Privatsprache« zweier Liebender hat die japanische Sprachwissenschaftlerin Akemi Kanazawa mehrere Studien gewidmet. Auf der Grundlage von Briefen und Texten des Iren hat sie sein spezifisches Japanisch als eine Form von »Pidgin-Japanisch« beschrieben, das lediglich über ein rudimentäres Vokabular und Grundkenntnisse der Grammatik verfügt. Einflüsse des Englischen, in der Syntax ebenso wie im Ausdruck, sind deutlich erkennbar.

Dolmetscher als Wundärzte und Chirurgen

Die frühesten Kontakte zwischen Europa und dem sich weitgehend abschottenden Japan lagen – lange vor Lafcadio Hearn – im 16. und 17. Jahrhundert in den Händen der Portugiesen, von den Japanern *Namban*, wörtlich »südliche Barbaren«, genannt, und den Holländern, den *Kōmō*, den Männern mit »rotem Haar«. Im 17. Jahrhundert entwickelte sich auf der Grundlage der niederländischen Handelskontakte nach Japan eine in dieser Form einzigartige Kommunikationsbrücke zwischen West und Ost, bei der japanische »Dolmetscher«, sogenannte *Oranda Tsuji*, eine zentrale Rolle spielten. Bis zu 150 solcher Dolmetscher waren im Umfeld der in Nagasaki stationierten Niederländischen Ostindienkompanie im Einsatz. Ihr Arbeitsgebiet umfasste bürokratische ebenso wie Handelsvermittlungen, aber auch diplomatische und kulturelle oder wissenschaftliche Aufgaben. Dabei trafen die Japaner auch auf das »medizinische« Personal aus den Niederlanden, Männer, die meist nicht wissenschaftlich geschult waren, sondern allenfalls eine Ausbildung als Barbiere, Wundärzte oder Sanitäter absolviert hatten. Für die Japaner entscheidend war, dass sie eine Idee vom Wesen westlicher Medizin nach Japan brachten.

Vor allem das chirurgische Können der Europäer erregte die Aufmerksamkeit der japanischen Dolmetscher, die sich für *Kōmō-geka* (»Chirurgie der Rothaarigen«) oder *Oranda-ryû-geka* (»Chirurgie holländischen Stils«) begeisterten. Nicht wenige von ihnen absolvierten eine medizinische »Lehrzeit« bei den Holländern und begründeten eigene »holländische« Chirurgenschulen, aus denen bedeutende Mediziner hervorgehen sollten. Einer der frühesten und wichtigsten Mediziner in Japan war der aus Leipzig stammende »Chirurg« Caspar Schamberger (1623–1706). Er war 1649 nach Nagasaki gekommen und später nach Edo (heute Tokyo) weitergereist, wo er mit seinen wundersamen Heilfähigkeiten die Aufmerksamkeit hochgestellter Persönlichkeiten am Kaiserhof erregte. Schambergers Dolmetscher Dembei Inomata hielt die Therapien des Europäers schriftlich fest und begründete nach dessen Rückreise die erste von vielen nachfolgenden Chirurgenschulen, die sich in Anlehnung an den Vornamen des Deutschen *Kasuparu-ryû-geka* (»Chirurgie im Stile Caspars«) nannte.

Umgekehrt brachte der europäisch-japanische Kulturaustausch im 17. Jahrhundert auch für Europa fruchtbare Ergebnisse, nicht zuletzt hinsichtlich spezieller Heilmethoden und Pflanzenkenntnisse. So lieferte der aus Deventer stammende Willem ten Rhijne, der 1674 bis 1676 in Nagasaki weilte, in seiner 1683 in London veröffentlichten *Dissertatio* die erste ausführliche Schilderung der fernöstlichen Kunst des medizinischen Nadelstechens, für die er den Begriff

»Akupunktur« prägte. Auch in Europa lange als wegweisend geltende Studien über die asiatische Lepra und über die sogenannte »Moxa«-Heilmethode (Erwärmung von speziellen Punkten im Körper) sind ihm zu verdanken.

Für ihre Beschäftigung mit dem japanischen Heilwissen wie mit der Kultur und Geschichte Japans insgesamt waren die Europäer in Japan jahrhundertelang auf Dolmetscher angewiesen. Selbst wenn sie sich bemüht hätten, die Sprache des Landes zu lernen, wäre ihnen der Zugang verwehrt geblieben: Zur japanischen Politik der Abschottung gehörte es, dass Japanisch-Unterricht für Nicht-Japaner bis weit ins 19. Jahrhundert untersagt war. Lafcadio Hearn war in der glücklichen Lage, eine »private« Sprachlehrerin in seiner Nähe zu haben, die ihn im ehelichen Kontakt in die Geheimnisse ihrer Muttersprache einführte.

Lafcadio Hearns Japan war das Land seiner Sehnsucht, ein imaginäres *altes* Japan, das er intuitiv und mit der Seele suchte, ohne sich dabei von der realen Gegenwart beirren zu lassen. Seine Bewunderung für Kultur und Geisteswelt und für den Stellenwert von Aberglauben und animistischen Glaubenswelten hat nicht nur das Japanbild in Europa entscheidend geprägt. Auch für die Japaner selbst wurde Hearn zum Idol, denn seine eindringlich-bewundernden Texte versöhnten sie mit ihren alten Idealen und Traditionen. Im japanischen Matsue erinnert bis heute ein Museum an den großen Japanverehrer aus Europa, seine Sammlungen alter Geschichten werden immer wieder neu aufgelegt, und alljährlich am irischen Nationalfeiertag, dem Saint Patrick's Day, werden Lesungen und Veranstaltungen zur Erinnerung an ihn ausgerichtet.

JAPANISCH

Japanischer Inselbogen, USA, Brasilien, Palau

Amtssprache in Japan und auf Palau

125 Mio. MuttersprachlerInnen

Nihongo, selten Nippongo

Die großen Sprechergruppen in Brasilien und USA sind Nachfahren japanischer Einwanderer. Die japanische Schrift ist eine komplexe Mischung aus chinesischen Schriftzeichen (Kanji) und zwei Silbenschriften (Hiragana und Katakana).

Weltkarte

der Reiserouten im Buch

AUS DEM LINGUARIUM

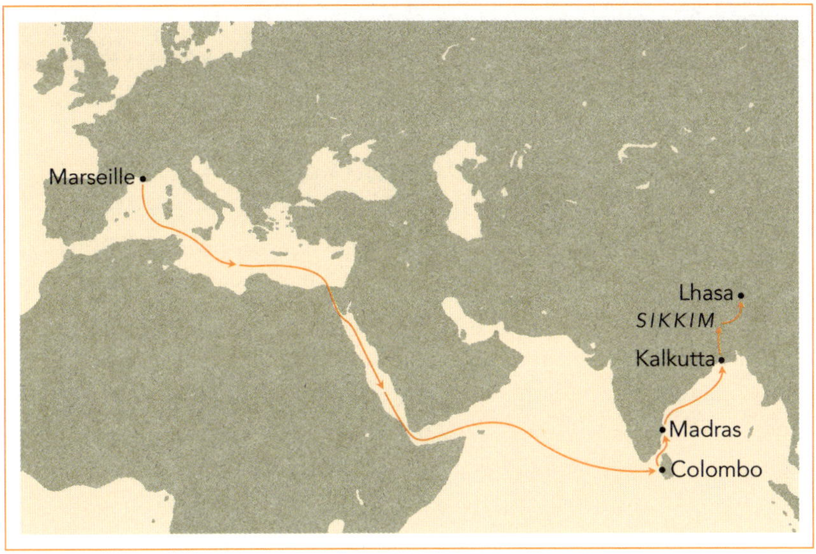

Von der Reise, zu der Alexandra David-Neel 1911 aufbrach, kehrte sie erst 14 Jahre später zurück

»Das Abenteuer ist mein einziger Daseinszweck«

Eine Französin auf den Spuren des Buddhismus

»Du solltest dringend Tibetisch lernen!« Aus dem Munde des XIII. Dalai Lama war dieser Satz nicht nur eine Aufforderung. Er war vor allem ein großes Kompliment und eine Verbeugung vor dem Wissen und dem Wissensdrang seines Gegenübers. Dass es sich dabei um eine Frau handelte, eine Europäerin zudem, spielte für das Oberhaupt der Tibeter offensichtlich keine Rolle. Für Alexandra David-Neel (1868–1969) allerdings waren die Begegnung mit dem Dalai Lama und seine Ermutigung wie ein Ritterschlag.

Jahre zuvor hatte die ebenso ehrgeizige wie eigenwillige Französin, die bereits mit 17 von zu Hause ausgerissen und zu Fuß über den Gotthardpass gewandert war, in Paris vergleichende Religionswissenschaften, Sanskrit und Mandarin studiert und den Entschluss gefasst, künftig pro Jahr in vier Sprachen mindestens je 7200 neue Wörter zu lernen. Auf eine Karriere als Sopranistin und Theaterleiterin verzichtete sie zugunsten ihrer wissenschaftlichen Arbeit. Nach Indien kam sie 1911 mit einem Auftrag des französischen Bildungsministeriums zu vertiefenden Sanskrit-Studien. Es war bereits ihre zweite Asienexpedition und eine von vielen – für eine Frau der damaligen Zeit – außergewöhnlichen Reisen, die sie während ihres langen Lebens unternahm. Angelegt war der Aufenthalt in Indien auf ein Jahr, am Ende wurden es 14 Jahre bis zur Rückkehr.

Die Begegnung zwischen dem Dalai Lama und Alexandra David-Neel fand in Sikkim, zur damaligen Zeit zu Britisch-Indien gehörend, statt. Dorthin war der Dalai Lama 1910 nach chinesischen Angriffen auf die tibetische Hauptstadt Lhasa geflohen. Für Alexandra David-Neel war die Möglichkeit einer Audienz bei ihm ein absoluter Glücksfall, für den sie ohne Zögern ihre geplante Reiseroute änderte. Zum Zeitpunkt der Begegnung mit ihm sprach sie noch kein Tibetisch und war, sehr zu ihrem eigenen Leidwesen, auf einen Übersetzer angewiesen, in diesem Fall Sonam Wangfel Laden (auch Laden-La genannt), einen Tibeter, der im Umfeld des Dalai Lama und im engen Kontakt zur britischen Verwaltung diplomatische Aufgaben wahrnahm. Er war von Jesuiten erzogen worden, verfügte über ausreichende Englisch-, aber keinerlei Französischkenntnisse. Die tiefschürfenden philosophischen und religiösen Fragen der Französin, die diese für ihn in Englisch formulieren musste, adäquat an den Dalai Lama weiterzuleiten und dessen Antworten umgekehrt der Französin plausibel zu machen, dürfte für den Tibeter sprachlich und inhaltlich eine gewaltige Herausforderung gewesen sein. Der Dalai Lama aber erkannte trotz der komplizierten Kommunikationssituation den außerordentlichen Wissensdurst der westlichen Wissenschaftlerin, den – wie er glaubte – nur das unmittelbare Studium der Texte des tibetischen Buddhismus und ein Austausch auf sprachlicher »Augenhöhe« würde stillen können.

Ein- und ausgewanderte Wörter

TIBETISCH

kho phi → abgeleitet von englisch *coffee*
ṭi ka si → abgeleitet von englisch *ticket*
pu lis → abgeleitet von englisch *police*
'jin → abgeleitet von englisch *jeans*

DEUTSCH

Yak → aus dem Tibetischen für eine spezielle asiatische Rinderart

Alexandra David-Neel in traditioneller tibetischer Kleidung für eine Aufnahme im Fotostudio

Auf das »Dach der Welt«

Unmittelbar nach dieser Begegnung lernte Alexandra David-Neel den Lama Lachen Gomchen Rinpoche kennen, dessen Schülerin sie 1914 wurde. Als Eremitin richtete sie sich in seiner Nähe in einer Höhle ein, lernte mit ihm die tibetische Sprache und ließ sich in die spirituellen Geheimnisse des tibetischen

Buddhismus einführen. Was sie in der christlichen Lehre vergeblich gesucht hatte, fand sie hier: keinen neuen oder alten Götterglauben, sondern eine Philosophie der Selbsterlösung, die sie für sich selbst in ein prägnantes Mantra kleidete: »Sei dir dein eigenes Licht! Sei dir deine eigene Zuflucht!«

Zu den wenigen Menschen, die zu ihr in jener Zeit Kontakt hatten, gehörte ein tibetischer Junge, Aphur Yongden (1899–1955), zuweilen Arthur genannt, den sie trotz seines jungen Alters – er war gerade mal 14 – schätzen gelernt hatte, weil er über eine große Sprachbegabung verfügte, die sich ihr noch als sehr nützlich erweisen sollte. Er beherrsche fünf Sprachen, berichtete Alexandra David-Neel in einem Brief an ihren Ehemann Philippe Neel: Tibetisch, Englisch, Hindi, Nepalesisch und Lepcha, den Dialekt der Sikkim. Außerdem beschäftige er sich mit Japanisch und Chinesisch. Während sie mit ihrem Mann im fernen Europa eine Art distanzierter »Korrespondenz-Ehe« führte, wurde der aufgeweckte »kleine Wilde«, wie sie den jungen Tibeter liebevoll nannte, zu ihrem Reise- und Lebensbegleiter. Er war genauso klein und genauso zäh wie sie. Und er stand ihr bis zu seinem Lebensende zur Seite, als Übersetzer und Sekretär, zugleich als Diener, Koch, Wäscher, Schneider und Träger.

Mit ihm an ihrer Seite bestritt sie auch das größte Abenteuer ihres an Erlebnissen wahrhaftig nicht armen Lebens – die Reise in die für Ausländer »verbotene Stadt« Lhasa. Dass ihr bei ihrem ersten Versuch die Einreise nach Tibet verwehrt worden war, forderte die willensstarke Französin nur umso mehr heraus. »Das war das Ende des Abenteuers. Das Ende für dieses eine Mal, ich dachte nicht im Traum daran aufzugeben. Ich akzeptiere prinzipiell keine Niederlage«, so ihr trotziger Kommentar. Im Oktober 1923 startete sie einen neuerlichen Versuch. Diesmal allerdings reiste Alexandra David-Neel inkognito, verkleidet als »Dienerin« des Lama Yongden, mit dunkel gefärbter Haut, geflochtenen Zöpfen, einem Yak-Fell als Schutz gegen die Kälte – und in der Öffentlichkeit demütig stumm, obwohl sie längst fließend Tibetisch sprach. Zudem wählten die beiden eine bisher kaum begangene, teilweise über bis zu 6000 Meter hohe Passstraßen führende Route. Nach unendlichen Strapazen erreichten sie im April 1924 ihr Ziel: Als erste europäische Frau betrat Alexandra David-Neel die Stadt Lhasa und damit das Zentrum des tibetischen Buddhismus. »Heute sage ich Dir, dass ich in Lhasa zum Skelett abgemagert angekommen bin«, lautete in einem Brief an ihren Mann die lakonische Mitteilung dieser Sensation, die weltweit den legendären Ruf der Französin begründete. Knapp zwei Monate dauerte der Aufenthalt in der Stadt. Selbst die meiste Zeit der Tarnung wegen zum Schweigen verurteilt, lauschte sie zumeist dem Gewirr der Stimmen und prägte sich den Klang der Sprache und die Besonderheiten des gesprochenen Tibetisch ein. Als Sprachforscherin erkannte sie schnell, dass deren grammatikalische Regeln einfacher waren als die strikten Vorgaben und häufig gestelzten Formulierungen der in den buddhistischen Schriften verwendeten Hochsprache.

Nach dem Ende dieser Expedition kehrte Alexandra David-Neel für längere Zeit nach Europa zurück. Dort feierte man sie als die »Frau auf dem Dach der Welt« und »Bezwingerin der verbotenen Stadt«. Die französische Académie des sports zeichnete sie für eine außerordentliche athletische Leistung aus und nahm sie in den Kreis der *Gloires du sport français* auf. Im französischen Digne errichtete sie ein Anwesen im Stil eines tibetischen Klosters, das sie *Samten Dzong*, die »Feste der Meditation«, nannte. Dort arbeitete sie unermüdlich gemeinsam mit Aphur Yongden, den sie 1929 offiziell zu ihrem Adoptivsohn machte. Gemeinsam mit ihm verfasste sie in späteren Jahren eine Vielzahl von Schriften über Tibet und den Buddhismus sowie ihre Reiseerlebnisse. Dazu übersetzte sie tibetische Schriften, darunter eine in Europa bis dahin völlig unbekannte Sammlung von erotischen Gedichten aus der Feder des VI. Dalai Lama Tsangyang Gyatso (1683–1706) und eine Grammatik des gesprochenen Tibetisch. Vom akademischen Betrieb der westlichen Buddhismusforschung und der Tibetologie, die an der Pariser École des langues orientales bereits seit dem späten 19. Jahrhundert mit einem eigenen Lehrstuhl institutionalisiert worden waren, hielt sich Alexandra David-Neel stets fern. Dennoch genießt sie bis heute in der internationalen Fachwelt einen herausragenden Ruf als Übersetzerin und Wegbereiterin für den tibetischen Buddhismus in Europa.

TIBETISCH

China (insbesondere Tibet), Indien, Pakistan, Bhutan, Nepal

Amtssprache in Tibet

6 Mio. MuttersprachlerInnen

Die tibetische Schrift stellt eine Zwischenform aus Alphabet- und Silbenschrift dar. Ihre »Erfindung« geht der Legende zufolge auf Thonmi Sambhota, einen tibetischen Minister, im 7. oder 8. Jahrhundert zurück.

Als Matrose floh Walter Spies nach dem 1. Weltkrieg erst nach Java, später dann nach Bali

Verliebt in einen magischen Sehnsuchtsort

Walter Spies und die Revolution der balinesischen Kunst

Nicht einmal die Liebe zu Friedrich Murnau, dem erfolgreichen Stummfilmregisseur, konnte ihn in Deutschland halten. Walter Spies (1895–1942) zog es in die Ferne. Dort, am anderen Ende der Welt, fand der Sohn einer in Russland beheimateten deutschen Kaufmannsfamilie in den späten 1920 er-Jahren jenen magischen Ort, an dem er seine ganze Kreativität ausleben und einen west-östlichen Kulturaustausch initiieren konnte, der in dieser Form einzigartig war.

Anders als viele seiner Zeitgenossen hat Walter Spies von Bali nie als »dem letzten Paradies« gesprochen. Für ihn war Bali kein Urlaubsort und kein Domizil auf Zeit, für ihn wurde die Insel zur Heimat, mit allen Konsequenzen. Heimat bedeutete für den deutschen Maler und Musiker ein Heim, errichtet im Stil eines balinesischen Bungalows; Heimat beinhaltete die intellektuelle Nähe zu balinesischen Künstlern und enge private Kontakte zu jungen Balinesen ebenso wie die Übernahme von Alltagskultur und überlieferten Traditionen. Nicht zuletzt bedeutete Heimat, sich vertraut zu machen mit der Sprache der Balinesen, denn das war für Walter Spies die Grundvoraussetzung seiner Integration. Mit deren Hilfe konnte er tief in die Kultur und Tradition der Menschen eintauchen. Sie bewahrte ihn im Gegensatz zu vielen anderen Europäern davor, sich ein »westliches« Bild vom Leben auf Bali zu konstruieren, das von oberflächlichen Eindrücken gespeist wurde. Kein Balinese wäre selbst auf die Idee gekommen, seine Insel als »Paradies« zu beschreiben. Mehr noch: Im Balinesischen gibt es nicht einmal ein Wort für, geschweige denn eine Vorstellung vom »Paradies«. Stattdessen begegnete Walter Spies bei den mehrheitlich gläubigen Hindus eine grenzenlose Hingabe an das Leben selbst, das in einem zyklischen Prozess des Werdens und Vergehens erfahren und in uralten Traditionen und einer reichen Kunst verehrt wurde. Dieser Huldigung an das Hier und Jetzt verschrieb sich Walter Spies, dem Freunde die Fähigkeit bescheinigten, einfach »glücklich zu sein«, während seiner Jahre auf Bali mit rückhaltloser Hingabe.

Dass im Leben der Balinesen der Kunst eine zentrale Rolle zukam, dass Malerei, Musik, Tanz und Gesang uralten Traditionen folgten und tiefe Einblicke in die Kultur ermöglichten, faszinierte ihn in besonderer Weise. Innerhalb kurzer Zeit fand Walter Spies Zugang zur Künstlerszene auf Bali. Dort schätzte man ihn wegen der tiefschürfenden und wertschätzenden Gespräche, die er mit ihnen in ihrer Sprache führen konnte. Zugleich eröffnete er den balinesischen Künstlern einen Einblick in künstlerische Entwicklungen, wie er selbst sie im Europa des frühen 20. Jahrhunderts kennengelernt hatte. Aus dem Künstler Walter Spies wurde so ein Kunstschüler und -lehrer, der sich von balinesischen Kollegen etwa in die Geheimnisse der Gamelanmusik einweisen ließ – und umgekehrt die Technik des perspektivischen Blicks für die balinesische Malerei erschloss.

Anfang der 1930er-Jahre freundete sich Walter Spies mit dem Tänzer Wayan Limbak an und lernte über ihn eine Reihe spiritueller Tänze, insbesondere ein uraltes Ritual zur Vertreibung böser Geister, den *monkey dance* oder *Kecak*, kennen. An seine Mutter schrieb Walter Spies voller Euphorie: »Um Gottes willen, ist das was Herrliches! Auf nie dagewesenen Instrumenten nie dagewesene Melodien. Oh ich könnte wahnsinnig werden bei dem Gedanken, wie herrlich es hier ist, und wie furchtbar es ist, dass Ihr alle dort in Deutschland seid und in Schlamm und Scheußlichkeiten erstickt.« Mit Leidenschaft machte Spies sich ans Werk und entwickelte aus den traditionellen Elementen von Tanz, Musik und Sprechgesang die »moderne« Choreografie eines exotischen Südsee-Tanzdramas. Dieser neue *Kecak* gilt bis heute als eines der »Wahrzeichen« balinesischer Kultur, und Walter Spies wird als dessen geistiger Vater gefeiert. Die Gesänge, die abwechselnd von einem Erzähler, dem *Juru Tandak*, und einem Chor vorgetragen werden, basieren auf Elementen des ursprünglich indischen Versepos *Ramayana*, das Jahrhunderte zuvor mit dem Hinduismus nach Bali gelangt war. Darin wird neben anderen die Geschichte von Rama erzählt, der mithilfe einer Affenarmee versucht, seine Frau aus der Gewalt des niederträchtigen Königs Rahwana zu retten. In der von Walter Spies entwickelten Choreografie ähnelt der »Gesang« des Chores den Lauten, die Affen von sich geben. Die Verse in balinesischer Sprache, die Spies dem Erzähler in den Mund legt, begleiten das Tanzdrama mit einem fortgesetzten Sprechgesang und kommentieren den Fortgang des Geschehens. Die Neu-Choreografie, ursprünglich geschrieben für einen deutschen Dokumentarfilm mit fiktiver Handlung (*Insel der Dämonen*, 1932), in dem die Balinesen sich selbst spielten, begeisterte die Einheimischen so sehr, dass sie die Inszenierung als festen Bestandteil in jene Programme aufnahmen, mit denen sie Touristen aus aller Welt die Besonderheiten der Insel nahezubringen versuchten.

Walter Spies führte auf Bali das unbekümmerte Leben eines Bohemiens; seine Begeisterung für Schönheit und Kunst war mitreißend. Anstoß an seiner Lebensweise nahm allerdings die niederländische Kolonialverwaltung. 1938 ließ sie den deutschen Aussteiger und zahlreiche andere europäische Homosexuelle, die auf Bali eine Heimat gefunden hatten, festnehmen. Nach mehreren Jahren Internierungslager wurde Walter Spies 1942 mit einigen Hundert anderen Deutschen auf ein Schiff verfrachtet, das ihn nach Ceylon abschieben sollte. Das Schiff wurde von einer japanischen Bombe getroffen. Die Seeleute konnten sich retten. Alle eingeschlossenen Gefangenen gingen mit dem Schiff unter.

BALINESISCH

Indonesien

Sprache der Hindus auf Bali und Lombok

3,5 Mio. MuttersprachlerInnen

Basa Bali

Balinesisch verfügt über drei unterschiedliche Sprachebenen, die als Soziolekte zwischen den verschiedenen Kasten zum Einsatz kommen.

R K6
9996

Casarsa und Rom waren Pier Paolo Pasolinis selbstgewählte »Schicksalsorte«

Liebeserklärung an die Muttersprache

Pier Paolo Pasolini und das Friaulisch seiner Mutter

Gut 250 Kilometer liegen zwischen Bologna, dem Geburtsort Pier Paolo Pasolinis (1922–1975), und Casarsa della Delizia, dem Geburtsort seiner Mutter im Friaul im Nordosten Italiens. Einzelne Schuljahre und immer wieder die Ferien verbrachte der junge Pasolini in Casarsa. Dort war er der lieblosen Härte des Vaters entzogen. Das großelterliche Haus und die ländliche Umgebung des Friaul als Heimat der von ihm so leidenschaftlich geliebten Mutter entwickelten sich für den empfindsamen Jungen zum emotionalen Zufluchtsort. Selbst streng in akzentfreiem Italienisch erzogen, begegnete ihm in den Straßen des kleinen Ortes erstmals das Friaulische als eigene Sprache mit einem einschmeichelnd-melodiösen Klang, die ihn tief beeindruckte. Mit dem außergewöhnlichen Sprachgefühl eines begabten Kindes, das schon mit sieben Jahren erste literarische Gehversuche unternahm, eignete Pasolini sich im Selbststudium Vokabular und Grundregeln des Friaulischen an. Seine ersten Gedichte, ursprünglich in Italienisch verfasst, adaptierte er später ins Friaulische. 1942, im Alter von 20 Jahren, veröffentlichte er in einer Auflage von 300 Exemplaren seinen ersten

Gedichtband, *Poesie a Casarsa*, mit 14 Gedichten. Zwar sollte er die Regionalsprache nie zu seinem mündlichen Idiom machen, aber in Schriftform kultivierte er sie immer wieder in seinen Versen und Texten und verlieh ihr damit den Rang einer Literatursprache. Texte in friaulischer Sprache sind schon seit dem 14. Jahrhundert dokumentiert. Aber erst Pasolini befreite sie aus dem Status der Lokalliteratur und reihte sie in die sprachliche Vielstimmigkeit der europäischen Literatur im frühen 20. Jahrhundert ein. Das war in den 1930er- und 1940er-Jahren gerade in Italien ein kühner Akt, denn der pathetische Nationalismus Mussolinis strebte die flächendeckende Ausbreitung der italienischen Hochsprache bis in die kleinsten italienischen Dörfer an.

Mit seiner Sprach-Entscheidung setzte Pasolini somit vor allem auch ein politisches Zeichen. Dabei ging es nicht um folkloristischen Lokalpatriotismus oder Provinzialismus. Die Wertschätzung des Friaulischen beinhaltete für den jungen Poeten und späteren Filmemacher wesentlich eine bewusste Abkehr von Hochsprache und Hochkultur des Italienischen. Denn das war die Sprache des Vaters (eines faschistischen Offiziers), die Sprache des Faschismus, die Sprache einer zunehmend bürgerlich-konformistischen Gesellschaft, gegen die er auf diese Weise Stellung bezog, weil, wie er schrieb, »der Faschismus nicht zuließ, dass es in Italien Partikularismen und Idiome unkriegerischer Dickköpfe gab«. Noch aus dem Abstand vieler Jahre beschäftigte ihn die besondere Dimension, die die jugendliche Sprachwahl in den *Poesie a Casarsa*-Gedichten für ihn gehabt hatte: »In dieser Stadt hab ich mein erstes Gedichtbändchen veröffentlicht, / mit dem damals konformistischen Titel ›Gedichte an Casarsa‹, gewidmet, aus Konformismus, meinem Vater ... / Große Feinde waren wir, / doch unsere Feindschaft war Teil des Schicksals, sie stand außerhalb von uns. / Und als Ausdruck unseres Hasses ... / war dieses Buch im Dialekt von Friaul geschrieben! / Im Dialekt meiner Mutter! / Im Dialekt einer kleinen / Welt, die er nichts als verachten ... konnte«.

Das Friaulische als »Muttersprache« in einem elementaren, ursprünglichen Sinn, als Ausdruck der Liebe zur mütterlichen Welt, damit zugleich als Abkehr von der Vaterwelt und der von ihm vertretenen herrschenden Macht: Was Pasolini zunächst literarisch bekundet hatte, führte er durch weitere politische Entscheidungen fort: So trat er 1945 in die Unabhängigkeitsbewegung Patrie da Friul ein und initiierte noch im selben Jahr die Gründung der Academiuta de lenga furlan*a* (»Akademie der friaulischen Sprache«), einer Art Literatursalon und literarischem Zentrum zur Förderung der Literatur in friaulischer Sprache. Zu dem von der Akademie herausgegebenen Almanach *Stroligut* für friaulische Literatur steuerte Pasolini regelmäßig Beiträge in Friaulisch bei.

Der Aufenthalt am Zufluchtsort seiner Kindheit, wo Pasolini sich als Landschullehrer und als Mitglied der Kommunistischen Partei Italiens (KPI) niedergelassen hatte, endete jäh. 1949 wurde er, der sich offen zu seiner Homosexualität bekannte, von den eigenen Parteibrüdern wegen angeblicher Verführung Minderjähriger angezeigt und wegen »moralischer und politischer Unwürdigkeit« aus der Partei ausgeschlossen. Hals über Kopf brach er seine Zelte im Friaul ab und reiste nach Rom, in jene Stadt, in der er den Rest seines Lebens verbringen sollte. Allerdings änderten die räumliche Trennung und die erlittene Schmach nichts an Pasolinis lebenslangem Bekenntnis zur friaulischen Sprache.

Während er am Stadtrand von Rom eine neue physische und geistige Heimat suchte, begegnete er all jenen ausgestoßenen, benachteiligten, verlassenen Jugendlichen, für die unter dem Dach der großen, reichen Hochkultur Italiens kein Platz gewesen war und denen er später in seinem Hauptwerk, *Ragazzi di Vita* (1955), ein so leidenschaftliches Denkmal errichtete. Aber auch hier blieb das Friaulische ein Thema: In seinen essayistischen Texten präzisierte er seine Sichtweise dahingehend, dass es sich beim Friaulischen nicht um einen dem Italienischen unterzuordnenden Dialekt handele, sondern um eine eigenständige Sprache, dem Rätoromanischen nahestehend, dem Italienischen als Literatursprache ebenbürtig und wie dieses mit einem unverwechselbaren sprachschöpferischen Potenzial ausgestattet. Dabei spielte nicht zuletzt der besondere, häufig als »musikalisch« beschriebene Klang des Friaulischen mit seinen lang

FRIAULISCH

Italien, Region Friaul

regionale Amts- und Schulsprache

500.000 MuttersprachlerInnen

Furlanisch, Friulanisch

Das Friaulische war Jahrzehnte fast vergessen und erlebt heute eine Renaissance in der Region; es ist in Italien als Minderheitensprache anerkannt.

gezogenen Vokalen eine entscheidende Rolle. Dafür hatte Pasolini selbst in seinen Gedichten und Texten in friaulischer Sprache ausreichend Beweise geliefert.

Dass das Friaulische als Minderheitensprache offiziell unter Schutz gestellt wurde, hat Pier Paolo Pasolini nicht mehr erlebt. Aber auch unabhängig davon blieb er seiner Herzenssprache über alle Filmerfolge und -skandale der 1960er- und frühen 1970er-Jahre verbunden. 1975, nur wenige Monate vor seiner Ermordung, widmete er sich einmal mehr den Gedichten seiner Jugend und veröffentlichte eine weitere überarbeitete Version unter dem Titel *La nuova gioventú*. Noch einmal bekannte er sich darin zum Friaulischen als seiner ganz persönlichen Antwort auf die ihm verhasste »Zentrifugalkraft« des Italienischen: »Ach Kind, ich hab mein Herz / in einem weißen Weiler im Friaul.«

AUSWANDERER UND HEIMATSUCHENDE

Ein Frachter der Niederländischen Westindienkompanie brachte den kleinen Amo nach Amsterdam

Der afrikanische Philosoph der Aufklärung

Ohne Mutter und Muttersprache

Wenn ein Kind auf sich allein gestellt sein Vaterland verlassen muss, bildet die Muttersprache eine der wenigen Brücken in die Heimat. Doch als im Jahre 1707 ein etwa vierjähriger Junge aus dem Südwesten Ghanas unter ungeklärten Umständen an Bord eines Frachters der Niederländischen Westindienkompanie geriet, sprach dort niemand die Sprache seines Volkes. Und auch in Amsterdam und später in seiner neuen deutschen Heimat konnte der kleine Amo mit keinem Menschen in seiner Muttersprache Nzema kommunizieren. Schwer vorstellbar, was in einer Kinderseele voller Heimweh und Sehnsucht nach der Familie vor sich gehen muss, wenn nicht einmal ein paar Worte im vertrauten Klang der eigenen Sprache sie erreichen können.

Anton Wilhelm Amo (um 1703 bis um 1755) ist als erster Schwarzafrikaner mit deutschem Doktortitel in die Geschichte eingegangen. Seine philosophischen Schriften und seine Lehrtätigkeit an deutschen Universitäten sorgten für Furore, brachten ihm in Halle einen nach ihm benannten Preis und in Berlin auch einen Straßennamen ein. In den zahlreichen biografischen Abhandlungen wird seine Vielsprachigkeit gerühmt – er beherrschte Deutsch, Niederländisch, Französisch, Englisch sowie Latein und Griechisch. Seiner Muttersprache wird er in diesen Darstellungen ein zweites Mal beraubt, denn niemand hält sie auch nur der Erwähnung wert.

Ein akademisches Exempel statuieren

»Kammermohren« oder »Hofmohren« waren an den europäischen Fürstenhöfen des 18. Jahrhunderts keine Seltenheit. Wie Gold oder Gewürze, exotische Pflanzen und Tiere gehörten sie zu jener »Ware«, die die Handelsgesellschaften von ihren Expeditionen zurück nach Europa brachten und dort an fürstliche Kunden verkauften. An den Adelshöfen waren die Diener mit schwarzer Hautfarbe beliebt. Sie wurden zumeist prächtig ausstaffiert und galten als Prestigeobjekte und Statussymbole, in denen sich Luxus und Weltläufigkeit ihrer Besitzer versinnbildlichten.

Der kleine Amo gelangte 1707 als »Geschenk« von Amsterdam aus an den Hof des Herzogs Anton Ulrich von Braunschweig-Wolfenbüttel, wo er als Lakai Dienst tun sollte, dann aber doch einen ganz anderen Weg einschlug. Herzog Anton Ulrich galt als feinsinniger, humanistisch geprägter Herrscher, der sich als Schriftsteller einen Namen gemacht hatte, die Künste und Wissenschaften förderte und über eine umfangreiche Bibliothek verfügte. Bei ihm fand Amo eine wohlwollende Aufnahme. Er wurde getauft – auf den Namen Anton Wilhelm Amo –, später auch konfirmiert und erhielt die Möglichkeit einer exzellenten schulischen Ausbildung. Gut möglich, dass der fortschrittlich denkende Herzog mit dem aufgeweckten afrikanischen Jungen ein Exempel statuieren wollte hinsichtlich der Bildungsfähigkeit von Menschen unterschiedlicher Hautfarbe. Jedenfalls ließ er Amo jedwede Unterstützung und Zugang zu den besten Schulen zukommen. Und Amo enttäuschte den Fürsten nicht. Im Deutschen ebenso versiert wie im Lateinischen, schrieb er sich mit zwanzig Jahren an der Philosophischen Fakultät der Universität Halle ein und profilierte sich dort 1729 mit einer ersten *disputatio*, einem öffentlichen wissenschaftlichen Streitgespräch zum Thema *De iure Maurorum in Europa*, also »Zur Rechtsstellung der Mohren in Europa«. Seine Magisterprüfung und seine Dissertation (1734) absolvierte Amo an der Universität Wittenberg, wo er seine philosophischen Studien durch Schwerpunkte in Medizin und Psychologie erweiterte.

In den Folgejahren lehrte und veröffentlichte Amo erfolgreich in Halle und Wittenberg, beteiligte sich an europäischen Diskursen zu Fragen der Aufklärung und beschäftigte sich mit gleicher Leidenschaft mit eher abseitigen Themen wie dem Handlesen, der Kunst des Wahrsagens und der Astrologie. Seine enzyklopädische Neugier, aber wohl auch finanzielle Gründe spornten ihn zu einer immer intensiveren Lehr- und Publikationstätigkeit an. Nach dem Tod seiner Förderer bei Hofe und angesichts einer wachsenden Zahl von Angriffen gegen seine Person geriet er allerdings in eine zunehmend schwierige Lage. 1747 entschloss er sich dazu, seinen Aufenthalt in Europa, wo er vierzig Jahre lang beheimatet gewesen war, zu beenden, und in seine ursprüngliche afrikanische Heimat zurückzukehren.

Es lässt sich nur mutmaßen, wie es dem Doktor der Philosophie, der sechs Sprachen gelernt, aber seine Muttersprache womöglich weitgehend vergessen hatte, in der Heimat seiner frühen Kindheit ergangen sein mag. Ein Schweizer Schiffsarzt in niederländischen Diensten veröffentlichte 1782 einen Bericht seiner Reise nach Guinea und berichtete darin auch von seiner Begegnung mit Amo. Demnach führte der frühere Gelehrte dort das Leben eines Eremiten, weitgehend ohne Kontakt und ohne sprachlichen Austausch mit seiner Familie und den Angehörigen der Nzema, die ihm völlig entfremdet waren und für die er ein Fremder war. Allenfalls als vermeintlicher Wahrsager und Hellseher waren seine Dienste zuweilen gefragt. Nicht einmal ein genaues Todesdatum ist von ihm überliefert.

NZEMA

Ghana, Elfenbeinküste

Nzema ist eine von neun in Ghana staatlich geförderten Sprachen.

330.000 MuttersprachlerInnen

Nzima, Appolo

Nzema ist eine von geschätzt 50 bis 100 verschiedenen Sprachen in Ghana. Seit 1965 wird das lateinische Alphabet für die Schriftform genutzt.

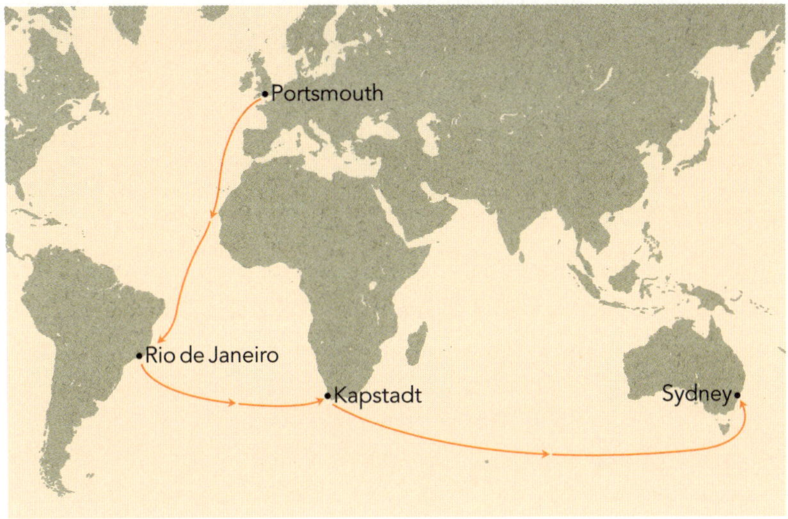

Die Flotte von Kapitän Arthur Phillip ankerte in Rio de Janeiro, bevor sie nach Australien segelte

Der Botschafter der Aborigines

Brückenbauer zwischen den Kulturen

Die Londoner Gesellschaft war entzückt: Der junge Mann war perfekt gekleidet, zeigte exzellente Umgangsformen und Tischmanieren und umgarnte die Damenwelt mit seinem Charme – und das alles, obwohl seine äußere Erscheinung und seine Hautfarbe eindeutig auf eine nicht-europäische Herkunft schließen ließen. Er besuchte die Oper und das Parlament und wurde sogar von King George III. empfangen – denn er war der erste Aborigine, der seinen Fuß auf das englische Festland gesetzt hatte. Für Bennelong (um 1764–1813), der der Gemeinschaft der Eora im Südosten Australiens entstammte, war die Reise nach England der Höhepunkt seiner Karriere als »Botschafter« und Mittler zwischen den australischen Ureinwohnern und den englischen Neuankömmlingen. Sein »Gegenspieler« auf englischer Seite war Arthur Phillip, britischer Marineoffizier und erster Gouverneur von New South Wales. Unter seiner Ägide wurde die Bucht von Sydney, Sydney Cove, 1788 als Hafen für künftige Gefangenentransporte entdeckt. Rund um die Bucht sollte eine britische Sträflingskolonie entstehen, für deren Errichtung der englische König George III. strikte Anweisungen gegeben hatte. Die wichtigste Voraussetzung für ihn war dabei, dass ein Zusammenleben mit den Ureinwohnern »in Freundschaft und gegenseitigem Einvernehmen« gewährleistet werde. Für diese Aufgabe erwies sich Bennelong als idealer Partner.

Bennelong und die Anfänge des australischen Pidgin

Wertschätzung füreinander und Vertrauen in die friedlichen Absichten des anderen prägten die Beziehung zwischen Arthur Phillip und Bennelong fast vom ersten Augenblick ihrer Bekanntschaft an, obwohl sie zunächst allenfalls gebärdensprachlich miteinander kommunizieren konnten. Das sollte sich allerdings schnell ändern: Bennelong, dessen Geburtsname Woollarawarre lautete, verhalf dem Engländer zu grundlegenden Kenntnissen der Eora-Sprache und -Kultur. Umgekehrt vermittelte Arthur Phillip dem Aborigine englische Sprachkenntnisse. Während der eine tief in die Gedankenwelt, in Glauben und Weltsicht der australischen Ureinwohner eintauchte, gelang dem anderen ein für die australische Kulturgeschichte wegweisender Schritt: Aus der Sprache seines Stammes und dem Englisch der Neuankömmlinge entwickelte Bennelong auf der Grundlage des Englischen eine Art Pidgin, vereinfacht in der Grammatik und der syntaktischen Struktur, im Vokabular gemischt aus englischen und Eora-Begriffen. So war die Möglichkeit auch für die übrigen Mitglieder des Eora-Stammes gegeben, sich mit den Briten zu verständigen. Mehr noch: Bennelong hatte die Urform des australischen Pidgin geschaffen, das in der Folge in den verschiedenen Regionen Australiens in vielerlei Varietäten abgewandelt und weiterentwickelt werden konnte.

Arthur Phillip und Bennelong waren in den Jahren ihrer Zusammenarbeit durchaus in der Lage, sich in beiden Sprachen zu verständigen. Wie eng und freundschaftlich ihre Beziehung war, lässt sich daran ablesen, dass Bennelong den Engländer mit einem Begriff aus seiner Sprache *beanga*, Vater, nannte, Phillip ihn umgekehrt als *doorow*, Sohn, ansprach. In wechselseitigem Einvernehmen entstand durch das kluge Agieren der beiden die Grundlage für ein Miteinander von zwei Kulturen, das Maßstäbe setzte. Nach fünfjährigem Aufenthalt entschloss Arthur Phillip sich zur Heimreise und lud seinen Freund ein, ihn zu begleiten. Die Kunde vom Erfolg der Australien-Mission und vom gewaltigen Anteil des Aborigine an dieser Leistung sorgte für den überwältigenden Empfang, den man Bennelong in London bereitete.

So begeistert und überwältigt der Eora auch vom Leben in London war, so sehr machte ihm die Diskrepanz zu schaffen zwischen dem Alltag in einer großen Stadt und dem Dasein in der Natur, wie er es aus der Heimat kannte. Heimweh befiel ihn, und die Sehnsucht nach seiner Familie ließ sich nur dadurch verdrängen, dass er immer häufiger und immer maßloser dem Alkohol zusprach. 1795 entschloss er sich, mit dem neuen Gouverneur, Captain John Hunter, nach Australien zurückzukehren. Aber auch dort bekam er seine Krankheit nicht in den Griff. Der einst so erfolgreiche Mittler zwischen Aborigines und Briten, der ein beeindruckendes Exempel in Sachen friedliches Zusammenleben statuiert hatte – er wurde zunehmend gemieden, von den Mitgliedern seiner eigenen Ethnie ebenso wie von den Briten. Er starb unter tragischen, seinem übermäßigen Alkoholkonsum geschuldeten Umständen am 3. Januar 1813.

Dank seiner Eloquenz, mit der er das soziale und spirituelle Leben seiner Gemeinschaft den britischen Neuankömmlingen nahebrachte, Ortsnamen ebenso wie die Namen von Pflanzen und Tieren übermittelte und immer wieder Begriffe aus der Eora-Sprache erläuterte, machte Bennelong den Briten den Zugang zu seiner Muttersprache leicht. Wie die meisten Aborigines verfügten auch die Eora über keine schriftlichen Sprachzeugnisse. Für ein erstes umfangreiches Wörterverzeichnis, in dem zahlreiche Eora-Begriffe mit englischen Erläuterungen versehen waren, hatte bereits Gouverneur Arthur Phillip gesorgt. Und Bennelongs Wirken trägt bis heute Früchte: Im Bemühen darum, weitgehend ausgestorbene Aborigines Sprachen wieder aufleben zu lassen, kommt den Aufzeichnungen, die im Austausch mit ihm entstanden, eine entscheidende Rolle zu.

EORA

Südosten Australiens

ausgestorben

keine MuttersprachlerInnen

Die Stämme der Eora starben im 19. Jahrhundert aus. Ihre Sprache konnte durch Aufzeichnungen europäischer Siedler rekonstruiert werden.

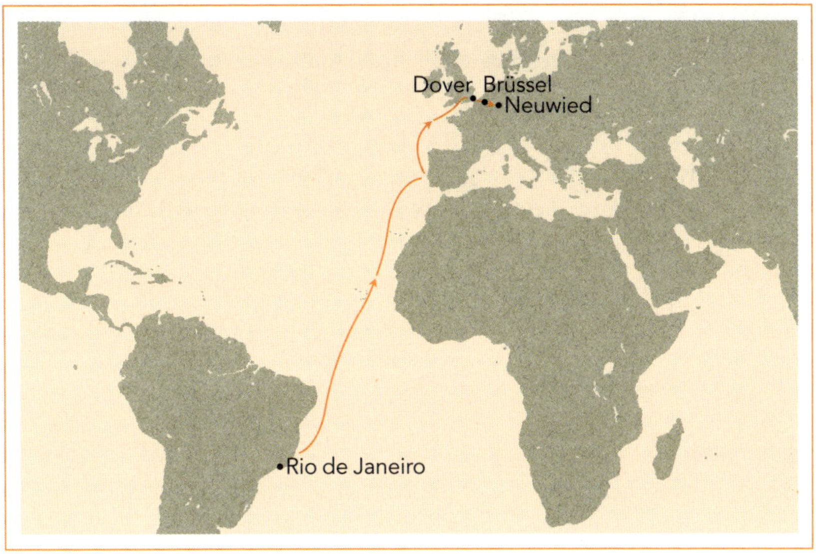

Joaquim fand in Neuwied kein Glück. Seine sterblichen Überreste kehrten 2011 nach Brasilien zurück.

Der »rheinische Humboldt« in Brasilien

Von Kannibalen und Banausen

Der berühmteste Krenak aus dem brasilianischen Dschungel hieß Joachim Quäck (um 1800–1834). Ein Ölgemälde aus dem Jahr 1832 zeigt ihn in seiner fremdartigen Erscheinung, sehr adrett, ordentlich frisiert und im Gehrock mit hohem Kragen. So absolvierte er auf Schloss Neuwied, dem Residenzschloss der Grafen und Fürsten zu Wied, als persönlicher Kammerdiener des Forschungsreisenden und Naturforschers Maximilian zu Wied (1782–1867) mehr als 15 Jahre lang seinen Dienst. Noch bis ins 20. Jahrhundert war für die indigene Gemeinschaft, der Quäck entstammte, der Name »Botokuden« gebräuchlich. Das Wort, vom Portugiesischen *botocudo*, »geschwollen«, stammend und abgeleitet von *botoque* für »Pfahl« oder »Fassspund«, diente ursprünglich als Bezeichnung für diejenigen Indigenen in Brasilien, die ihre Lippen und Ohren tellerförmig mit hölzernen Scheiben auszuweiten pflegten. Heute ist für diese

Abbildung links: Der Botaniker Friedrich Sellow, der Max zu Wieds Expeditionsgruppe begleitete, entdeckte den eigenartigen Amerikanischen Baumfarn, der nach ihm *Dicksonia sellowiana* genannt wurde

Ethnie der Eigenname »Krenak« üblich, der übersetzt »Menschen am Fluss« bedeutet, in Anspielung auf den Rio Doce, der den Lebensmittelpunkt der Gemeinschaft bildet. Der Begriff »Botokude« aber ist im Deutschen erhalten geblieben und steht als ausgesprochen abschätzig gemeinte Bezeichnung für einen Banausen oder Proleten. Seine negative Konnotation hängt wohl vor allem mit dem Umstand zusammen, dass den realen südamerikanischen »Botokuden« der Ruf des Kannibalismus vorauseilte. Zu diesem negativen Image hat Joachim Quäck, auch wenn er im Rheinland perfekt zivilisiert schien, auf seine Weise einen Beitrag geleistet.

Maximilian zu Wied auf den Spuren von Flora und Fauna im brasilianischen Dschungel

Max zu Wied, Spross einer kinderreichen rheinischen Adelsfamilie, war Autodidakt. Im Selbststudium hatte sich der Kavallerist der preußischen Armee umfassende Kenntnisse in Naturgeschichte, Geografie und Völkerkunde angeeignet. Alexander von Humboldt, den zu Wied als den »hellen Stern an unserm wissenschaftlichen Horizonte« bezeichnete, war sein großes Vorbild. Seinen Spuren folgend, entschloss zu Wied sich dazu, zum Studium von Flora und Fauna in jene Region im Südosten Brasiliens zu reisen, die der portugiesischen Krone unterstand und zu der Humboldt seinerzeit keinen Zugang erhalten hatte.

Explizite Hinweise auf zu Wieds Sprachkenntnisse sind eher dürftig. Er war des Lateinischen, des Englischen und Französischen mächtig. Portugiesisch sprach er zunächst wohl nicht. Es ist anzunehmen, dass er während seines Aufenthalts und möglicherweise auch durch seine beiden Reisebegleiter, die Naturforscher Friedrich Sellow und Georg Wilhelm Freyreiss, erste Kenntnisse zur Kommunikation mit den Menschen vor Ort erhielt: »Besser als sie wird nicht leicht ein Fremder in dieses Land eindringen können, da sie mit Sprache und Sitten desselben bekannt und durch ihre mehrjährigen Reisen hinreichend vorbereitet sind«, wird er später in der Einleitung zu seinem zweibändigen Reisebericht dankbar anmerken. Zu Wieds Reise in den Jahren 1815 bis 1817 führte ihn durch die noch völlig unerschlossenen Küstenregenwälder im Osten Brasiliens. Dutzende Tiere und Pflanzen beschrieb und benannte er erstmals, sammelte Tausende von Exemplaren und nahm sie mit zurück nach Europa.

Für den völkerkundlichen Teil seiner Expedition hatte Max zu Wied einen längeren Aufenthalt bei den »Botokuden« eingeplant, über die schaurige Kannibalismus-Gerüchte in Umlauf waren. Ohne einen versierten Führer war ein Zugang zu dieser Ethnie undenkbar. Umso glücklicher dürfte der deut-

Nach einem Porträt von Karl Prinz zu Wied-Neuwied, der um 1834 Joachim Quäck, den aus Brasilien mitgebrachten Kammerdiener seines Bruders Max, in einem Aquarell verewigte

sche Prinz gewesen sein, als er in einer portugiesischen Garnison einen jungen Krenak kennenlernte. Nuguäck, von den Portugiesen auf den Namen Joaquim Kuêck getauft. Er hatte unter ungeklärten Umständen die Brücken zu seiner Familie und seiner Ethnie abgebrochen, lebte in einer portugiesischen Familie und sprach Portugiesisch – und war bereit, den deutschen Forschern als Dolmetscher und kundiger Reiseleiter zu den Krenak zur Verfügung zu stehen.

Mehrere Monate hielt Max zu Wied sich bei den Krenak auf, lernte ihre Traditionen und ihre Kultur kennen und widmete später auch ihrer Sprache detaillierte Aufzeichnungen: »Die Sprache dieser Wilden ist sehr reich an *onomatopoeticis*, das heißt, an solchen Wörtern, welche den Ton oder die Bewegung der zu bezeichnenden Sache durch eigenen Klang nachahmen. Dabei pflegt der Stamm gern gedoppelt zu werden. So heißt nack-nack eine Möve, äng-äng ein Specht. Ong heißt reden, ong-ong singen, pung eine Flinte, pung-pung schießen …« Zu Wieds Anmerkungen zur Krenak-Sprache bildeten knapp hundert Jahre später eine wichtige Grundlage für das erste systematische Wörterbuch des Krenak, das der deutsche Apotheker und Auswanderer Bruno Rudolph zwischen 1885 und 1903 erarbeitete – zu einem Zeitpunkt, als die Krenak und ihre Sprache akut vom Aussterben bedroht waren. Ob zu Wied in der Lage war, sich auch mündlich in Krenak zu verständigen, ist nicht überliefert.

Blieb die Frage nach dem Kannibalismus: Hier mühte Max zu Wied sich in seinem späteren Reisebericht, die verbreiteten Vorurteile zu entkräften, zumal er selbst niemals Augenzeuge von Menschenopfern wurde. »Manche Schriftsteller haben uns von den südamerikanischen Völkern die unnatürlichsten Gebräuche überliefert ... Die Guanas sollen einige ihrer neugeborenen weiblichen Kinder lebendig begraben – die Botokuden würden bei einem solchen Vorschlage von Abscheu durchdrungen werden.« Allerdings lieferte zu Wieds Gewährsmann Joachim Quäck schauerliche Details von zerstückelten und gebratenen Menschenteilen. Er schien eine geradezu traumatische Angst davor zu haben, von seinen eigenen Landsleuten gefangen genommen, getötet und anschließend verspeist zu werden. Während der Expedition zu den Krenak fühlte er sich sicher durch die Waffen, die die deutschen Reiseteilnehmer stets mit sich führten. Aber noch Jahre später, als er längst in Deutschland weilte, saß die Panik tief. »Einmal sagte man ihm, dass verschiedene Landsleute von ihm auf dem Rheinschiff kommen würden, da man glaubte, ihn damit zu erfreuen. Er empfand jedoch nur Angst, weil er fürchtete, von ihnen gefressen zu werden«, wusste eine Nachfahrin zu Wieds zu berichten.

Ein Krenak im Rheinland

Am Ende seiner Expedition beschloss Maximilian zu Wied, Joaquim seiner portugiesischen Familie abzukaufen und ihn als seinen persönlichen Kammerdiener Joachim mit nach Europa zu nehmen. Dabei hatte er womöglich die Hoffnung, dem jungen Mann in Europa eine bessere Zukunft bieten zu können. Weniger uneigennützig hatte er darüber hinaus mit Weitsicht erkannt, dass es hilfreich wäre, bei der Abfassung seines brasilianischen Reiseberichts, der Auswertung seiner botanischen und zoologischen Funde und nicht zuletzt seiner im Anhang mitgelieferten »botokudischen« Sprachproben einen lokalen Experten an seiner Seite zu wissen.

Die »bessere Zukunft« gestaltete sich für Joachim Quäck allerdings deutlich schwieriger, als sein väterlicher Mentor sich das vorgestellt hatte. Als er im Februar 1818 in Neuwied ankam, war er der deutschen Sprache noch nicht mächtig und hatte Schwierigkeiten, sich überhaupt zu verständigen. Zudem erlebte er in seiner Umgebung jene kaum verhüllte Mischung aus Faszination und Grauen, mit der die Rheinländer den vermeintlichen Abkömmling von

Menschenfressern in Augenschein zu nehmen versuchten. Joachim Quäck tat, was man von ihm erwartete: Er präsentierte Tänze und Gesänge seiner Heimat, zeigte seine Kunstfertigkeit im Umgang mit Pfeil und Bogen, gab Kostproben seiner Muttersprache und eines radebrechenden Deutsch, das die Gäste zum Lachen brachte. Was das alles für seine Stimmung und sein Befinden bedeutete, kümmerte niemanden. Tausende Kilometer fern seiner Heimat und seiner ursprünglichen Gemeinschaft, fern auch von Menschen, mit denen er sich zumindest in seiner »Zweitsprache« Portugiesisch hätte austauschen können, litt Joachim Quäck unter seiner Entwurzelung und Isoliertheit. Er starb, gerade mal 34 Jahre alt, am 1. Juni 1834 auf Schloss Neuwied.

Der damaligen wissenschaftlichen Vorliebe für Schädelvermessungen folgend, überließ Maximilian zu Wied Joachims Schädel der Abteilung für »fremde Racen« an der Universität Bonn. 177 Jahre nach seinem Tod kehrten Joachims sterbliche Überreste in die Heimat zurück: 2011 erfolgte im Rahmen einer Zeremonie die Übergabe an Vertreter der Krenak in der Stadt Jequitinhonha im brasilianischen Bundesstaat Minas Gerais.

KRENAK

Südosten Brasiliens

weitgehend ausgestorben

weniger als 100 MuttersprachlerInnen

Aymoré, Aimboré, Borun, Botokude (veraltet)

Krenak ist die einzige noch nicht vollständig ausgestorbene Sprache aus der Familie der Macro-Gê-Sprachen. Sie wird heute überwiegend noch von älteren Krenak-Frauen gesprochen.

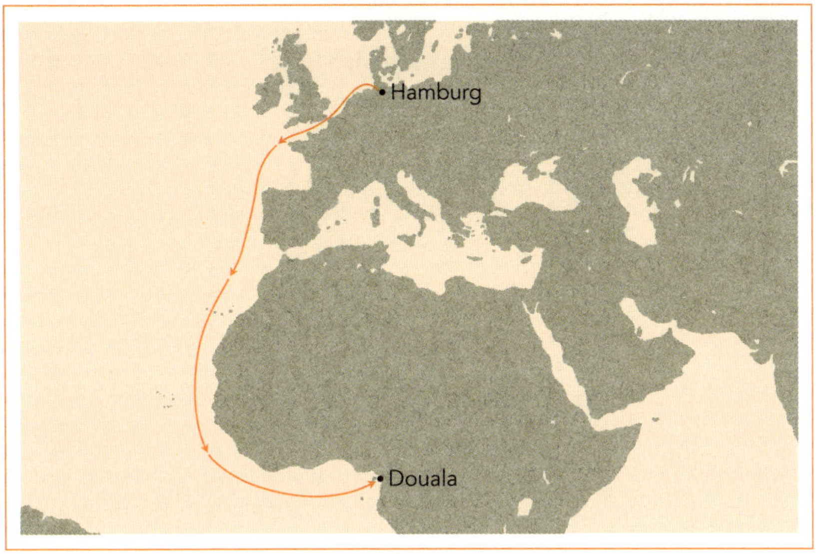

1897 kehrte Rudolph Duala Manga Bell mit perfekten Deutschkenntnissen in die Heimat zurück

Der König der Duala und die deutsche Kolonialpolitik

Sprachoptionen für die koloniale Zukunft

Es war die Gretchenfrage deutscher Kolonialpolitik auch in Kamerun: Welche Strategie würde besser, schneller zum Erfolg führen: die sprachliche »Umerziehung« der Einheimischen durch konsequenten Deutschunterricht etwa an allen Schulen? Oder die rasche Aneignung von ausreichenden Kenntnissen der lokalen Sprachen durch die Kolonialbeamten, um so die kolonialen Botschaften möglichst unmittelbar und unmissverständlich an den Mann und die Frau zu bringen?

Lange bevor die deutsche Politik sich auf einen Kurs verständigen konnte, hatte die königliche Familie der Duala in Kamerun für sich selbst eine zukunftsweisende Entscheidung getroffen: Immerhin gehörte Ndumb'a Lob'a Bebe (»King Bell«) zu den wichtigsten Unterhändlern des »Schutzvertrags«, der 1884 mit den Vertretern des Deutschen Reichs geschlossen wurde. Sich den »Schutzherren« als möglichst ebenbürtig zu erweisen und auf Augenhöhe mit ihnen zu verhandeln, schien der beste Weg in die Zukunft zu sein. Das setzte voraus, dass man dieselbe Sprache sprach. Deutsch war daher die Sprache der Wahl.

King Bell sorgte dafür, dass sein Enkel, Rudolph Duala Manga Bell (1873–1914), die erste deutsche Regierungsschule für schwarze Kinder in Kamerun besuchte, die 1887 gegründet worden war. 1891 reiste der Prinz im Gefolge des Finanzrats Gustav Pahl und gemeinsam mit einem weiteren Duala-Jungen nach Deutschland, wo er im württembergischen Aalen bei einer Lehrerfamilie aufgenommen wurde. Hier sollte er seine Sprach- und Landeskenntnisse vertiefen.

Die Tragödie des Rudolph Duala Manga Bell

In Aalen besuchte er zunächst die Volks- und die Lateinschule, später dann in Ulm ein Gymnasium. Der 16-Jährige war unter den deutlich jüngeren Mitschülern als Beschützer und Streitschlichter beliebt, nicht zuletzt, weil er immer für Schabernack zu haben war. Dank der intensiven Sprachvermittlung in der Familie und in der Schule verfügte er innerhalb kurzer Zeit über sehr gute Deutschkenntnisse. Sie qualifizierten ihn nach seiner Rückkehr für die Rolle des Mittlers zwischen der deutschen Kolonialverwaltung und den Duala.

Allerdings zeigte sich schnell, dass auch die fundierten Sprachkenntnisse nicht ausreichten, um die interpretatorischen Tricks der Kolonialverwaltung bei der Deutung des »Schutzvertrags« aufzufangen. Mit wachsendem Entsetzen erlebten die Duala, wie ihre Rechte gebeugt, drakonische Strafen exekutiert und Zwangsarbeit verhängt wurde. In dem immer noch guten Glauben, dass all dies allein dem Fehlverhalten einzelner Kolonialbeamter zuzuschreiben sei, unternahm eine Gruppe der Duala 1902, angeführt von King Bell in Begleitung seines Sohnes und seines Enkels Rudolph, eine Reise nach Berlin, um dort bei einer Audienz beim Kaiser – in tadellosem Deutsch – die gesammelten Beschwerden vorzutragen. Drei Jahre später richtete Rudolph Duala Manga Bell gemeinsam mit anderen kamerunischen Oberhäuptern eine weitere, diesmal schriftliche Beschwerde an den Deutschen Reichstag: »Sämtliche jetzigen

Ein- und ausgewanderte Wörter

DUALA

heft → abgeleitet von deutsch *Heft*

fibel → abgeleitet von deutsch *Fibel* für »Lehrbuch«

grifel → abgeleitet von deutsch *Griffel*

gummi → abgeleitet von deutsch *Radiergummi*

Gouvernementsbeamten des Schutzgebiets Kamerun bitten wir forträumen zu wollen ... Diese verderben die Regierung und machen die redliche, gute deutsche Macht zu einer wucherischen und gaunerischen Macht!«

Nach dem Tod seines Vaters 1908 übernahm Rudolph Duala Manga Bell die Königswürde. Bei der Trauerfeier erklärte er: »Ihr, Duala, wisst, dass die Mauer, die zwischen Weißen und Schwarzen existiert hat, zerstört wurde!« Sein Glaube an die Rechtschaffenheit und Verlässlichkeit der deutschen Kolonialherren war unerschütterlich. Dass man den Duala das anmaßende Verhalten gegenüber den Kolonialbeamten vor Ort wie in Berlin verübelte, dass dadurch Sanktionen und Repressionen weiter verschärft wurden, wollte Rudolph Duala Manga Bell nicht erkennen. Geduldig, sachlich, friedlich mahnte er immer wieder an, was sich nach seiner Wahrnehmung als deutsches Fehlverhalten darstellte. Als er 1911 aufgefordert wurde, Enteignungen bei Mitgliedern seiner Gemeinschaft durchzusetzen, damit eine Trennung in weiße und schwarze Wohngebiete durchgeführt werden konnte, legte er öffentlichen Protest ein. Das führte dazu, dass die deutsche Verwaltung ihn seines Amtes enthob und in der Folge, unter Verweis auf ein angebliches, bis heute nicht belegtes »Hilfegesuch« an Frankreich und Großbritannien, des Hochverrats anklagte. Rudolph Duala Manga Bell wurde zum Tode verurteilt und am 8. August 1914 erhängt. Sein Tod sollte ein Exempel statuieren. In Kamerun wird er bis heute als Volksheld verehrt. In seinem Testament hatte der Duala-König verfügt, dass alle seine Kinder, die Jungen ebenso wie die beiden Töchter, ihre Ausbildung in Deutschland erhalten sollten.

DUALA

Kamerun

85.000 MuttersprachlerInnen

Duálá, Diwala, Dualla, Dwala, Dwela

Während der deutschen Kolonialzeit verlor das Duala als Handelssprache an Bedeutung und wurde durch Kamtok, eine Kreolsprache, ersetzt. Heute erlebt das Duala als Handelssprache eine Renaissance.

Sprachgeburten

Pidgin und Kreol

»Se ti sabir / Ti respondir / Se non sabir / Tazir, tazir«: »Wenn du wissen, / Antwort müssen! / Wenn nicht wissen / Schweigen müssen.« Der Mufti in Molières Komödie *Der Bürger als Edelmann* spricht lupenreines Sabir, wie die seit dem 11. Jahrhundert im Mittelmeerraum gebräuchliche Lingua franca auch genannt wurde. Als islamischer Rechtsgelehrter gehörte er zu jener Gruppe von Händlern, Gelehrten und Reisenden, die seit dem späten Mittelalter einen regen Austausch von Waren und Wissen zwischen dem Osmanischen Reich und den europäischen Mittelmeerstaaten beförderten und dafür eine gemeinsame Kommunikationsgrundlage benötigten. Solche (Sprach-) Not machte erfinderisch und führte zum Entstehen der Lingua franca, einem Sprachengemisch, das einfachen grammatikalischen Regeln folgte und einen lexikalischen Grundbestand im Italienischen hatte, ergänzt und erweitert um Entlehnungen aus dem Arabischen, dem Türkischen, dem Spanischen, Persischen und Slawischen.

Die Lingua franca des Mittelmeerraums ist eine Pidginsprache *avant la lettre*. Denn der Begriff »Pidgin« entstand erst im 19. Jahrhundert, Tausende Kilometer vom Mittelmeer entfernt, in den chinesischen Häfen, in denen Chinesen und Engländer aufeinandertrafen, um miteinander *business* zu machen, *bigeon*, wie die Chinesen das englische Wort aussprachen, das dann rückübersetzt ins Englische wiederum zu *pigeon* (»Taube«) und schließlich zu *pidgin* wurde. Seitdem werden mit diesem Begriff all jene neuen Mischsprachen definiert, die entstehen, wenn Menschen unterschiedlicher Sprachherkunft Umgang und Austausch miteinander pflegen.

Pidginsprachen sind ein weltweites Phänomen: Entstanden sind sie auch auf Island, wo baskische Walfänger im 16. Jahrhundert ihre Quartiere aufschlugen; auf Spitzbergen und der russischen Halbinsel Kola, wo im 18. Jahrhundert russische und norwegische Fischer und Seeleute eine gemeinsame Mischsprache entwickelten (Russenorsk); in Vietnam, wo vietnamesische Diener in französischen Haushalten ein eigenes, stark vereinfachtes Französisch entwickelten (Tây Bồi); in Namibia, wo das Deutsche zur Grundlage einer Pidginsprache diente (Küchendeutsch); in deutschen Großstädten mit einem hohen Anteil an nicht-deutschen Sprachen, wo sich seit den 1990er-Jahren das Kiezdeutsch zur gemeinsamen Sprache vor allem junger Leute entwickelt hat.

Ein Pidgin ist immer eine Zweitsprache, die neben der eigenen Muttersprache benutzt wird. Ändert sich diese Ausgangslage, indem das Pidgin an die nachfolgende Generation als Erstsprache weitergegeben wird und damit die ursprüngliche Muttersprache ersetzt, wird aus dem Pidgin eine sogenannte Kreolsprache. Viele der auf portugiesischer, englischer, französischer oder niederländischer Grundlage basierenden Kreolsprachen sind ein Produkt der kolonialen Expansion im 17. und 18. Jahrhundert. Beheimatet waren sie insbesondere in Südamerika, Afrika, Südostasien und der Inselwelt des Pazifiks. Von den ursprünglich einmal rund 1500 Kreolsprachen haben sich bis heute rund hundert erhalten, darunter, als größte Sprechergemeinschaft, das Haitianisch, das aus einer Vermischung des Französischen mit den arawakischen Sprachen der Ureinwohner und den westafrikanischen Sprachen der auf die Insel verschleppten Sklaven entstanden ist.

Während die Urfrage nach der Entstehung von Sprache überhaupt und der Ausbildung von Tausenden von Einzelsprachen überall auf der Welt immer noch weitgehend im Dunkel anthropologischer Spekulationen verbleibt, liefern Pidgin- und Kreolsprachen, die als Sprachgeburten historisch verortet werden können, klare Antworten hinsichtlich ihrer »Spracheltern« und der konkreten Entstehungskontexte. Davon zeugt auch das Unserdeutsch, eine auf dem Deutschen basierende Kreolsprache auf Papua-Neuguinea. Entstanden Ende des 19. Jahrhunderts in den Heimen deutscher Missionsorden, erlebte das zur heimlichen Verständigung von den Waisenkindern entwickelte »kaputtene Deutsch« schon in der Nachfolgegeneration eine Verstetigung: Den Kindern aus den Ehen der ehemaligen Missionsschülerinnen und -schüler wurde Unserdeutsch als Erst- beziehungsweise Muttersprache vermittelt. Als einzige deutschbasierte Kreolsprache weltweit hat es sich bei einigen Hundert Sprecherinnen und Sprechern bis heute erhalten: *»Uns beide am sprehen so schön, uns zwei am sprehen unserdeutsch«* – »Wir beide unterhalten uns so schön, wir sprechen beide Unserdeutsch.«

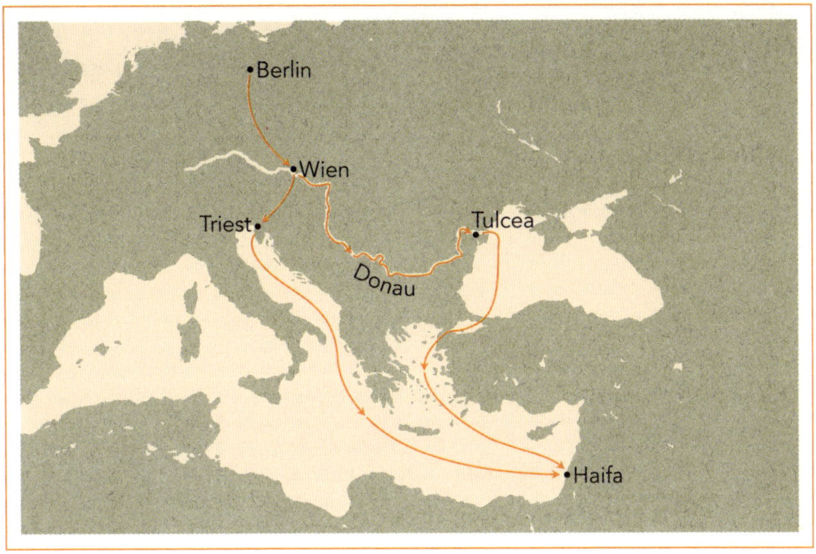

Nach 1933 kamen Tausende Jüdinnen und Juden von Triest oder Tulcea aus per Schiff nach Palästina

Heimat in der Muttersprache

Immer pünktlich, ordentlich, strebsam – die Jeckes aus Deutschland

Sie waren viele, 40.000, 50.000, womöglich noch mehr. Da längst nicht alle legal ins Land gekommen waren, lässt sich ihre Zahl nur näherungsweise bestimmen. Nicht Abenteuerlust bewog sie zur Ausreise, sondern Angst um das eigene Leben und um die Zukunft ihrer Kinder. Sie kamen mit leichtem Gepäck. Wichtiger als die wenigen Habseligkeiten war ihr Know-how, waren ihre Qualifikationen als Handwerker und Techniker, als Lehrer, Ärzte, Wissenschaftler, Musiker, Künstler, Literaten, mit denen sie im »gelobten Land« Aufbauarbeit leisten konnten. Für sie selbst das Allerwichtigste war jedoch das Stück Heimat, das sich unwiderruflich in ihre Köpfe und Seelen eingeschrieben hatte: die deutsche Sprache, die Verse von Goethe, Heine oder Rilke.

»Jeckes« wurden die nach der Machtergreifung Adolf Hitlers aus Deutschland emigrierten Jüdinnen und Juden in Palästina genannt. In der neuen Heimat trafen sie auf eine große Gemeinschaft von zuvor vor allem aus Osteuropa eingewanderten Juden, die sich nachdrücklich für eine hebräisch-jüdische Identität einsetzten. Ihnen verdankten die deutschen Juden wohl auch den teils liebevoll, teils spöttisch gemeinten Namen, der die Andersartigkeit und eine gewisse

Alltagsnaivität implizierte, zugleich aber auch auf die Pflege deutscher Tugenden wie Fleiß, Pünktlichkeit oder Gewissenhaftigkeit abzielte. Dazu passt eine der möglichen etymologischen Herleitungen des Wortes vom Jiddischen »Jecke« für Jackett: Zu den ein bisschen steifen, veralteten Umgangsformen der Jeckes gehörte deren Kleidung, insbesondere das bis oben zugeknöpfte Jackett der Männer, das angesichts des Klimas und Lebensgefühls in Palästina so seltsam deplatziert anmutete.

Heimatverlust und Neu-Verortung in der Ferne bedeuteten für die Jeckes vorrangig eine sprachliche Herausforderung. Denn in Palästina bedeutete der zionistische Prozess der Nationenbildung eine nachdrückliche Hebräisierung des öffentlichen Lebens. Daraus resultierte eine kritische Distanzierung vom Deutschen: Als um 1910 in Haifa die von dem Deutschen Paul Nathan initiierte Hochschule Technion errichtet wurde, galt Deutsch noch als präferierte Lehrsprache. Aber schon 1914 wurde es durch das Hebräische als Unterrichtssprache ersetzt.

Von den in den 1930er-Jahren nach Palästina ausgewanderten Jüdinnen und Juden hatte nur ein kleiner Teil bereits in Deutschland in eigenen Sprachschulen oder in Kursen der jüdischen Volkshochschulen Hebräisch gelernt. Der größere Teil musste sich in der neuen Heimat mit der neuen Sprache zurechtfinden, zumal davon nicht selten die berufliche Zukunft abhing. Auch im öffentlichen Leben war es wenig opportun, jene Sprache zu sprechen, die die Sprache Hitlers und seiner antisemitischen Politik war: »Hier wird die Nazisprache nicht gesprochen!«

Ein- und ausgewanderte Wörter

HEBRÄISCH

Fainshmeker, Kremshnit, Shwartswald, Strohwitwe, Tsaitnot, Weltshmerts

DEUTSCH

es zieht wie Hechtsuppe → abgeleitet von hebräisch *hech supha* für »starker Wind«

geschlaucht → abgeleitet von hebräisch *schlacha* für »zu Boden werfen«, im Sinne von »erschöpft«

Hals- und Beinbruch → abgeleitet von hebräisch *hazlacha uwracha* für »Erfolg und Segen«

Mischpoke → abgeleitet von hebräisch *mischpacha* für »Familie, Bande«

Inwieweit das gelang, hing nicht unwesentlich von der Sprachbegabung der Einzelnen und von der jeweiligen persönlichen Sprachhaltung ab: Während es etwa der deutsche Schriftsteller und Jurist Paul Mühsam (1876–1960) nicht schaffte, sich mit dem Hebräischen so vertraut zu machen, dass er etwa eine neue Anwaltslizenz hätte erwerben können, verfasste der aus Bremen stammende Schriftsteller Josef Kastein (eigentlich Julius Katzenstein, 1890–1946) seine späteren Werke alle in Hebräisch.

Für jüdische Schriftstellerinnen und Schriftsteller, die aus Deutschland emigriert waren, hatte der Sprachenkonflikt eine besonders dramatisch-emotionale Dimension: Deutsche Kultur und Sprache waren für sie Ausdruck und Inbegriff gelungener Assimilation. Zu erleben, dass diese Sprache in Palästina und später in Israel verunglimpft wurde, traf sie ins Mark. So bekannte etwa Sammy Gronemann (1875–1952), Zionist und jüdischer Erfolgsschriftsteller jener Zeit, der 1936 nach Palästina emigrierte und den ersten Teil seiner Lebenserinnerungen zunächst in Hebräisch verfasste (*Erinnerungen eines Jeckes*, 1946): »Die deutsche Sprache ist mein Lebenselement, eine Art geistige Heimat ... Und hier erlebe ich wie so viele meiner Schicksalsgenossen, dass dieses mein Lebenselement verachtet, verfolgt und verpönt wird ...« Der in München geborene Fritz Rosenthal (1913–1999), 1935 nach Palästina emigriert und in späteren Jahren einer der wichtigsten Vertreter eines christlich-jüdischen Dialogs und einer »Theologie nach Auschwitz«, sah in der deutschen Muttersprache eine Art lebenslangen Schutzwall, eine »unzerstorbare Wortheimat«. Wie viele andere Exilanten entschloss er sich in seiner Wahlheimat Israel zu einem Namenswechsel. Bekannt geworden ist er unter dem hebräischen Namen Schalom Ben-Chorim, was übersetzt »Friede, Sohn der Freiheit« bedeutet.

HEBRÄISCH

Israel, palästinensische Gebiete

Amtssprache in Israel

9 Mio. MuttersprachlerInnen

Ivrit

Das moderne Ivrit ist aus der Wiederbelebung des nur noch als Sakralsprache genutzten Alt- bzw. Mittelhebräisch entstanden.

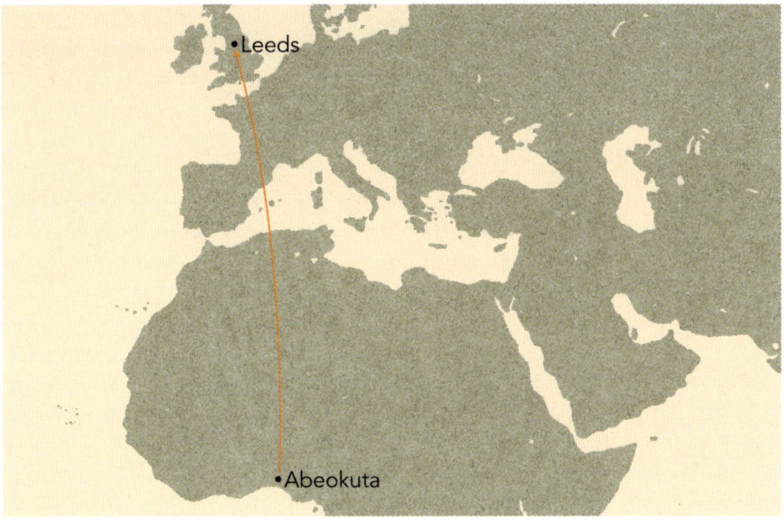

Wole Soyinka stammt aus dem nigerianischen Abeokuta. In Leeds studierte er englische Literatur.

Der afrikanische Shakespeare

Der afrikanische Literaturnobelpreisträger und die Liebe zum Theater

Wenig andere Kulturen verfügen über ein so opulent bestücktes Pantheon wie die nigerianischen Yoruba. Mehr als fünfhundert Gottheiten sind dort versammelt. Hinzu kommen die Geister der Ahnen, die Egúngún, die eine Brücke bauen zwischen dem Jenseits und den im Diesseits lebenden Menschen. »›Wird in der Welt der Egúngún englisch gesprochen?‹ Osiki zuckte die Achseln. ›Ich weiß nicht. Unser Egúngún spricht jedenfalls kein Englisch.‹« Die Frage, die Wole Soyinka (geb. 1934) im Alter von knapp fünf Jahren seinem Freund stellte und die er in seinen Kindheitserinnerungen festgehalten hat (*Aké, Jahre der Kindheit*, 1981), offenbart den geistigen Kosmos, in dem der junge Wole als Mitglied des weitläufigen Yoruba-Clans der Egba aufwuchs. Wole Soyinkas Eltern, zur bildungsbürgerlichen Elite Nigerias gehörend, waren beide getauft. Der Vater war Rektor einer lokalen Grundschule, die Tante Direktorin eines

Abbildung links: In Abeokuta werden Stoffe mit den traditionellen Adire-Mustern der Yoruba gefärbt

Gymnasiums. Die Mutter, die »wilde Christin«, wie Wole Soyinka sie betitelte, betrieb einen kleinen Laden. Ebenso selbstverständlich, wie in der Familie der traditionelle Götter- und Ahnenglaube, wie Yoruba-Rituale und kultische Handlungen neben und mit christlichen Festen und Feiern zelebriert wurden, war die familiäre Zweisprachigkeit, die das Englische an die Seite des Yoruba stellte. Dieses selbstverständliche Nebeneinander – der Religionen, Kulturen und Sprachen – wurde zur prägenden Lebenserfahrung für Wole Soyinka, der 1986 als erster Afrikaner mit dem Literaturnobelpreis ausgezeichnet wurde. Die familiäre Tradition des Erzählens prägte sein Sprachbewusstsein: »Ich komme aus einer Familie von Wortjongleuren, alles drehte sich um das Wort, um Sprache, um Geschichten. Meine Tanten und Onkel, mein Vater und seine Freunde, alle haben zu Hause immer viel erzählt, und ich habe alles aufgesogen. Sprache war ein wichtiger Teil der Kultur in unserer Familie.« Die »theatralische« Dimension vieler Yoruba-Gottheiten, die maskiert und in dramatischen Ritualen singend, rezitierend, erzählend zu den Menschen sprechen, förderte seine Liebe zum Theater. Als er nach seinem Studium, unter anderem im englischen Leeds, und nach mehreren Jahren am Royal Court Theatre in London mit dem Schreiben begann, wurde das Drama zu seiner bevorzugten literarischen Form. Hier entfaltet sich für ihn Sprache nicht nur in ihrer geschriebenen Form, sondern unmittelbar hör- und erlebbar. Die Bühne und das artikulierte Wort schaffen Raum für alle Arten von »Zwischentönen«, sprachliche ebenso wie politische.

Sprache(n) verstehen

Die englische Sprache ist das bedeutsamste Erbe des Kolonialismus in Nigeria. In einem Land, in dem mehr als 400 verschiedene indigene Sprachen zu Hause sind, entwickelte das Englische sich zur übergreifenden, offiziellen Sprache in Politik und Verwaltung, in Religion und Bildung. Allerdings beherrscht weniger als ein Drittel der nigerianischen Bevölkerung das Englische, und besonders die großen Sprachgruppen, zu denen auch das Yoruba gehört, spielen daneben eine wichtige Rolle. Diese politische Dimension der sprachlichen Realität ist in vielen Theaterstücken Wole Soyinkas ein Thema. Dabei geht seine Wahrnehmung deutlich über einen schwarz-weiß malenden *clash of cultures* hinaus. Seine Figuren zeigen viele unterschiedliche Sprechweisen, vom »reinen« britischen Englisch der Kolonialherren über die von einzelnen englischen Begriffen durchsetzte Muttersprache bis hin zum nigerianischen Pidgin. Die Frage, wer sich in welcher Form artikuliert, wer welche Wörter benutzt und welche Redewendungen, wird zu einem zentralen Kennzeichen der Charakterisierung. Denn Wole

Die Literaturwelt kennt den Nobelpreisträger als Wole Soyinka. In der Sprache seiner Yoruba-Heimat lautet sein Name Akínwándé Olúwolé Babátúndé Sóyíinká.

Soyinka ist überzeugt, dass Sprachgebrauch in Abhängigkeit zu sehen ist von sozialen Faktoren wie Alter, Geschlecht oder gesellschaftlicher Zugehörigkeit.

Die englische Sprache, so wie Soyinka sie versteht, ist kein homogenes, statisches Ganzes, sondern in einem Prozess stetiger Veränderungen und Anpassungen begriffen, innerhalb wie außerhalb der ursprünglichen Sprachheimat in Großbritannien. Selbst wenn Soyinkas Yoruba-Figuren Englisch sprechen, ist dieses Englisch ein anderes als das eines Briten – reicher, blumiger, im Duktus von jenem dynamischen Sprachgebrauch geprägt, wie er im Yoruba üblich ist. Jeder Sprachkontakt verändert eine Sprache, fügt zumindest neue Begriffe hinzu. Wole Soyinka selbst hat immer wieder neue englische Wörter »kreiert«: In einer Übersetzung aus dem Yoruba ins Englische, die er für seinen Landsmann D. O. Fagunwa und dessen Erzählung *Ogboju Ode Ninu Igbo Irunmole (Forest of a Thousand Daemons)* anfertigte, führte er beispielsweise den Begriff *ghomids* ein zur Kennzeichnung aller im Text vorkommenden Naturgeister. Während der Zeit seiner Inhaftierung in den Jahren des Bürgerkriegs 1967 bis 1969 entwickelte Soyinka eine neue Gedichtform, für die er den Namen *Prisonette* erfand – kurze, prägnante, fünfzeilige Verse, die er so lange in seinem Kopf wiederholen und sich einprägen konnte, bis er unter den Bedingungen der Gefangenschaft eine Möglichkeit fand, sie unbeobachtet auf das Innere einer Zigarettenschachtel oder ein Stück Papier zu notieren.

Für die Rezeption der Theaterstücke Soyinkas stellt die Sprach-Arbeit, die darin vom Zuschauer zu leisten ist, eine große Herausforderung dar. *Death and the King's Horseman (Der Tod und der Reitergeneral des Königs)*, 1975 in der nigerianischen Yoruba-Stadt Ife uraufgeführt, hat seit den 1990er-Jahren vereinzelte Aufführungen auch auf europäischen Bühnen erlebt. Wole Soyinka greift in diesem Stück das Thema des rituellen Selbstmords auf, zu dem beim Tod eines Yoruba-Königs dessen Reitergeneral verpflichtet war, um seinen Herrn ins Jenseits zu begleiten. In Soyinkas Stück, das auf einem historischen Fall beruht, verhindert der britische Gouverneur in Nigeria, Simon Pilkings, den Suizid, den er – aus einem gänzlich anderen Kulturraum kommend – für eine barbarische Unmöglichkeit hält. Soyinka deutet diese Tat als destruktive Einmischung in eine für den Briten nicht zugängliche Vorstellungswelt – mit verheerenden Folgen für die Gemeinschaft. Denn von einem toten König im Jenseits, der dort bar jedes persönlichen Schutzes wäre, müsste man im Diesseits Schlimmstes befürchten.

Zu den unterschiedlichen Spielarten des Englischen und des Yoruba treten in diesem Stück andere Artikulationsformen, Musik, Tanz, Sprechgesänge, Sprechtrommeln, Trancezustände, die Teil des überlieferten Yoruba-Rituals – und damit für jeden Yoruba bis heute unmittelbar zu entschlüsseln sind. Für alle anderen Zuschauer ist ein Zugang ähnlich kompliziert wie für den britischen Gouverneur zum Ritual des verordneten Suizids. Im Vorwort zum Stück betont Wole Soyinka, dass es nicht sein Anliegen gewesen sei, den Antagonismus zweier einander so fremder Kulturen zu thematisieren. Das eigentliche Thema sei vielmehr der Tod, eine existenzielle Herausforderung für jeden Menschen, egal welcher Herkunft – und die Frage nach möglichen, unterschiedlichen Annäherungen in der Sprache und anderen Arten der Artikulation.

Négritude versus Tigritude

Beheimatet zu sein in zwei Sprachen und zwei Kulturwelten: Dass diese Erfahrung seiner Kinderjahre keineswegs selbstverständlich war, erschloss sich Wole Soyinka erst im späteren Verlauf seines Lebens. Da hatte er bereits die Bekanntschaft mit Léopold Sédar Senghor und dessen vielbeachteter Négritude-These gemacht. Der aus dem Senegal stammende Schriftsteller und langjährige Präsident seines Landes machte sich seit den 1960er-Jahren für eine Rückbesinnung auf ureigene afrikanische Werte und Traditionen, auf die jeweiligen Sprachen der einzelnen Ethnien und für eine deutliche Abgrenzung von Europa stark. Die »ganz andere« afrikanische Identität definierte er durch den Gegensatz von »europäischem Verstand« versus »afrikanischer Emotion«. Gegen eine solche Identitätsbestimmung setzte Wole Soyinka sich heftig zur Wehr. Um die Zukunft Afrikas zu gestalten, reichte es für ihn nicht aus, sich idealisierend auf eine mythische Vergangenheit zu berufen. »A tiger does not proclaim its tigritude – it pounces« – »Ein Tiger verkündet nicht seine Tigritude – er springt«, lautet der vielzitierte Satz, mit dem Soyinka 1962 seine Position bildhaft veranschaulichte. In den 1990er-Jahren relativierte Wole Soyinka seine Kritik an Senghor, als er begriff, dass ihrer beider Ausgangspunkt ein deutlich anderer war: Während die französische Kolonialpolitik, etwa im Senegal, auf die Assimilierung und damit auf die Auslöschung der indigenen Sprachen und Kulturen ausgerichtet war, hatten die Briten eine Politik präferiert, bei der der Erhalt traditioneller »Stammeskulturen« und »Stammessprachen« durchaus erwünscht war und eine Gleichzeitigkeit der Religionen, der Traditionen, der Sprachen ermöglichte. Davon konnte Wole Soyinka profitieren, indem er früh schon befähigt wurde, sich in unterschiedlichen Sprachen und Kulturen mit den existenziellen Fragen des Menschen zu beschäftigen: »Der Horizont meines Menschseins wird erweitert durch jedes Gedicht, das ich lese, jedes Gemälde, das ich betrachte, jede Musik, der ich lausche … Alles das macht mein Menschsein reicher.«

YORUBA

Nigeria, Benin, Togo, Ghana

Amtssprache in Nigeria, Benin, Togo

50 Mio. MuttersprachlerInnen

Erst seit dem späten 18. Jahrhundert ist unter dem Einfluss verschiedener Missionsgesellschaften das lateinische Alphabet als Schrift eingeführt worden. Bis dahin wurde Yoruba in Ajami, mit arabischen Zeichen, verschriftlicht.

WINDHOEK
INTERFLUG

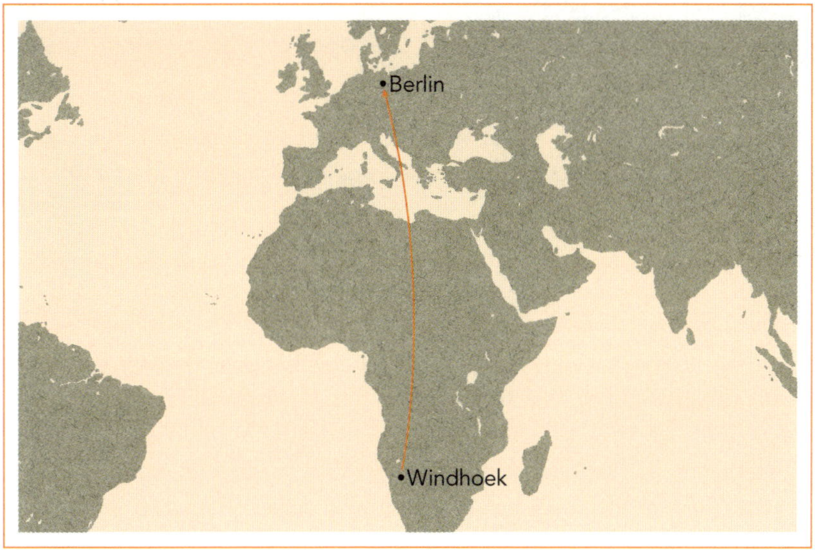

Nach Jahren in der ehemaligen DDR war den Jugendlichen ihre namibische Heimat fremd geworden

Die »Ossis von Namibia«

Die Sprach-Odyssee der Namibia-Kinder

Fluch oder Segen? Für die 400 Kinder, die in vier Gruppen in den 1980er-Jahren nach Bellin und Staßfurt in der damaligen DDR kamen, stellte sich die Frage nicht. Bei ihrer Abreise aus Namibia waren die meisten im Vorschulalter, häufig Waisen oder Halbwaisen, ihrer Heimat im Siedlungsgebiet der Oshivambo entrissen und in Flüchtlingslagern vor den blutigen Auseinandersetzungen des namibischen Befreiungskampfs in Sicherheit gebracht. Von dort organisierte die Südwestafrikanische Volksorganisation (SWAPO) die Ausreise der Kinder in die DDR, um sie so vor weiteren Übergriffen zu schützen und ihnen Betreuung, Unterricht und Verpflegung zukommen zu lassen. Allerdings war dieses Engagement nicht uneigennützig. Vielmehr galten die Kinder als künftige SWAPO-Pioniere, die durch eine straffe Schulung zur Führungselite für ein dereinst unabhängiges Namibia ausgebildet werden sollten.

In ihrer Zeit in Bellin und Staßfurt erlernten die Kinder die deutsche Sprache, begegneten deutschen Kinderspielen, deutschen Ernährungsgewohnheiten, deutschem Alltag. Zwar wurde jede Gruppe bei ihrer Ausreise aus Namibia von Erzieherinnen begleitet, deren Aufgabe es sein sollte, in Oshivambo mit den

Kindern zu kommunizieren und zu singen, ihnen die Traditionen ihrer Ethnie und das Lebensgefühl der Heimat zu vermitteln. Allerdings hatten die meisten von ihnen selbst einen Großteil ihres Lebens in Flüchtlingslagern zugebracht und daher wenig Zugang zur eigenen Kultur.

Sprache schafft Heimat

Wegen ihrer speziellen, straff organisierten Erziehung waren die Namibia-Kinder in der DDR abgeschottet untergebracht. Gefühle von Zugehörigkeit und Zusammengehörigkeit entstanden für sie wesentlich im Kontakt miteinander. Ihren Ausdruck fand diese emotional und menschlich für die Kinder schwierige Situation in der Entwicklung einer Art Geheimsprache, eines Soziolekts, der das Gruppengefühl stärkte und eine Abgrenzung zu den deutschen ebenso wie zu den namibischen Erziehern vollzog. Das von den Kindern entwickelte »Oshi-Deutsch« enthielt Elemente der deutschen Sprache ebenso wie des Oshivambo ihrer Herkunft. Begriffe wurden je nach Bedarf und Bekanntheit aus beiden Sprachen zusammengewürfelt (in Oshivambo gab es etwa kein Wort für »Schnee« und keines für »Kartoffeln«), grammatische Regeln erheblich vereinfacht. Während die deutschen Erzieherinnen kein Oshivambo beherrschten, verfügten die namibischen Kolleginnen in der Regel nur über marginale Deutschkenntnisse. Damit konnten die Kinder sich in der Vermischung der unterschiedlichen Sprach-Versatzstücke einen Raum schaffen, in dem nur sie beheimatet waren und zu dem allen Erwachsenen der Zugang verwehrt war. Diese Form der Verständigung schuf Ersatz für das fehlende Gefühl von familiärem Miteinander, das durch die Gruppe der »Schicksalsgenossen« ersetzt wurde.

1990, nach dem Fall der Mauer und der Unabhängigkeit Namibias, erfolgte die »Repatriierung« der »DDR-Kinder«. Ein weiteres Mal wurden die inzwischen jugendlichen Oshivambo aus ihrer vertrauten Umgebung herausgerissen

Ein- und ausgewanderte Wörter

OSHIVAMBO

dämpers → abgeleitet von deutsch *Stoßdämpfer*

winkel → abgeleitet von deutsch *Winkel* für »kleiner Laden«

stift → abgeleitet von deutsch *Stift* für »Lehrling«, »junger Kerl«

pip → abgeleitet von norddeutsch *Pip* für »Pfeife«

und in ein Land gebracht, das viele von ihnen bewusst noch nie gesehen, geschweige denn als Heimat erlebt hatten. Viele Familien waren durch den Bürgerkrieg ausgerottet worden. In der namibischen Gesellschaft hielt sich die Freude über die Heimkehrer in Grenzen: »Für die Weißen sind wir schwarz und für die Schwarzen deutsch«, hat es einer der Jugendlichen rückblickend formuliert. Mit den Mitgliedern der eigenen Ethnie erwies sich die Verständigung als schwierig. Die Oshivambo verstanden das deutsch eingefärbte Oshivambo der Jugendlichen nicht. Die jungen Leute hingegen waren mit dem Deutschen wesentlich vertrauter als mit der eigenen Muttersprache.

So kam es zu der paradoxen Situation, dass eine ganze Reihe von ihnen als Pflegekinder in Familien der im Land lebenden deutschen Siedler aufgenommen wurde. Während der Kolonialzeit, als Namibia unter deutscher Herrschaft stand (1884–1915), hatten sich rund 12.000 deutsche Siedler in »Deutsch-Südwestafrika« niedergelassen. Sie bildeten dort eine deutschsprachige *community* mit eigenen Schulen, Kirchen, Versammlungsstätten – und dem »Südwesterdeutsch« als Sprach-Varietät. Zu dieser für die Urbevölkerung eher verschlossenen Gemeinschaft erhielten die »DDR-Kinder« nun Zugang. Aber auch hier waren sie letztlich Fremde – »weiße Kinder mit schwarzer Haut«, wie es in einer Dokumentation heißt, Schwarze in einer weißen Gesellschaft, deren einzige Brücke die deutsche Sprache war.

In Erinnerung an die gemeinsamen Jahre im fernen Deutschland gründeten die selbsternannten »Ossis aus Namibia« einen »Ossi-Club« für regelmäßige Treffen und Feiern. Bei diesen Gelegenheiten wird selbstverständlich Oshi-Deutsch gesprochen – in Erinnerung an die Zeit, in der die kindliche Geheimsprache Ersatz für jedwedes Heimatgefühl war.

OSHIVAMBO

Namibia, südliches Angola

anerkannte Minderheitensprache in Namibia und Angola

1,5 Mio. MuttersprachlerInnen

OshiVambo, Ovambo, Ambo

Es handelt sich beim Oshivambo um eine Bantusprache, die sehr eng verwandt ist mit der Sprache der Herero.

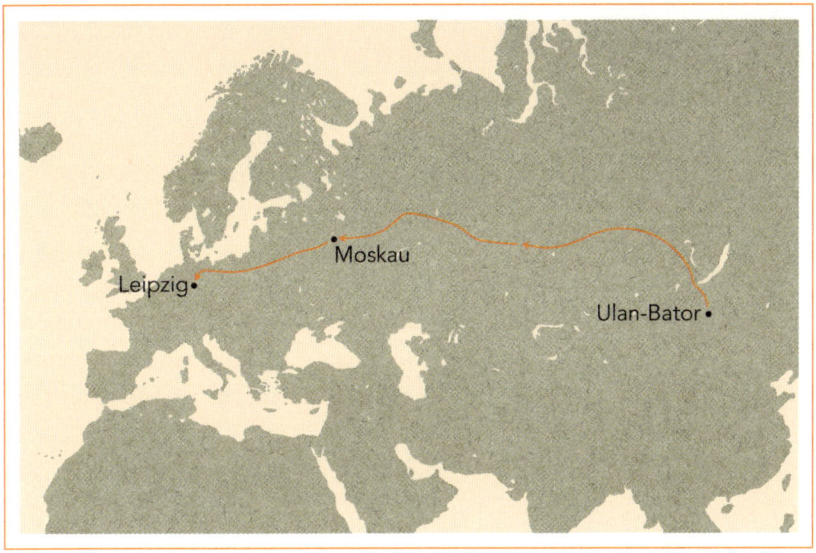

Dank eines Stipendiums reiste Galsan Tschinag zum Germanistikstudium in Leipzig

Der Zeltnomade und die deutsche Literatur

Aus der Jurte in die Studenten-WG

Für den Steppennomaden aus dem Hohen Altai war die erste Begegnung mit der deutschen Sprache ein Schock. »Schneidend scharf« und »hämmernd bestimmt« kamen die Laute an seine jungen Ohren, die aus der Heimat doch an eine »markweiche, lippenzarte Sippensprache« gewöhnt waren. Niemand, am wenigsten Galsan Tschinag (geb. 1943) selbst, hätte es in jenen ersten Tagen als Stipendiat in Leipzig für möglich gehalten, dass eben jenes Deutsch zur Sprache seiner Literatur, seiner Romane, Erzählungen und Gedichte werden würde.

Dabei hatte Galsan Tschinag seit frühester Kindheit ein besonderes Gespür für Sprache und deren Dimensionen entwickelt. Seine erste Lehrerin, die berühmte »Schamanen-Tante Pürwü«, führte den Fünfjährigen in die Mythen und das geheime Wissen ihrer Gemeinschaft ein und vermittelte ihm die Grundlagen ihres Heilwissens. Während seiner Jahre in einem mongolischen Internat verfasste er erste Verse – in seiner tuwinischen Muttersprache, die er selbst als »Dwadl« bezeichnet. Dass er für ein Germanistikstudium in Leipzig ausgewählt wurde, verdankte er seinem außergewöhnlichen Sprachtalent und seinem Ehrgeiz, der ihm auch über die erste Krise mit der als »wildfremd und widerlich schwer empfundene(n) Sprache« in Deutschland hinweghalf.

Im Rückblick auf die Anfänge seines Studiums hat Galsan Tschinag mit dem geschärften Blick des Germanisten die Schwierigkeiten seines Spracherwerbs analysiert. Dazu gehörte die Aussprache bestimmter, aus der Muttersprache unvertrauter Laute, darunter, die »reinste Katastrophe«, das »f«, ein »unlenksamer«, »unaussprechlicher« Laut, der dem jungen Studenten immer nur als »p« über die Lippen kommen wollte. Als nicht weniger kompliziert erwies sich das Vokabular, all jene »wildfremden Bezeichnungen«, die sich »nicht einfangen lassen. Sie sind scheuer als Wildpferde in den Mongolensteppen. Vor allem die Substantive ähneln verteufelt den windgeilen Stuten, die an der Spitze der Herde hin und her tänzeln. Jedes hat so etwas wie ein Fohlen bei sich, den Artikel. Und ein Fohlen ist schlüpfriger als ein Fisch ...«

Und doch: Irgendwann war der Bann gebrochen, »da meinte ich, dies sei die Sprache, die einfach für mich erschaffen war, denn mir war, als hätte sie sich nicht worte-, sondern sätzeweise in mich hineinbegeben«.

Schamane. Weltbürger. Oberhaupt der Tuwa

Die eiserne Disziplin, mit der Galsan Tschinag sich all die Jahre durch sein Studium ackerte und aus der deutschen Sprache »eine liebe Gespielin« machte, wurde belohnt durch die Entdeckung der deutschen Literatur – Goethe, Schiller, Heine. Erwin Strittmatter, auf dessen Hof der tuwinische Student eine Zeit lang wohnte, weckte und förderte das schriftstellerische Talent in ihm. Er habe die Poesie schon in sich getragen, erinnerte sich Tschinag später, sei »als Schamanenlehrling geschult gewesen«, aus dem Stegreif Lob- und Bittgesänge zu erfinden und diesen Fund an Wörtern in eine klingende, rhythmische Melodie einzukleiden. Aber erst Strittmatter habe ihm eine Vorstellung davon vermittelt, was es heißt, an und mit Texten zu arbeiten. Zum Dank widmete Tschinag dem ostdeutschen Schriftsteller seine Abschlussarbeit (*Das Tragische im Werk Erwin Strittmatters*), mit der er das Leipziger Studium als Jahrgangsbester abschloss. Strittmatter wiederum sorgte dafür, dass 1981 ein erster Erzählband Galsan Tschinags in Deutschland veröffentlicht wurde.

In jener Sprache zu schreiben, die großartige Werke der Weltliteratur hervorgebracht hatte, bedeutete für Galsan Tschinag in der Folge einen gewaltigen Ansporn, eine Herausforderung, ein Glück: So hatte er die Chance, seine literarische Stimme in Europa hörbar zu machen. Auch wenn er später immer wieder einmal sprachliche Abstecher ins Tuwinische, ins Russische, sogar ins Kasachische machte, hätte er doch in all diesen Sprachen auf dem europäischen Buchmarkt keine Chance gehabt. Allerdings bedeutete das schreibende Bekenntnis zum Deutschen für Galsan Tschinag zu keiner Zeit eine Abkehr von seinen Ursprüngen: Nach dem Studium kehrte er in die Mongolei zurück, arbeitete eine Zeit lang als Germanist an der Universität in Ulan-Bator und später, nachdem er wegen »politischer Unzuverlässigkeit« mit einem Berufsverbot belegt worden war, als Journalist und Übersetzer.

Insbesondere der Gemeinschaft der Tuwa blieb Galsan Tschinag, der sich selbst zuweilen als »preußischen Nomaden« bezeichnet, eng verbunden. Ihr Schicksal verfolgte er auch in den Jahren der Abwesenheit mit großer Anteilnahme. 1995 erfüllte er sich einen lang gehegten Traum: In einem zweitausend Kilometer langen Treck führte er eine Karawane von »139 Kamelen, 330 Pferden, 30 Hunden, 16 Hühnern, einer Katze, 140 Tuwa« von Ost nach West in ihre angestammte Heimat im Hohen Altai zurück. Von dort waren sie durch eine repressive sowjetische Politik einst in alle Winde verstreut worden. Künftig sollten sie in der Heimatregion ihr ursprüngliches, nomadisches Leben wiederaufnehmen. Einen Teil des Jahres verbringt Galsan Tschinag seitdem wieder in der archaischen Kargheit einer Jurte bei den Tuwa, kommuniziert mit ihnen in ihrer gemeinsamen Muttersprache und praktiziert dort als Heiler und Schamane nach jenem geheimen Wissen, das ihm einst als Kind von seiner Tante in die Seele gelegt wurde.

Längst genießt Galsan Tschinag, dessen Bücher in viele Sprache übersetzt wurden, den Ruf eines »Weltbürgers« und eines Mittlers zwischen West und

TUWINISCH

Russland

Amtssprache in der russischen Republik Tuwa

250.000 MuttersprachlerInnen

Dwadl

Bis in die 1930er-Jahre war die Schrift an das traditionelle mongolische Alphabet angelehnt. Seit 1940 ist die Schreibung in kyrillischen Buchstaben üblich.

Ost, zwischen westlichem Fortschritt und einer nomadischen Urkultur. Und während er einerseits durch seine Texte einen eindringlichen Blick auf eine in der westlichen Welt weitgehend unbekannte Kultur freigibt, hält er den modernen zivilisierten Gesellschaften zugleich den Spiegel einer Kultur vor, die seit Jahrhunderten einen achtsamen, respektvollen Umgang mit der Natur pflegt. Die Verehrung dieser Natur in all ihren Erscheinungsweisen macht einen wesentlichen Teil seiner spirituellen Haltung aus.

Seine Literatur und deren unverwechselbarer Klang, die in dieser Form einzigartige »Versprachlichung innerer Bilder« wird gespeist von den mündlichen Erzähltraditionen – Seele und Quelle seiner Gemeinschaft, die ein »erzählendes und singendes Volk« ist, »erinnernd an die Kindheit der Menschheit«, geprägt durch »klare Worte in Stabreimen, klangvolle Melodien, nach außen wilde, nach innen milde Bewegungen ... Zaubersprüche, Gesänge, Epen ...« Daraus hat Galsan Tschinag seine ganz persönliche Poetologie abgeleitet: »Poesie ist die strotzende Kraft, die dem Universum als Ganzem so auch jedem seiner Splitter innewohnt. Ist die summende Stimme der Seele eines jeden Lebewesens, wobei nach dem nomadisch-schamanischen Weltverständnis nicht nur Menschen und Tiere, Gräser und Bäume, sondern auch Gewässer und Gesteine, Lüfte und Lichter belebt sind.« In dem Gedichtband *Steppenwind Weltenwind* (2014) bringt Galsan Tschinag diesen Ursprung seines Weltverstehens und Weltbeschreibens auf den Punkt: »Ich habe Himmel getrunken, den Himmel gegessen, er ist in mir, wie Gras, Wasser, Luft in mir sind.«

SPRACHFORSCHER UND VÖLKERKUNDLER

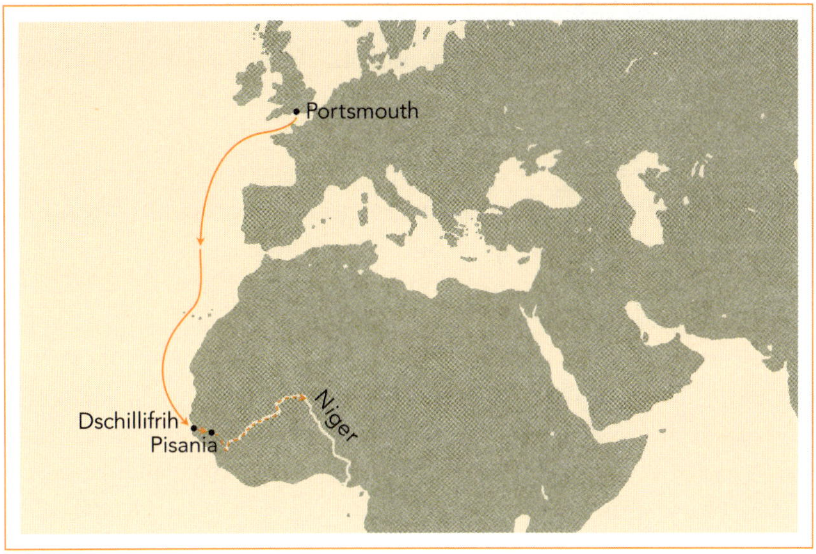

Weitaus gefährlicher als die Seereise war für Mungo Park die Reise ins afrikanische Landesinnere

Abenteuerreise ins Innere Afrikas

Mungo Park und der Sklavenhändler

Don Quichotte und Sancho Pansa in Afrika: Am 2. Dezember 1795 brach ein Gespann in Pisania im Westen Afrikas zu einer Expedition auf, wie der Kontinent noch keines gesehen hat: Der schottische Forscher Mungo Park ritt auf einem Pferd, sein Begleiter und Dolmetscher Johnson auf einem Esel, gefolgt von einem Sklavenjungen, Demba, ebenfalls auf einem Esel. Es war ein Himmelfahrtskommando: Die Region war politisch instabil, und Mungo Park, der abenteuerhungrige Arzt und Botaniker, war allein aus England angereist und für die Expedition denkbar schlecht gerüstet. Gekleidet war er ganz nach europäischem Stil, mit Anzug und einem schweren Mantel, einem hohen Filzzylinder, unter dem er die Aufzeichnungen seiner Reise zu verstauen pflegte, und einem Schirm zum Schutz gegen Regen und Sonne. Parks finanzielle Mittel waren bescheiden. Die Verantwortung allerdings, die auf seinen Schultern lastete, war riesig: Die junge African Association in London hatte ihn beauftragt, endlich einen großen weißen Fleck auf der damaligen Weltkarte auszufüllen und Kunde vom Niger, dessen Quelle, Verlauf und Mündung, nach Europa zu bringen. Für den Ausbau von kolonialen Handelswegen in Afrika – so die

Erwartung – könnte dieser Fluss, den noch kein Europäer mit eigenen Augen gesehen hatte, von strategisch zentraler Bedeutung sein. Auch Timbuktu, die sagenumwobene reiche Stadt am Rande der Sahara, stand auf Parks Erkundungsliste. Drei Vorgänger-Expeditionen in dieser Region waren bereits gescheitert, ihre Teilnehmer hatten die europäische Neugier auf das unbekannte Afrika mit dem Leben bezahlen müssen.

Mungo Park schreckte das nicht. Nach seiner Ankunft an der afrikanischen Westküste reiste er ins Landesinnere und fand dort auf Empfehlung seiner britischen Auftraggeber bei Dr. John Laidley in der Handelsniederlassung Pisania Aufnahme. Auf dem Weg dorthin erkrankte er an Malaria. Die kurierte er im Haus Laidleys aus – und nutzte die Zeit, um Mandinka zu lernen, jene Sprache, die unter den Einheimischen in der Region am weitesten verbreitet war. Als Lehrer fungierte Dr. Laidley selbst, der – so sollte Park später lobend anmerken – Mandinka perfekt beherrschte. Nicht ohne Grund: Laidley war britischer Sklavenhändler, und um in diesem Job so erfolgreich zu sein, wie er es war, bedurfte es hinreichender Sprachkenntnisse und eines gut funktionierenden Netzwerks von Informanten in der Region. Wie groß das Risiko und die Gefahren einer Expedition waren, wie Mungo Park sie plante, wusste niemand so gut wie Dr. Laidley.

Johnson und Demba – die Sklaven-Dolmetscher

Daher entschloss er sich, dem Schotten zwei Sklaven mit nützlichen Sprachfähigkeiten als Reisebegleiter mit auf den Weg zu geben: Johnson und Demba. Obwohl Mungo Parks Niger-Expedition ohne seine beiden Begleiter einen dramatischen Verlauf genommen hätte, sind sie nur mit unvollständigen Namen in die Geschichte eingegangen. Johnson, so wird Park später in seinem Reisebericht erklären, war afrikanischer Abstammung, sprach Mandinka als Muttersprache, war später als Sklave nach Jamaika verkauft worden und von

Ein- und ausgewanderte Wörter

DEUTSCH

Jazz → möglicherweise abgeleitet von mandinka *jasi* für »magischer Ton«

Cola → möglicherweise abgeleitet von mandinka *kolo* für »Kolanuss«

18 Feuersteine 48 Tabakblätter 20 Ladungen Schwarzpulver 1 Buschmesser	= 1 Minkalli

Seit dem 18. Jahrhundert existierte im Norden und Westen Afrikas eine eigene Goldwährung, die auch unter dem Namen *Mithqual* oder auch *Minkalli* bekannt war. Mungo Park erläuterte in einer detaillierten Rechnung, wie der Wert eines Sklaven berechnet wurde und welchen Gegenwert ein Minkalli hatte. Je nach Region variierte die Gewichtseinheit der entsprechenden Münzen.

dort nach England gelangt, wo er seine englischen Sprachkenntnisse ausbaute und sich mit der englischen Lebensweise anfreundete. Ob er allein oder in Begleitung Dr. Laidleys in seine afrikanische Heimat zurückkehrte, ist nicht überliefert. Seine Zweisprachigkeit machte ihn zum perfekten Begleiter für Mungo Park und lieferte die Grundlage für ein Arbeitsverhältnis, bei dem er für seine Dolmetschertätigkeit offiziell entlohnt wurde. Bei Demba lag der Fall anders: Er war einer der Haussklaven von John Laidley. Ihm wurde bei guter Führung als »Lohn« für seine Begleitung die Freilassung in Aussicht gestellt. Was Demba für Mungo Parks Expedition interessant machte, war die Tatsache, dass er neben Englisch und Mandinka auch noch das Soninke beherrschte und damit eine weitere im Westen Afrikas verbreitete Sprache.

Dank dieser beiden Begleiter erhielt Park, so ist seinem Reisebericht zu entnehmen, Kontakt zu unterschiedlichen einheimischen Gruppen. Seine eigenen Sprachfähigkeiten halfen ihm, sich in Mandinka zu verständigen, Auskünfte zu erbitten und neugierige Fragen zu beantworten. Und wenn sie abends in den kleinen Dörfern entlang des Weges pausierten, lauschte er mit großer Neugier den Geschichten, mit denen die Bewohner ihre Gäste und sich selbst unterhielten. Wenn es allerdings um heikle politische Verhandlungen ging, waren Johnson und Demba gefragt, die nicht nur die Feinheiten der Kommunikation beherrschten, sondern auch die politisch-diplomatischen Finessen ihrer Landsleute einzuschätzen wussten. Ohne sie hätte Mungo Park so manche Begegnung mit misstrauischen Einheimischen nicht lebend überstanden. Dennoch war die Mission zum Scheitern verurteilt: Schon nach wenigen Wochen wurden die drei – im Gebiet des heutigen Mali – von muslimischen Mauren gefangen genommen. Demba wurde als Sklave weiterverkauft, Johnson, weil schon zu alt, wurde verschont. Nach mehrmonatiger Gefangenschaft gelang Mungo Park die Flucht. Johnson weigerte sich angesichts der bedrohlichen Lage, Park weiter zu begleiten, versprach aber zumindest, die Berichte und Dokumente des schottischen Abenteurers zurück nach Pisania zu bringen. Mutterseelenallein, abgemagert, immer wieder von Krankheitsschüben geplagt, reiste Mungo Park weiter und erreichte schließlich am 20. Juli 1796 als erster Europäer die Ufer des Niger. So erhebend das Glücksgefühl in diesem Moment für ihn gewesen sein mochte, so desaströs war seine Lage. An eine Weiterreise war nicht zu denken. Mungo Parks einziger Wunsch war es, so schnell wie möglich nach Hause zurückzukehren.

Drei Jahre später, 1799, veröffentlichte er seinen Reisebericht, *Travels in the interior dictricts of Africa*, der reißenden Absatz fand. Ein Anhang, in dem Mungo Park eine Sammlung von Mandinka-Wörtern und -Redensarten zusammengestellt hatte, lieferte den Beweis, dass er seine Zeit in Afrika auch für intensive Sprach- und Kulturstudien genutzt hatte. Und als er, zehn Jahre nach seiner ersten Expedition, ein zweites Mal zum Niger aufbrach, dessen Quelle bis dahin immer noch nicht gefunden war, diente die Sammlung ihm selbst wohl zur Auffrischung seines Sprachschatzes.

Gerne hätte er wieder seine beiden früheren Dolmetscher Johnson und Demba an seiner Seite gewusst, doch niemand konnte ihm bei seiner Ankunft in Afrika über deren Verbleib Auskunft geben. Als neuen Begleiter wählte er daher einen Mann namens Isaaco, einen Händler vom Stamm der Mandinka, der die Wegstrecke gut kannte und sich als Reiseführer bewährte. Wegen seiner mangelhaften Englischkenntnisse eignete er sich jedoch kaum als Dolmetscher, sodass Mungo Park sich auf seine eigenen Sprachfähigkeiten verlassen musste. Das erschwerte die Expedition, die auch ansonsten unter keinem guten Stern stand. Von den mehr als drei Dutzend britischen Teilnehmern, die Park dieses Mal begleiteten, waren die meisten den Strapazen des Klimas und den widrigen Reisebedingungen nicht gewachsen und verstarben unterwegs. Die übrigen fielen einem Tuareg-Angriff zum Opfer. Mungo Parks letzter Brief nach England stammt vom 17. November 1805. Danach verliert sich seine Spur. Ob auch er den Angreifern zum Opfer fiel oder er – die Regenzeit war zu diesem Zeitpunkt schon angebrochen – mit seinem Boot in den Stromschnellen jenes Flusses kenterte, den er als erster Europäer gesehen hatte, ist bis heute ungeklärt.

MANDINKA

Senegal, Gambia, Mali, Guinea-Bissau, Sierra Leone

weite Verbreitung in Gambia; offizielle Minderheitensprache im Senegal

1,5 Mio. MuttersprachlerInnen

Madingo, Manding, Mandinga und Mandingo

Neben den lateinischen und arabischen Schriftformen wurde Mitte des 20. Jahrhunderts N'Ko, ein afrikanisches Schriftsystem, entwickelt.

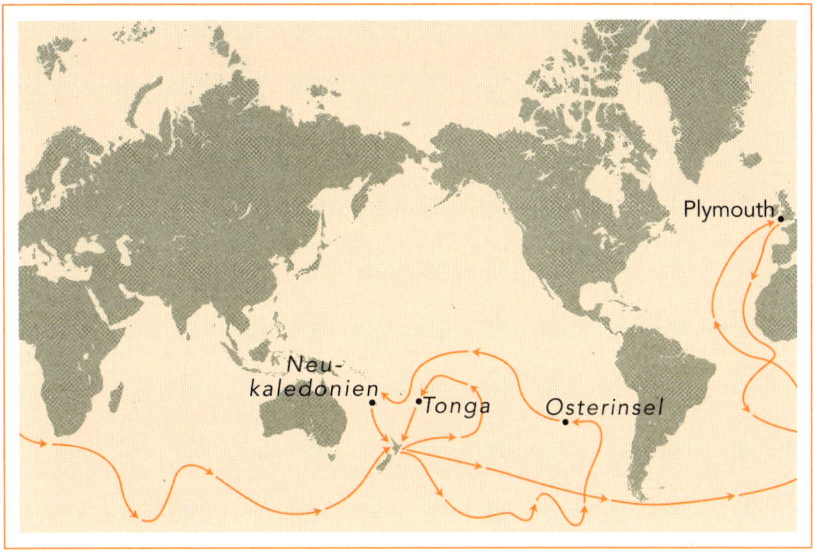

Die zweite Expedition von Captain Cook führte Vater und Sohn Forster zu zahlreichen Südseeinseln

Sprachforscher auf Entdeckungsreise im Südpazifik

Wenn der Vater mit dem Sohne …

Georg Forster (1754–1794) war gerade 18 Jahre alt, als er gemeinsam mit seinem Vater Johann Reinhold (1729–1798) auf Weltreise ging. Beide gehörten zur Mannschaft der zweiten Südseereise von Captain James Cook in den Jahren 1773 bis 1775. Dabei sollten sie den in Ungnade gefallenen britischen Forscher Sir Joseph Banks ersetzen und hatten die Weisung, insbesondere »Gegenstände der Naturgeschichte zu sammeln, zu beschreiben und zu zeichnen«. Aber beide, Vater und Sohn, brachten auch herausragende Sprachkenntnisse und ein großes Interesse an sprachwissenschaftlichen Fragen mit. Georg Forster hatte schon als Zwölfjähriger Michael Lomonossows *Geschichte Russlands* aus dem Russischen ins Englische übertragen. Beide Sprachen hatte er kurz zuvor erst gelernt. Unmittelbar vor Antritt seiner Weltreise übersetzte er den mehrbändigen Reisebericht des französischen Kapitäns Louis-Antoine de Bougainville

Abbildung links: Die *Passiflora aurantia* aus der Familie der Passionsblumengewächse, die in Australien beheimatet ist, wurde dort von Georg Forster zum ersten Mal beschrieben

(Voyage autour du monde par la frégate du Roi La Boudeuse et la flute l'Etoile en 1766, 1767, 1768, et 1769) ins Englische und war so schon auf mögliche Erlebnisse in der Südsee eingestimmt.

Die Tagebuchaufzeichnungen Johann Reinhold Forsters sowie Georg Forsters 1777 veröffentlichte Schilderungen der *Reise um die Welt* enthalten Beobachtungen zur Sprachenvielfalt auf den Südseeinseln und zur Kommunikation zwischen den Entdeckungsreisenden und den Ureinwohnern, wie sie in dieser Präzision und Reflektiertheit niemals zuvor zu Papier gebracht worden waren.

Nonverbale Kommunikation und die Sprache der Gebärden

Der Auftrag, mit dem Captain James Cook seine zweite Weltumsegelung antrat, beinhaltete auch die Kontaktaufnahme mit möglichst vielen Südseeinsulanern, über deren »Charakter, Temperament, Genie und Anzahl« detaillierte Aufzeichnungen zu fertigen waren und zu denen die Mannschaft »wo möglich freundschaftlichen Umgang« pflegen sollte. Wie konkret solche Begegnungen vonstattengingen, beschreiben Vater und Sohn Forster aus dem Blickwinkel derjenigen, die Beteiligte, zugleich aber auch reflektierend Beobachtende waren: »Die Pantomime leistete bei solchen Gelegenheiten wesentliche Dienste, bis man die notwendigen Wörter der Landessprache erlernt hatte«, so Georg Forster. Sich mit Gebärden zu verständigen, funktionierte immer dann gut, wenn es um Konkretes ging, um Dinge und Gegenstände, um praktische Bedürfnisse wie Essen und Trinken: »Das Bedürfnis des Essens und Trinkens durch Zeichen zu verstehen zu geben, ist so leicht und dem Missverstande so wenig unterworfen, dass alle Konversation am Lande gemeiniglich damit an-

Ein- und ausgewanderte Wörter

POLYNESISCHE SPRACHEN

aihanapana (Maori) → abgeleitet von deutsch *Eisenbahn*
Kaiha (Maori) → abgeleitet von deutsch *Kaiser*

DEUTSCH

Tattoo → abgeleitet von tahitisch *tatau* für »Zeichen«
Tabu → abgeleitet von tongaisch *tapu* für »unverletzlich«, »unberührbar«

fängt.« Sobald es allerdings darum ging, sich eine genauere Vorstellung von den Insulanern und ihren Kulturen zu machen, »muss es jedem auffallen, daß Unbekanntschaft mit der Sprache jener Völkerschaften in den meisten Fällen dem Forscher ein unübersteigliches Hindernis in den Weg legt ...«. Daher sind für die Forsters »alle Nachrichten, die man aus dem Munde der Eingebornen erfährt, bei der Unvollkommenheit unserer Sprachkenntnis, mehr oder weniger schwankend und unzuverlässig, je mehr Beziehung sie auf abstrakte Begriffe oder auf Gegenstände der Einbildungskraft und Logik haben«.

Eine mögliche Hilfe stellten bei den ersten Schritten der Kontaktaufnahme Zeichen und Signale dar, von denen die Europäer hofften, dass sie universell verstanden würden: »Es war mir bei dieser Gelegenheit besonders auffallend, dass auch diese Nation, gleich wie fast alle Völker der Erden ... die weiße Farbe und grüne Zweige für Zeichen des Friedens ansieht.« Für Georg Forster war es dabei immer wieder erstaunlich, dass die Insulaner »unsere Zeichen und Gebärden so schnell und richtig« begriffen, »als ob sie schon wer weiß wie lange mit uns umgegangen wären«.

Wenn sich die Möglichkeit ergab, konnte die Hilfe eines Dolmetschers von Vorteil sein. Bei der zweiten Weltumsegelung Cooks wurde die Mannschaft über längere Zeit von Omai, einem Jungen von der Insel Bora Bora, begleitet, der den Europäern bei ihren Besuchen auf den Tonga-Inseln, Neuseeland, der Osterinsel und den Marquesas zur Seite stand. Seine Hilfe als Kontaktvermittler und Dolmetscher machte sich insbesondere Johann Reinhold Forster zunutze, der einen gehörigen Teil seiner Arbeitszeit in die Erstellung von vergleichenden Wortlisten zu den verschiedenen Sprachen der Südseeinseln investierte. Dazu gehörte auch das Bemühen um eine angemessene und für Europäer eingängige Darstellung der Laute und ihrer Artikulation: Die geringe Zahl von Konsonanten in den meisten polynesischen Sprachen macht eine sorgfältige Unterscheidung der verschiedenen Selbstlaute umso wichtiger. Zu diesem Zweck entwickelte Vater Forster eine eigene Lautschrift, für die er das Englische als Referenzsprache wählte. Die Zusammenstellung der verschiedenen Wortlisten und die vergleichende Arbeit mit ihnen führten ihn immer wieder auch zu der Frage nach der Entstehung dieser dichten Sprachenlandschaft und nach der Verwandtschaft von Sprachen auf den so weit auseinanderliegenden Inseln: »Allein ich kann mich hier des Gedankens nicht erwehren, dass jene in allen ebengenannten Sprachen vorkommenden gemeinschaftlichen Wörter, die Überbleibsel einer älteren und allgemeinern Sprache sein können, welche, erst in der Folge der Zeiten, in so weit abweichende Mundarten zerfallen ist.«

Fallstricke der Kommunikation

Trotz der kurzen Aufenthalte auf den verschiedenen Inseln im Südpazifik nutzten die Forscher die Zeit, um durch das Erlernen der verschiedenen Sprachen die Chancen auf eine intensivere Kommunikation zu verbessern. Auch hier liefern die Reiseberichte von Johann Reinhold und Georg Forster mehr beobachtende Hinweise über den Verlauf solcher Spracherwerbsprozesse als die sporadischen Dokumente der meisten Entdeckungsreisenden vor ihnen. Beeindruckt zeigte Georg Forster sich vom Engagement der Insulaner, den Fremden einen Zugang zu ihrer Sprache zu verschaffen: »Da sie merkten, dass wir Lust hätten, ihre Sprache zu lernen, weil wir uns nach der Benennung der gewöhnlichsten Gegenstände erkundigten ... so gaben sie sich viel Mühe, uns zu unterrichten, und freuten sich, wenn wir die rechte Aussprache eines Wortes treffen konnten.« Noch mehr überraschte ihn der Eifer der Inselbewohner, sich umgekehrt auch mit dem Englisch der Gäste vertraut zu machen: »So emsig sie einerseits waren, uns ihre Sprache zu lehren, so neugierig waren sie andererseits auch, etwas von der unsrigen zu lernen, und sprachen alles, was wir ihnen davon vorsagten, mit bewundrungswürdiger Fertigkeit ganz genau nach.«

Neben solcherlei Erfolgsmeldungen verzeichneten die Reiseberichte der Forsters allerdings immer wieder auch Beispiele für Missverständnisse, die aufgrund fehlender sprachlicher Fähigkeiten oder gravierender Fehlinterpretationen zustande kamen – mit zuweilen erheblichen Folgen. Auf Neuseeland, wo die Maori unter dem Verdacht des Kannibalismus standen, von dem einige Offiziere der Cook'schen Mannschaft selbst Augenzeuge geworden sein wollten, gerieten umgekehrt auch die Europäer in den Verdacht, Menschenfresser zu sein. Die Schiffsmannschaft wurde von einigen Inselbewohnern dabei beobachtet, wie sie Fleisch verspeisten, das zum Zwecke der Konservierung gepökelt war. Die Insulaner hielten es jedoch offensichtlich für zubereitetes Menschenfleisch: »Die Indianer begannen bei Erblickung desselben sehr laut und ernstlich untereinander zu reden und unsre Leute mit Erstaunen und Merkmalen von Abscheu anzusehn; endlich gingen sie gar weg und gaben durch Zeichen zu erkennen, dass ihre fremden Gäste ohnfehlbar Menschenfresser sein müssten. Der Offizier suchte diesen hässlichen Argwohn von sich und seinen Kameraden abzulehnen; allein aus Mangel der Sprachfertigkeit wollte es ihm nicht gelingen.«

Das »Paradies auf Erden«

Unter allen in Europa bekannten polynesischen Inseln war Tahiti – »O-Tahiti«, wie sie damals genannt wurde – die berühmteste. Mit überschwänglichen

Schilderungen hatten die Teilnehmer der Bougainville-Expedition diesen *locus amoenus* den Europäern ans Herz gelegt als »Land, das vielleicht das einzige der Erde ist, in dem Menschen ohne Laster wohnen, ohne Vorurteile, ohne Bedürfnisse, ohne Zwietracht«. Dieses Paradies, so die Kunde, war eine Insel der Liebenden: »Geboren unter dem schönsten Himmel, genährt von den Früchten eines Bodens, der ohne Kultur fruchtbar ist und eher von Familienvätern als von Königen regiert wird, kennen sie keinen anderen Gott als die Liebe; ihm ist jeder Tag gewidmet.«

Entsprechend hoch gestimmt war die Erwartungshaltung für Captain Cook und seine Begleiter, als sie im August 1773 erstmals auf Tahiti an Land gingen. Georg Forster wird diesen Moment in seinen Reisebeschreibungen später mit ungewöhnlich poetischem Pathos beschreiben: »Ein Morgen war's, schöner hat ihn schwerlich je ein Dichter beschrieben.« Erfreulich schnell findet er einen Zugang zur Sprache: »Was mich anlangt, so schien mir keine Sprache leichter als diese.« Das ermöglichte ihm während der Dauer des Aufenthalts einen intensiven Einblick in Alltag und Kultur der Tahitianer und damit differenziertere Beschreibungen als die bislang in Europa kursierenden. Sein Fazit unterstreicht den abwägenden »Beobachtungsgeist«, der ihn auszeichnet. Weder überbordende Südseeromantik noch der überhebliche Blick westlicher Forscher auf die fernen »edlen Wilden« schienen ihm gerechtfertigt: »Wir bedenken nie, wie ähnlich wir den Wilden sind.«

POLYNESISCHE SPRACHEN

Neuseeland, Tonga, Neu-Kaledonien, Neue Hebriden, Vanuatu, Tuvalu, Osterinseln, Tahiti, Marquesas, Samoa, Hawaii

300 Mio. MuttersprachlerInnen

Tongaisch, Tahitianisch, Samoanisch, Maori, Rapanui, Niue, Hawaiianisch, Marquesanisch, Rarotonga

Zur austronesischen Sprachfamilie zählen rund 1150 Sprachen. Die Herkunft des Ur-Austronesischen und die Entwicklung der Einzelsprachen haben jahrhundertelang auch die deutsche Sprachforschung beschäftigt.

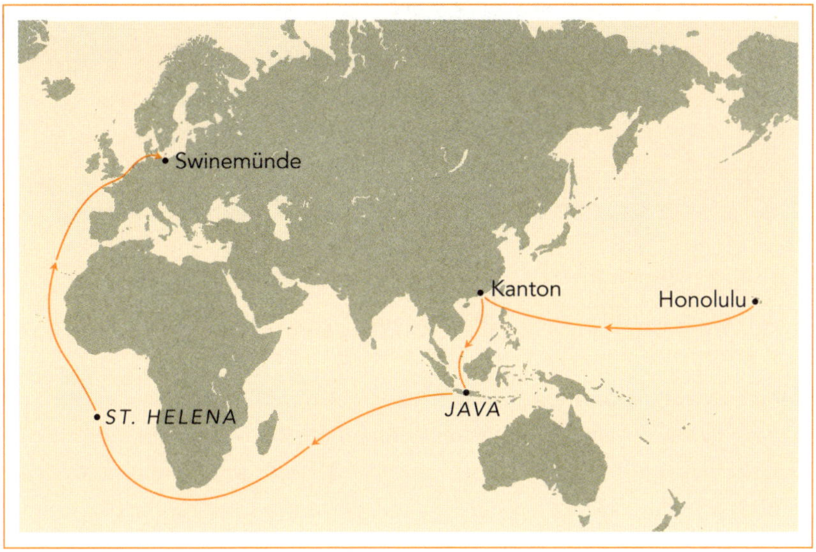

Mit der Fregatte *Mentor* reiste Harry Maitey in neun Monaten von Honolulu nach Swinemünde

Als Humboldt lernte, Hawaiianisch zu sprechen

Lockruf der Ferne

Maika'i, maika'i – alles gut, alles sehr gut! Für den gerade mal 15-jährigen Hawaiianer Kaparena, der sich selbst gern Henry oder Harry nannte, begann am 4. Dezember 1823 das Abenteuer seines Lebens. Er hatte es geschafft, im Hafen von Honolulu Kontakt zur Besatzung der deutschen Fregatte »Mentor« aufzunehmen. Und die war bereit, den freundlichen, liebenswerten Jungen, der offensichtlich keine Angehörigen mehr hatte, mit an Bord zu nehmen. Die Kommunikation war mühsam, denn Harry verstand kein Deutsch und die Besatzung des Schiffes kein Hawaiianisch. Aber sein fortgesetztes »maika'i« klang sympathisch und fröhlich – und sollte ihn für den Rest seines Lebens als Familienname »Maitey« begleiten.

Neun Monate später ging Harry Maitey in Swinemünde an Land, reiste mit einem Teil der Besatzung weiter nach Berlin und fand dort Unterkunft beim Präsidenten der königlichen Seehandlung, Christian Rother (1778–1849). Maitey war der erste Hawaiianer in Berlin, und er sorgte für erhebliches Aufsehen. Mit seiner dunklen Haut und seinen Tätowierungen im Gesicht und am Arm weckte er Neugier; seine fremdartigen und gestenreichen Gesänge aus der Heimat befriedigten den Wunsch nach Exotik, der sich in jener Epoche auf vielfältige Weise artikulierte. Eine Berliner Zeitung widmete dem Insulaner schon kurz nach seiner Ankunft ein umfangreiches Porträt und beschrieb darin auch seine sprachlichen Fähigkeiten: Demnach war er nicht in der Lage, ein deutsches »r« auszusprechen – und überhaupt bereiteten ihm, der von seiner Muttersprache nur eine Handvoll Konsonanten kannte, alle die Wörter Schwierigkeiten, in denen viele Konsonanten aneinandergereiht waren. Ansonsten jedoch zeigte er sich eifrig und lernbegierig. Grund genug für Christian Rother, sich wiederholt an König Friedrich Wilhelm III. zu wenden mit der Frage, »was mit ihm anzufangen sei, namentlich, wie und wo er behufs seines Unterrichts in der deutschen Sprache und im Christentum unterzubringen sei«.

Als »königlicher Pflegling« genoss Maitey eine Sonderstellung. Der Aufenthalt bei den Rothers im Seehandlungsgebäude am Berliner Gendarmenmarkt, die auf Geheiß des Königs eingeleitete Beschulung in einem »Erziehungshaus« unter der Aufsicht des renommierten Erziehungsinspektors David Traugott Kopf, nicht zuletzt seine Tätigkeit als Tischdiener in der gehobenen Berliner Gesellschaft taten dem Selbstbewusstsein des jungen Mannes gut. Er genoss das Leben in Berlin; er liebte europäische Kleidung, investierte die ihm zugesteckten Trinkgelder gern in glänzende Schuhe, kleidete sich ausgesprochen geschmackvoll und adaptierte den westlichen Lebensstil mit großer Selbstverständlichkeit. In späteren Jahren wurde er, offiziell ein »Mündel des Königs«, auf der in der Havel im Südwesten Berlins gelegenen Pfaueninsel mit ihrer »gestalteten Landwirtschaft« und der exotischen Menagerie angestellt, zunächst

Ein- und ausgewanderte Wörter

HAWAIIANISCH

hanseatika → abgeleitet von deutsch *hanseatisch*

DEUTSCH

Kanake (diskriminierendes Schimpfwort) → abgeleitet von hawaiianisch *kanaka* für »Mensch«

Wiki (in Wikipedia) → abgeleitet von hawaiianisch *wiki* für »schnell«

Ukulele → vom gleichnamigen Wort für ein vierseitiges Zupfinstrument, das die Portugiesen 1879 nach Hawaii gebracht hatten

als Assistent des Maschinenmeisters, anschließend in der Gärtnerei. Er heiratete und bezog gemeinsam mit seiner Frau Dorothea Charlotte Becker und dem Sohn Eduard in Klein-Glienicke eine Wohnung. In seine Südseeheimat kehrte er bis zu seinem Tod 1872 nie mehr zurück.

Aloha, Herr von Humboldt

Im Haus der Familie Rother verkehrten prominente Persönlichkeiten der Berliner Gesellschaft. Einer von ihnen war Wilhelm von Humboldt (1767–1835), der renommierte preußische Gelehrte und Sprachenforscher. Mit ihm wohl hatte Christian Rother über die zunächst wenig befriedigenden Deutschkenntnisse seines Zöglings Maitey gesprochen. Und Humboldt bot an, sich von den Sprachfähigkeiten des Jungen selbst einen Eindruck zu verschaffen: »Wollten mir Ew. Hochwohlgeborener heute Nachmittag um 6 Uhr Ihren Harry schicken, so möchte ich meine Kunst an ihm versuchen …«, schrieb er am 15. April 1827 an Christian Rother. Und Harry kam, aber diese und alle nachfolgenden

Begegnungen nahmen einen anderen Verlauf als geplant. Welchen Anteil Humboldt an Harrys wachsender Sprachkompetenz hatte, lässt sich nicht quantifizieren. Immerhin war Maitey zwei Jahre später in der Lage, einen wohlgesetzten Neujahrsgruß an seinen wertgeschätzten Mäzen Rother zu schicken: »Euer Hochwohlgeboren wünsche ich zum neuen Jahre viel Glück und Segen, Gesundheit und Freude. Ich werde recht gut sein und fleißig lernen, damit ich bald getauft werden kann …«

Für Wilhelm von Humboldt wurde umgekehrt Harry Maitey zum Hawaiianisch-Lehrer und einer authentischen Quelle für seine Studien der Südseesprachen, die in den späten 1820er-Jahren in den Mittelpunkt seines Nachdenkens über Sprachen und deren Natur rückten. Im Januar 1828 hielt Humboldt vor der Berliner Akademie der Wissenschaften einen Vortrag, in dem er auf das bei verschiedenen Treffen mit dem »jungen Eingebornen Harres Maitai« erworbene empirische Datenmaterial zur hawaiianischen Sprache einging. Mit Maiteys Hilfe hatte Humboldt eine hawaiianische Wortliste erstellt; er hatte Fragen der Aussprache hawaiianischer Wörter geklärt, und er hatte sich mit dem Insulaner über die Herleitung von Zahlwörtern verständigt. Auf die Treffen mit Maitey nahm Humboldt auch später im Rahmen seiner Untersuchungen zu den malayo-polynesischen Sprachen wiederholt Bezug. Die Ergebnisse – und Harrys Name – flossen schließlich in eines der Hauptwerke seiner Sprachstudien ein, die mehrbändige Publikation *Über die Kawi-Sprache auf der Insel Java*. So hat Humboldt den ersten Hawaiianer in Preußen unvergessen gemacht.

Adelbert von Chamisso und die erste hawaiianische Grammatik

Als Wilhelm von Humboldt im Sommer 1827 nach seinen ersten Begegnungen mit Harry Maitey Notizen und Beobachtungen über die hawaiianische Sprache zu Papier gebracht hatte, schickte er diese an Adelbert von Chamisso (1781–1838), den prominenten Verfasser von *Peter Schlemihls wundersame Geschichte*. Chamisso – nicht nur romantischer Dichter, sondern auch Forscher und Botaniker – hatte in den Jahren 1815 bis 1818 an einer Weltumsegelung, der sogenannten Rurik-Expedition, teilgenommen. Auf dieser Fahrt, die von Otto von Kotzebue, dem Sohn des Dichters August von Kotzebue, geleitet wurde, war Chamisso als Botaniker im Einsatz. Aber während seiner wochenlangen Aufenthalte hatte er sich nicht nur um die Pflanzenwelt, sondern auch um Alltag, Kultur und insbesondere die Sprache der Menschen gekümmert. Dass das Hawaiianische zu jener Zeit noch über keine Schriftsprache verfügte, bekümmerte ihn. Die Bibelübersetzungen christlicher Missionare boten nur unbefriedigenden Ersatz; Wörterbücher und eine Grammatik existierten nicht. Chamissos Forschungsinteresse war geweckt. Mit einiger Verzögerung widmete er sich in den 1830er-Jahren der Erforschung des Hawaiianischen. 1837 wurde seine Monografie *Über die Hawaiische Sprache* veröffentlicht – es war die erste Grammatik für die Südseesprache überhaupt.

Dass ihn mit Wilhelm von Humboldt eine Geistesverwandtschaft verband, offenbart Chamissos Vorwort zu seiner Sprachstudie. Ähnlich wie Humboldt, der von der Vielfalt der Sprachen weltweit fasziniert war und in ihnen einen einzigartigen Schatz von »Weltansichten« sah, begeisterte auch Chamisso sich für den Reichtum der unterschiedlichen Kulturen und erhob nachdrücklich Klage über die Rücksichtslosigkeit im Umgang mit diesen einzigartigen Traditionen: »Beim Entwerfen des obigen Verzeichnisses drängte sich uns schmerzlich die Bemerkung auf, dass unter diesen Schriften … keine einzige dem Zwecke gewidmet ist, das Altertümlich-Volkstümliche dieses Menschenstammes in der Erinnerung festzuhalten, wenn der Fortgang der Geschichte das Alte vor der aufgehenden neuen Zeit dem Untergang weiht. Gesellige Zustände, Satzungen, Bräuche, Geschichte, Sagen, Götterlehre, Kultus; die Sprache selbst der Liturgie, die eine von der lebenden abweichende zu sein gesagt wird; alle Schlüssel zu einem der wichtigsten Rätsel, welches die Geschichte des Menschengeschlechtes und seiner Wanderungen auf der Erde darbietet, werden von uns selbst in der Stunde, wo sie in unsere Hände gegeben sind, in das Meer der Vergessenheit versenkt …«

HAWAIIANISCH

Hawaii-Inseln

vom Aussterben bedroht; neben Englisch Amtssprache im US-Bundesstaat Hawaii

300 MuttersprachlerInnen;
weniger als 8000 SprecherInnen (Zweitsprache)

Hawaiisch; Ōlelo Hawaiʻi (Eigenname)

Das hawaiianische Alphabet (Pīʻāpā) verfügt neben fünf Vokalen nur über acht Konsonanten und ist damit eines der kürzesten der Welt.

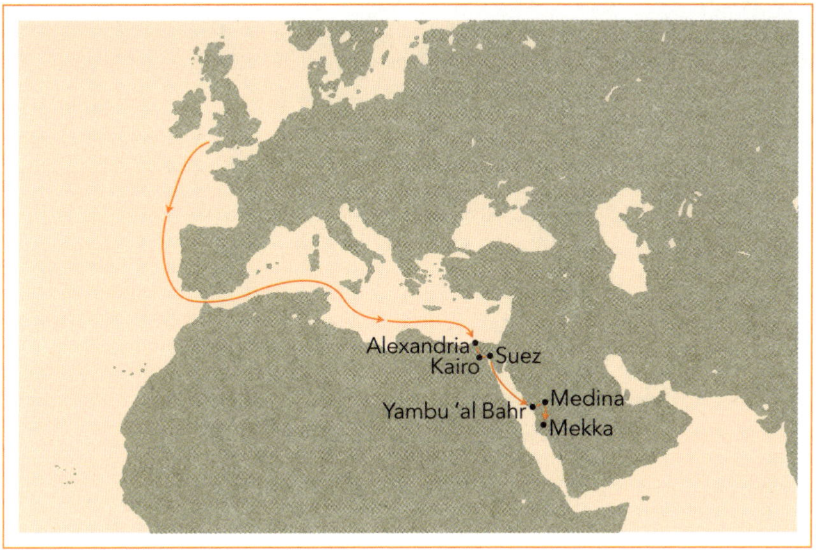

Über Alexandria und Kairo erreichte Richard Francis Burton die heiligen Stätten in Mekka und Medina

Ein Brite als Paschtune in Medina und Mekka

Sprachen lernen nach der Burton-Methode

Er war eine der schillerndsten Persönlichkeiten des 19. Jahrhunderts, ein Provokateur, Abenteurer, Forscher, »Weltensammler«, wie Ilija Trojanow ihn später nennen sollte, rastlos, exzentrisch und hochintelligent. Legendär ist seine Sprachbegabung: 29 Sprachen beherrschte Richard Francis Burton (1821–1890) fließend – schreibend, lesend, sprechend –, darunter, neben den wichtigsten europäischen Sprachen, Arabisch, Persisch, Hindi, Marathi, Urdu, Sanskrit, Kiswahili, Aramäisch und Hebräisch. Seine viktorianischen Landsleute schockte er mit der ersten Übersetzung und Bearbeitung des ursprünglich in Sanskrit verfassten *Kama Sutra* (1883). Nicht weniger skandalträchtig war die erste werkgetreue Übertragung der Geschichten aus *Tausendundeiner Nacht*, veröffentlicht unter dem Titel *The Book of the Thousand Nights and a Night* in 16 Bänden (1885–1888).

Eine Sprache zu lernen war für Richard Francis Burton ein probates Mittel zur Beschäftigung seines stets unruhigen, die Langeweile fliehenden Geists. Gleichzeitig erkannte er auf seinen Reisen den praktischen Wert der Kenntnis einer

Sprache, die ihn unabhängig von Dolmetschern machte und einen unmittelbaren Zugang zu Menschen und Welten ermöglichte. In seinen autobiografischen Schriften hat Burton erläutert, mit welcher Methode er Sprachen erlernte: »Ich besorge mir eine einfache Grammatik und ein kleines Wörterbuch, unterstreiche jene Wendungen und Wörter, von denen ich weiß, dass sie unverzichtbar sind, und lerne sie auswendig … Ich arbeite nie länger als eine Viertelstunde aufs Mal, weil danach das Gehirn an Frische verliert … Wenn ich lese, dann lese ich stets mit lauter Stimme, damit das Ohr dem Gedächtnis helfen möge … Immer, wenn ich mich mit einem Einheimischen unterhalte, folge ich seiner Rede aufmerksam und wiederhole stumm jedes seiner Worte so genau, wie es nur möglich ist, und lerne dadurch die Besonderheiten der Aussprache.«

Sprache als strategische Tarnung

Dass Sprache auch der Tarnung dienen konnte, erlebte Richard Francis Burton bei seiner geheimen Pilgerreise nach Medina und Mekka. Ein Nichtgläubiger hatte an diesen heiligen Stätten des Islam nichts verloren. Gerade darin lag der Reiz für den Briten, den es drängte, in die geheime Welt islamischen Lebens und muslimischer Gläubigkeit vorzudringen. Nach einem Aufenthalt in Ägypten machte er der Royal Geographic Society den Vorschlag einer Erkundungsreise zu jenem »gewaltigen weißen Fleck, der in unseren Kartenwerken noch immer die östlichen und zentralen Regionen von Arabien ziert«. Bereits als Offizier der Britischen Ostindienkompanie in den Jahren 1842 bis 1849 hatte er Paschtunisch und Persisch gelernt. Arabisch beherrschte er seit seinen Studienjahren in Oxford. Damit war er sprachlich für die Pilgerreise gut gerüstet. Für seine Hadsch wählte Burton unterschiedliche Verkleidungen, als afghanischer Derwisch und Arzt, als persischer Gelehrter und als paschtunischer Pilger. Burton

Ein- und ausgewanderte Wörter

PASCHTUNISCH

kilométr → abgeleitet von deutsch *Kilometer*
atūm → abgeleitet von deutsch *Atom*
prōtōkōl → abgeleitet von deutsch *Protokoll*
pōdar → abgeleitet von deutsch *Puder*
tōnal → abgeleitet von deutsch *Tunnel*

war Perfektionist: Haarschnitt, Bartwuchs, Kleidung waren auf seine jeweilige Verkleidung abgestimmt, die Haut rieb er sich mit Nussbaumöl ein, das ihm einen dunklen Teint verlieh. Sogar eine Beschneidung hatte er vor seiner Abreise vornehmen lassen. Das Wichtigste aber war für ihn, in den Gesprächen mit den mitreisenden Pilgern sprachlich nicht aus der Rolle zu fallen. Um eventuelle Schwächen im Paschtunischen plausibel erscheinen zu lassen, erklärte er sich zum Sohn afghanischer Eltern, der in Rangun in Burma – und damit außerhalb seiner eigentlichen Sprachheimat – geboren und aufgewachsen war. In seinen Erinnerungen beschreibt Burton eine Begegnung mit einem »echten« Paschtunen, den er auffordert, seine Nationalität zu erraten. Der Fremde nennt ihn einen *fellow Pathan*, einen »paschtunischen Gefährten«: ein Ritterschlag für die Sprachfertigkeit des Briten – und eine große Erleichterung. Denn wäre Burton in seiner Verkleidung enttarnt worden, hätte das sein Todesurteil bedeutet. So aber gelangte er als erster Europäer über Medina und das Grab des Propheten nach Mekka, wo er alle Zeremonien eines gläubigen Muslims absolvierte, inklusive der siebenmaligen Umrundung der Kaaba.

Diese spektakuläre Aktion machte Richard Francis Burton in Europa schlagartig berühmt. Als Ende 1853 sein Reisebericht *Meine Pilgerfahrt nach Medina und Mekka* veröffentlicht wurde, war der rastlose Reisende allerdings längst mit den Vorbereitungen seines nächsten Abenteuers beschäftigt, einer Expedition nach Somalia, und der Aneignung von Sprachkenntnissen, die ihm in diesem Teil der Welt von Nutzen sein konnten.

PASCHTUNISCH

Afghanistan, Pakistan, Iran

Amtssprache in Afghanistan; anerkannte Minderheitensprache in Pakistan

45–60 Mio. MuttersprachlerInnen

Paschtu, Paschto, Pashtun, Pathan

Je nach Zählweise umfasst das paschtunische Alphabet 40 bis 44 Buchstaben; es basiert auf dem persischen Alphabet. Die Schrift ist wie im Arabischen eine reine Kursivschrift, die von rechts nach links geschrieben wird.

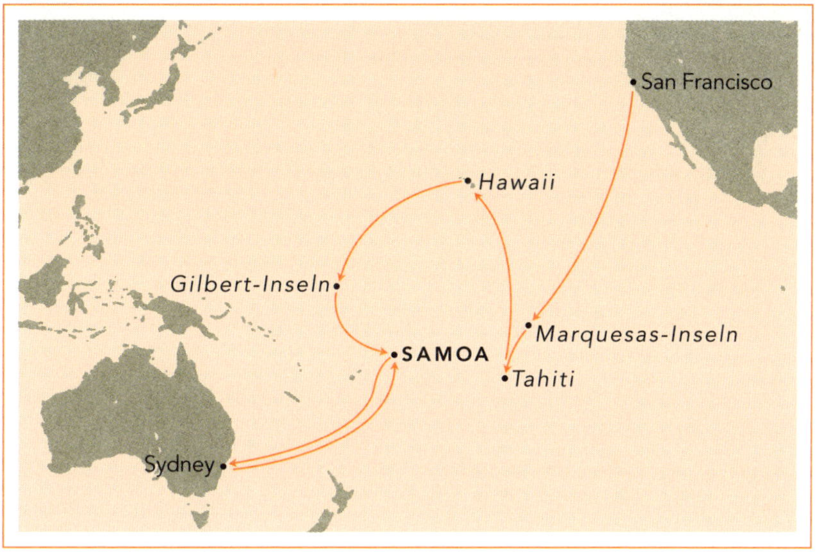

Nach zahlreichen Stationen in der Südsee fand Robert Louis Stevenson auf Samoa eine neue Heimat

Eine Schatzinsel in der Südsee

Tusitala – Robert Louis Stevenson, der Geschichtenerzähler

Länger als ein Jahr schon war Robert Louis Stevenson in der Südsee unterwegs, als ihn die Reise 1889 nach Samoa führte. Es war nicht geplant und keineswegs Liebe auf den ersten Blick, was ihn veranlasste, die tropische Insel zur neuen Heimat für sich und seine Familie zu erklären. Denn so wohltuend das Klima und so reizvoll die Natur, so beunruhigend waren die politischen Verhältnisse auf der Insel: Auseinandersetzungen zwischen zwei verfeindeten Häuptlingen, die beide Anspruch auf das Amt des Inselkönigs erhoben, und die im Hintergrund die Stimmung anheizenden Kolonialmächte Deutschland, England und USA sorgten für eine wenig paradiesische Gemengelage. Dem standen die angegriffene Gesundheit des lungenkranken schottischen Erfolgsautors *(Die Schatzinsel)*, eine gute Portion Reisemüdigkeit und ein überaus lukratives Angebot für den Kauf eines malerisch gelegenen Fleckens Erde gegenüber. Robert Louis Stevenson blieb auf Samoa, ließ für sich und seine Familie die prächtige Villa Vailima bauen – und zeigte sich zunehmend beeindruckt von der Lebenseinstellung der Samoaner und ihrer Kultur.

So entschloss er sich, die Sprache jener Menschen zu erlernen, bei denen er eine neue Heimat gefunden hatte. In seinen Briefen an Verwandte und Freunde berichtete er ausführlich von seinen Beobachtungen zu den Besonderheiten der Sprache und von seiner Lernmethode: Er erteilte seiner Stieftochter Belle Samoanisch-Unterricht und erkannte darin eine hervorragende Übung für seine eigene Sprachkompetenz.

Sobald sein Sprachvermögen es erlaubte, lud Stevenson Samoaner zu sich nach Hause ein und ließ sich von ihnen die alten Mythen und Geschichten ihrer Heimat erzählen – so wie er sie umgekehrt mit schottischen (Schauer-)Märchen unterhielt. Respektvoll nannten sie ihn *Tusitala*, den Geschichtenerzähler und -schreiber, und waren erstaunt über die Bewunderung, die er für ihre Kultur zeigte. Bislang waren ihnen Europäer und Amerikaner zumeist mit einer Haltung herablassenden Desinteresses für die Eigenheiten ihrer jahrhundertealten, traditionellen Lebensweise begegnet. 1891 veröffentlichte eine New Yorker Zeitung als Fortsetzungsgeschichte die Novelle *Der Flaschenkobold*, die Stevenson auf der Grundlage diverser europäischer Vorlagen erzählt, aber als Reverenz an seine neue Heimat in die Südsee als Schauplatz verlagert. Nahezu zeitgleich erschien unter dem Titel *O Le Fagu Aitu* eine samoanische Übersetzung, die ein englischer Missionar, Reverend Arthur E. Claxton, erstellt hatte und die in der Zeitschrift der *London Missionary Society* veröffentlicht wurde: Es war der erste (welt-)literarische Text in samoanischer Sprache.

Robert Louis Stevenson war überzeugt, dass Samoa und die Samoaner eine Wohltat für seinen Geist und seine Seele waren. Auch gesundheitlich fühlte er sich im tropischen Seeklima viel besser aufgehoben als in Europa oder Amerika. Aber dieses Wohlbefinden war nicht von Dauer: Am 3. Dezember 1894 starb

Ein- und ausgewanderte Wörter

SAMOANISCH

kaisa → abgeleitet von deutsch *Kaiser*

Penisini → abgeleitet von deutsch *Benzin*

DEUTSCH

Tattoo → abgeleitet von samoanisch *tatau*, wörtlich »kennzeichnen«, im Sinne von »Haut kennzeichnen« mit einer komplexen spirituellen Bedeutungsebene

Nach einem Foto, das Robert Louis Stevenson mit dem samoanischen *Chief* Tui Malealiifano zeigt

Robert Louis Stevenson, gerade einmal 44 Jahre alt, auf der Veranda seiner Villa. Seine samoanischen Freunde erfüllten ihm auch seinen letzten Wunsch: Stevensons Leichnam wurde auf dem Mount Vaea beigesetzt (zu sehen auf Seite 200), der den Blick freigab auf Vailima.

Englische Missionare und der *Papalagi*

Rund sechzig Jahre vor Robert Louis Stevenson hatten sich die ersten englischen Missionare auf Samoa niedergelassen. 1862 veröffentlichte George Pratt im Auftrag der *London Missionary Society* die erste Grammatik samt Wörterbuch des Samoanischen; 1872 folgte eine Bibelübersetzung. Schon 1855 hatte der Hamburger Kaufmann August Unshelm im Auftrag des Handelshauses Joh. Ces. Godeffroy & Sohn eine erste deutsche Handelsniederlassung auf Samoa gegründet. Zum Ende des Jahrhunderts, als die »Perle der Südsee« deutsche Kolonie wurde, folgten Verwaltungsbeamte, zahlreiche Siedler, die auf lukrative Geschäfte hofften, sowie die Deutsche Handels- und Plantagengesellschaft: Sie alle sorgten für einen intensiven deutsch-samoanischen Sprachkontakt, der jedoch vor allem die Vermittlung deutschen Sprachwissens an Samoaner vorsah. Jungen Samoanern wurde im Schulunterricht Deutsch beigebracht. Einen exzellenten Ruf hatte etwa das viele Jahre von einer Deutschen (Valeska Schnitze) geleitete *Papauta*-Mädchen-Institut: Dem Bericht eines deutschen Pastors aus dem Jahr 1908 zufolge wurde dort »viel Zeit und Sorgfalt auf die Pflege der deutschen Sprache« gelegt. Die jährliche Deutschprüfung erstreckte sich über dreieinhalb Tage und umfasste Lesen, Schreiben, Diktat, mündlichen Ausdruck, Grammatik und deutsche Geschichte.

Eine erste deutsch-samoanische Grammatik »nebst Lesestücken und Wörterbuch« wurde 1900 von Heinrich Neffgen publiziert, der bei der deutschen Kolonialverwaltung als Dolmetscher beschäftigt war. Zahlreiche Reisebeschreibungen, Erfahrungsberichte und fiktive Erzählungen lösten im Deutschland der Jahrhundertwende eine wahre Samoa-Begeisterung aus. Dazu gehörten auch die Präsentationen von Samoanern und Samoanerinnen in den zur damaligen Zeit beliebten – und häufig mit zoologischen Einrichtungen verbundenen – »Völkerschauen«: So präsentierten sich im Juli 1901 insgesamt 26 Samoaner im Zoologischen Garten in Köln, darunter auch Mitglieder samoanischer Herrschaftsfamilien. 1910 wurde bei Hagenbeck in Hamburg eine Gruppe von Samoanerinnen »ausgestellt«. Zu derartigen Völkerschauen gehörte die Darstellung von Alltagsritualen, Speisezubereitung, Kleidung, Wohnformen, aber auch die Kommunikation in der jeweiligen Heimatsprache, von der den staunenden Zuschauern ein Klangerlebnis vermittelt werden sollte.

Im Jahr 1914 reiste der Hamburger Maler und Schriftsteller Karl Erich Scheurmann nach Samoa. Er hatte einen beträchtlichen Verlagsvorschuss für eine Südseegeschichte erhalten und begab sich für Recherche und inspirierende exotische Szenerien nach Deutsch-Samoa. Ein knappes Jahr hielt er sich auf Samoa auf, zumeist im Umfeld der deutschen Siedler und Kolonialbeamten. Mit der samoanischen Sprache befasste er sich allenfalls marginal.

Von den zahlreichen Südseebüchern, die er in der Folge veröffentlichte, ist nur eines zum Bestseller aufgestiegen: *Der Papalagi. Die Reden des Südseehäuptlings Tuiavii aus Tiavea. Papalagi* bezeichnet in der samoanischen Sprache einen Fremden, meist europäischer Abstammung. In Scheurmanns Text ist es der samoanische Häuptling Tuiavii, der im Rahmen einer Völkerschau – wie Scheurmann sie womöglich in Hamburg erlebt hatte – den »weißen Mann« in Europa und dessen vermeintliche »Zivilisation« kennengelernt hat und seinem ungläubigen Entsetzen darüber in elf Reden Ausdruck verleiht. Die aus dem westlich-imperialen Denken jener Zeit nur allzu geläufige Gegenüberstellung – Kultur, Geist, Entwicklung und Fortschritt auf der einen, eine sich selbst genügende, »primitive«, unentwickelte Lebensform auf der anderen Seite – wird von Erich Scheurmann mit umgekehrten Vorzeichen versehen. So entwickelt der Samoa-Häuptling eine leidenschaftliche, gegen den »weißen Teufel« gerichtete Zivilisationskritik: »Bleibe von uns mit deinen Freuden und Lüsten, deinem wilden Raffen nach Reichtum in den Händen oder nach Reichtum in deinem Kopfe … dem wirren Machen deiner Hände, deinem neugierigen Denken und Wissen, das doch nichts weiß … Wir brauchen dies alles nicht und begnügen uns mit den edlen und schönen Freuden.«

Wie wenig Scheurmann mit der samoanischen Sprache vertraut war, offenbart er in der teilweise naiv-kindischen Umschreibungssprache, die er seinem Protagonisten in den Mund legt – wenn etwa ein »Schuh« als »hochrandiges Kanu« bezeichnet wird. Sprachstudien und Rückübersetzungen haben hinlängliche Beweis dafür geliefert, dass die Sprache Tuiaviis mit der authentischen samoanischen Ausdrucksweise nichts zu tun hatte.

Scheurmanns *Papalagi* war in den 1920er-Jahren ein beträchtlicher, aber zunächst noch überschaubarer Erfolg beschieden. Zum Überleben während der Jahre des Nationalsozialismus reichten die Einnahmen aus den Südseeveröffentlichungen jedoch nicht. Aber Scheurmann hatte Freunde beim NS-Propagandaministerium und galt als gesinnungstreu und zuverlässig: Das rechtfertigte finanzielle Zuwendungen aus der Künstlersozialkasse des Ministeriums. Ungeachtet der NS-Linientreue seines Verfassers und seiner methodischen Fragwürdigkeit avancierte *Der Papalagi* in der Studentenbewegung der 1968er-Jahre zum hunderttausendfach verkauften Kultbuch der alternativen Szene, die sich an seiner verklärenden Tropenromantik berauschte.

SAMOANISCH

Samoa, Amerikanisch-Samoa, Neuseeland, Australien

Amtssprache auf Samoa und Amerikanisch-Samoa

370.000 MuttersprachlerInnen

Das samoanische Alphabet verfügt nur über 14 Buchstaben – fünf Vokale und neun Konsonanten.

Sprachdetektive

Auf der Spur verlorener Sprachen

Was verbindet den französischen Sprachforscher Jean-François Champollion mit dem sowjetischen Ägyptologen Juri Knorosow? Beide sind mit detektivischem Spürsinn dem Geheimnis zweier Schriften auf die Spur gekommen, an denen sich zuvor ganze Forschergenerationen abgearbeitet hatten. Champollion fand 1822 für die ägyptischen Hieroglyphen, Knorosow 1952 für die Schrift der Maya eine Kombination von Bild- und Lautzeichen als entscheidenden Schlüssel, um die kryptischen Zeichenfolgen, in Stein gemeißelt, auf Papyrus geschrieben, in Wandbildern verewigt, zu entziffern. Seitdem konnten Tausende Inschriften gelesen und damit Zugänge zum Reichtum zweier untergegangener Sprachen erschlossen werden.

Von den geschätzt 12.000 Sprachen, die in den Anfängen der Menschheitsgeschichte über die Welt verteilt waren, sind im Lauf der Jahrtausende mehr als 5000 verschwunden, untergegangen mit den letzten Sprechern, die sie noch beherrschten. Viele von ihnen haben keine einzige Spur und nicht einmal einen Namen hinterlassen. Erst im 19. Jahrhundert entwickelten Sprachforscher wie Wilhelm von Humboldt ein Bewusstsein für den Reichtum, den die Vielzahl der Sprachen mit ihrer Vielfalt der Weltansichten bietet: In den Sprachen der Welt sind das Wissen und die Traditionen, die Geschichten, Legenden und Weisheiten der Menschheit verdichtet. Umso wichtiger, (noch) lebende, aber gefährdete Sprachen zu dokumentieren und »verlorenen« Sprachen nachzuspüren.

Denn selbst wenn eine Sprache stirbt, ist das nicht das Ende ihrer Existenz. »Eine ›tote‹ Sprache ist nichts anderes als eine Sprache, die nicht mehr gesprochen wird«, so hat es der französische Linguist Claude Hagège formuliert. Sprachen, die nicht mehr gesprochen werden, aber in ihren Schriftzeugnissen noch vorhanden sind, ermöglichen zumindest einen »mittelbaren« Zugang zu der mit ihnen einst verbundenen Weltsicht, wie es das Beispiel der ägyptischen Hieroglyphen und der präkolumbianischen Mayaschrift zeigt. Allerdings sind hier noch lange nicht alle Rätsel gelöst: Die beschrifteten Tontafeln etwa, die in den 1970er-Jahren in einer Grabanlage im Sudan freigelegt wurden und vermutlich der rätselhaften meroitischen Sprache zuzuordnen sind, die auf den Osterinseln entdeckten Ritualstäbe, auch die Bildsteine der Pikten warten noch auf ihre Entschlüsselung.

Wie aber mag es *geklungen* haben, wenn Vandalen, Etrusker oder Sumerer miteinander ins Gespräch kamen? Tote Sprachen lassen sich zwar entziffern, aber nicht mehr zum Klingen bringen. Ihr Klang ist für immer verloren, denn die Texte allein lassen keine Rückschlüsse zu etwa auf Tonhöhe, Sprechgeschwindigkeit oder Betonungen der gesprochenen Sprache. Hier hat der Fortschritt der Technik einen Quantensprung der Sprachforschung ermöglicht. Als am Ende des 19. Jahrhunderts die ersten Phonographen die Aufnahme und Wiedergabe von Schall ermöglichten, erkannten kühne Völkerkundler die Chance, die sich daraus für ihre Forschung ergab. Mithilfe von Wachswalzen, mit schweren, unhandlichen Phonographen, später mit Tonbändern, Kassettenrekordern und digitalen Aufzeichnungsgeräten rückten sie gefährdeten Sprachen und deren Sprecherinnen und Sprechern zu Leibe, um den Klang zu bannen und so über den möglichen Tod der Sprache hinaus zu dokumentieren. Heute beherbergt etwa das Max-Planck-Institut für Psycholinguistik im niederländischen Nijmegen Tondokumente zu mehr als hundert gefährdeten oder ausgestorbenen Sprachen auf der ganzen Welt. Diese Sammlung wurde 2015 von der UNESCO in das Register des »Weltdokumentenerbes« aufgenommen.

Ein einziges Mal ist es in der Geschichte der Sprachen zur Wiederbelebung einer »toten« Sprache gekommen: Zu verdanken ist diese Wiederbelebung dem 1858 in Russland geborenen und später nach Jerusalem ausgewanderten Journalisten und Autor Eliezer Ben-Jehuda, der sich nachdrücklich für eine Rückbesinnung auf das Hebräisch als gesprochene Sprache einsetzte. Die schwierige Sprachsituation unter den europäisch-zionistischen Einwanderern in Israel mit ihren ganz unterschiedlichen Muttersprachen beflügelte die Bemühungen um eine Reanimation des Jahrhunderte zuvor ausgestorbenen Althebräisch als gemeinsamer Verständigungsbasis. So erwuchs aus dem Hebräisch der Antike das neuhebräische Ivrit, das heute Millionen Juden in Israel und der ganzen Welt als Muttersprache dient.

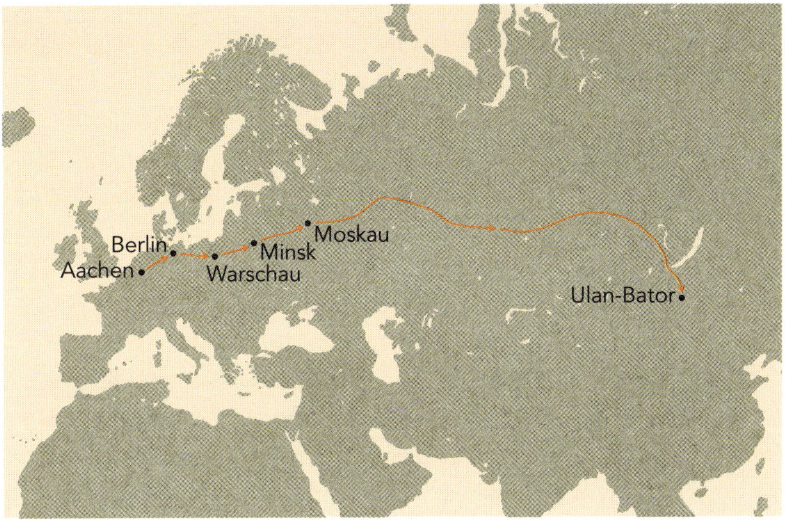

Von Moskau aus reiste Hermann Consten mit der Transsibirischen Eisenbahn weiter nach Osten

Auf den Spuren Dschingis Khans

Ein Deutscher als mongolischer *Gun*

Ein Mann mit feurigem Blick und schwarzen Locken, dandyhaft mit einem lässig geknöpften weißen Hemd und einem Armreif am rechten Handgelenk. Die Aufnahme von Hermann Consten (1878–1957) aus dem Jahr 1913 lässt nicht vermuten, dass dieser Mann über Jahre hinweg allergrößte Strapazen auf sich genommen hatte, um in Zentralasien in Regionen vorzudringen, die vor ihm noch kein Europäer erkundet hatte. Einzig der Armreif, unübersehbar dem Auge der Kamera präsentiert, lässt aufmerken: Aus Jade gefertigt und mit Schriftzeichen versehen, ist er kein Schmuck, sondern eine Auszeichnung, Teil jener Insignien, die der aus Aachen stammende Abenteurer seit seiner Ernennung zum Fürsten der Chalcha, *Gun Dschidijan*, als Ausdruck seiner Würde und seines Ranges tragen durfte. Der Armreif gewährte ihm Zutritt zu und Schutz in sämtlichen lamaistischen Klöstern in der Äußeren Mongolei. Keinem Europäer war jemals zuvor eine solche Wertschätzung zuteilgeworden.

Nach einem mehrjährigen Aufenthalt in Ostafrika reiste Consten 1905 nach Moskau, erwarb dort Grundkenntnisse in Russisch und nahm ein Studium am renommierten Lazarev-Institut für Orientalische Sprachen auf. Neben geografischem, kartografischem und völkerkundlichem Wissen erlernte er dort auch Mongolisch und Kirgisisch. 1907 trat er seine erste Expedition in die Äußere Mongolei an, der bis 1912 eine Reihe weiterer Forschungsreisen folgen sollte.

Sie boten Hermann Consten die Möglichkeit, tief in das Leben der Chalcha-Mongolen einzutauchen. Die politischen Verhältnisse interessierten ihn ebenso wie das tägliche Leben der Menschen und ihre Kultur, ihre Kloster- und Tempelanlagen, ihre Poststationen und Verkehrswege. Unermüdlich war er auf seinen Reittieren unterwegs, immer auf der Suche nach Menschen, die ihm Auskunft geben konnten, und nach Motiven für seine Fotoaufnahmen. Denn Consten war ein leidenschaftlicher Fotograf, der seit seiner Zeit in Afrika immer mehrere Kameras, Glasplatten und ein kleines mobiles Labor im Gepäck mit sich führte. Rund 3000 Fotoaufnahmen sind während seiner Mongolei-Expeditionen entstanden. Sie zeigen Landschaft und Tierwelt, Klosteranlagen und Tempel und immer wieder Begegnungen mit Menschen, Nomaden, Händlern, Züchtern, in der Weite der Landschaft oder der Privatheit ihres Alltagslebens. Diese Aufnahmen gelten heute als wertvolle historische Dokumente für die Geschichte des Landes. In ihnen spiegelt sich der enge Kontakt, den Hermann Consten zu den Menschen entlang seiner Reiserouten aufbauen konnte. Er genoss ihre Gastfreundschaft und ihr Vertrauen, nicht zuletzt, weil er sich in ihrer eigenen Sprache mit ihnen austauschen konnte.

Schon bei einem seiner ersten Mongolei-Aufenthalte machte Consten die Bekanntschaft von Agvan Dorzhiev, einem aus Russland stammenden buddhistischen Mönch und Gelehrten, der als politischer Strippenzieher zum engen Umfeld des XIII. Dalai Lama gehörte. Er war 1904 maßgeblich an dessen Flucht aus Tibet und dem anschließenden Aufenthalt in der Mongolei beteiligt, nachdem zuvor ein britisches Korps die Hauptstadt Lhasa erreicht und die tibetischen Truppen vernichtet hatte. Dorzhiev schätzte den Deutschen, bot ihm Unterricht in der tibetischen Sprache an und ermöglichte ihm Zutritt zu einer Vielzahl von Klöstern. Dort lernte Consten Äbte und hohe Lamas kennen und wurde in deren strategische Überlegungen zur Zukunft der Klöster in Tibet und der Mongolei eingeweiht. Nicht nur die spätere Ernennung zum *Gun* zeugt von der hohen Wertschätzung, mit der die Klosteroberen Consten begegneten. Der größte Vertrauensbeweis war die Bereitschaft, die Klosteranlagen und die darin unter Ausschluss der Öffentlichkeit vollzogenen Riten und Feiern fotografisch von ihm dokumentieren zu lassen.

Seine Mongolei-Erfahrungen hat Hermann Consten in den 1920er-Jahren in mehreren Romanen (*Mysterien. Im Lande der Götter und lebenden Buddhas,* 1925; *Der Kampf um Buddhas Thron*, 1925; *Der rote Lama. Ein Erlebnis aus dem*

Innern Asiens, 1928) aufbereitet. Diese in einem pathetisch-expressionistischen Ton verfassten Bücher sind heute in Vergessenheit geraten. Für die europäische Mongolei-Forschung bedeutsamer ist die zweibändige Ausgabe der *Weideplätze der Mongolen – Im Reiche der Chalcha*, 1919 in Berlin veröffentlicht, in der Hermann Consten einen Teil seiner Fotoaufnahmen präsentiert und einen detaillierten Einblick in seine Expeditionserfahrungen gewährt.

Ende der 1920er-Jahre wollte Hermann Consten zu einer weiteren Mongolei-Exkursion aufbrechen. Von dieser Reise, die er von China aus antreten wollte, erhoffte er sich den großen Durchbruch als international anerkannter Mongolei-Forscher. Allerdings scheiterte die Expedition schon an der Grenze. Consten musste zurück nach China und blieb in Peking, bis er nach dem Ende des Zweiten Weltkriegs in seine Aachener Heimat zurückkehrte. Die Faszination für das zentralasiatische Land und seine Kultur bewahrte er bis zum Lebensende. In seinem Nachlass fanden sind zwei handschriftliche Kladden, in denen er eine Grammatik und ein Wörterbuch des Mongolischen angelegt hatte. Die Staatsbibliothek in Berlin beherbergt heute einen weiteren Schatz: Während seiner Mongolei-Aufenthalte hatte Consten regelmäßig auf kleinen Zetteln handschriftlich kurze Vermerke, Skizzen und Erklärungen notiert. Insgesamt 32 Zettelkästen mit mehr als 50.000 Einträgen hatte er auf diese Weise gefüllt. Mit der Idee, dieses Material zu systematisieren und daraus eine umfassende *Encyclopedia Mongolica* zu entwickeln, beschäftigte er sich in seinen letzten Lebensjahren. Zum Abschluss bringen konnte er dieses Mammutwerk jedoch nicht mehr.

MONGOLISCH

Mongolei, Innere Mongolei (China), kleinere Gebiete der russischen Föderation (Burjatien, Kalmückien)

Amtssprache in der Mongolei und der Inneren Mongolei

4,5–5 Mio. MuttersprachlerInnen

zwei Schriftformen: traditionelle mongolische Schrift in der Inneren Mongolei; kyrillische Schriftzeichen in der Äußeren Mongolei

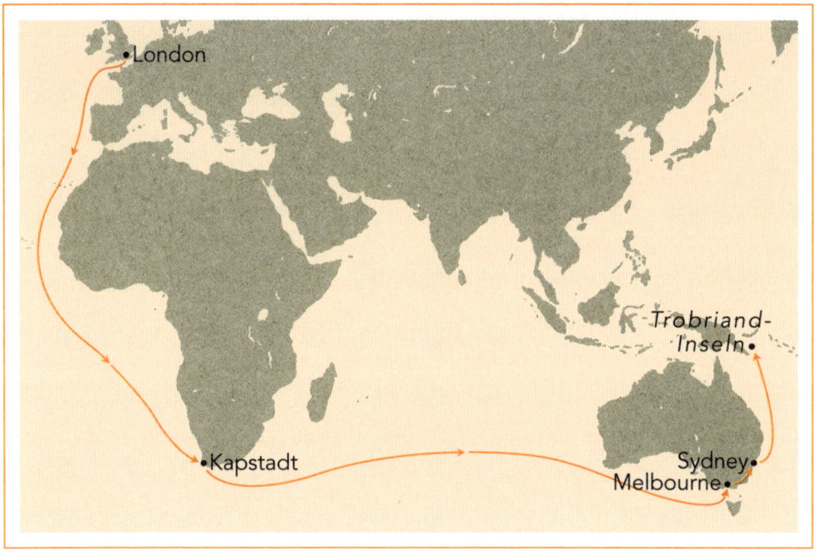

Unglückliche Kriegsumstände führten Bronisław Malinowski als Feldforscher auf die Trobriand-Inseln

Feldforschung im Südseeparadies

Der Pole, der die Völkerkunde revolutionierte

Der Zufall spielte Schicksal: Just an jenem Tag, an dem Bronisław Malinowski (1884–1942) im australischen Melbourne an Land ging, um dort an einem Völkerkunde-Kongress teilzunehmen, brach in seiner Heimat Europa der Erste Weltkrieg aus. In Australien konnte er nicht bleiben, denn dort befand sich der aus einer polnischen Adelsfamilie stammende Krakauer – als Angehöriger der Donaumonarchie – im Feindesland. Nach Europa zurück wollte er nicht. Also entschloss er sich kurzerhand zu einem Forschungsaufenthalt in der Südsee – und landete so auf den Trobriand-Inseln nordöstlich von Papua-Neuguinea. Hier legte Malinowski, der in Krakau, Leipzig und London Philosophie und Anthropologie studiert hatte, in den folgenden Jahren den Grundstein für sein Konzept der »teilnehmenden Beobachtung« als Voraussetzung seriösen ethnografischen Arbeitens. Die Publikationen aus dieser Zeit, insbesondere die *Argonauten des westlichen Pazifik* (1922) mit der wegweisenden, den methodischen Ansatz erklärenden Einleitung, begründeten seinen wissenschaftlichen Ruf als »Vater der Feldforschung« und Schöpfer der modernen Ethnologie.

Keine Ethnologie ohne Sprachkompetenz

Er habe ein knappes Jahr gebraucht, um Kilivila, die Sprache der Trobriander, halbwegs verständlich sprechen zu können, und noch einmal genauso viel Zeit, um wirkliche Sprachkompetenz zu erlangen, hat Bronisław Malinowski im Rückblick auf seine Zeit auf den Südseeinseln erklärt. Dabei war er ausgesprochen sprachbegabt, war in Krakau zweisprachig mit Polnisch und Deutsch aufgewachsen und beherrschte Englisch, Französisch und Italienisch. Aber um das Kilivila der Trobriander zu erlernen, konnte er auf keine Grammatik, kein Wörterbuch und keine kompetenten Sprachlehrer zurückgreifen. Lediglich der tägliche Austausch mit den Menschen vor Ort ermöglichte ihm den Zugang zu dieser Sprache, die mit ihren vielen Eigenheiten hinsichtlich Satzbau und besonderen Varietäten (darunter eine »Sprache der Alten«, eine »Sprache der Totengeister«, eine »gute« und eine »schlechte Sprache«, die viele Schimpfwörter und obszöne Anspielungen enthält und deshalb allenfalls in Spottgesängen erlaubt ist) eine enorme Herausforderung selbst für einen erfahrenen Sprachenkenner darstellte. Dennoch ließ Malinowski nie einen Zweifel daran, dass es im Bereich der Ethnologie keine ernst zu nehmende Forschung ohne solide Sprachkompetenz geben könne. Diese war für ihn die Grundvoraussetzung für jene Form der »teilnehmenden Beobachtung«, wie er sie selbst auf den Trobriand-Inseln erprobte und später zum methodischen Grundprinzip aller Ethnologie erklärte. Nachdrücklich distanzierte er sich damit von jener sogenannten *Armchair*-Anthropologie, wie sie Generationen von Wissenschaftlern vor ihm betrieben hatten: Ihnen hatten Dokumente aus zweiter Hand, Reiseberichte oder Schilderungen von Missionaren und Kolonialbeamten als »Arbeitsmaterial« ausgereicht.

Weder dieser allenfalls mittelbare Zugang noch der übliche Fokus auf außergewöhnliche Besonderheiten einer Kultur – von Kopfjagd und Kannibalismus bis zu schamanistischen Ritualen – genügten Bronisław Malinowskis hohem Anspruch. Um eine Ethnie wirklich zu verstehen und deren Kultur zu durchdringen, war es für ihn unerlässlich, so nah und so intensiv mit den beobachteten Menschen zusammenzuleben wie nur irgend möglich. Malinowski hatte sich auf den Trobriand-Inseln zunächst bei anderen Europäern eingemietet, die es schon vor ihm auf die Südseeinseln verschlagen hatte. Dort empfing er dann regelmäßig ausgewählte Trobriander, von denen er sich Sitten und Gebräuche ihrer Gemeinschaft beschreiben ließ, oder er besuchte sie für ein paar Stunden in ihren Siedlungen, um an bestimmten Festen oder Ritualen teilzunehmen. Schon bald jedoch erkannte er, dass er auf diese Weise niemals die »*imponderabilia of actual life and of typical behaviour*«, also die »Unwägbarkeiten des Alltags und der typischen Verhaltensweisen«, durchschauen würde, wie er später selbstkritisch anmerkte. Also bezog er eine Hütte inmitten einer Siedlung der Einheimischen und nahm, soweit sie es ihm gestatteten, an deren Alltag teil, von der Yams-Ernte über die Fischzüge bis zu gemeinsamen Mahlzeiten und den abendlichen Erzählrunden auf dem Dorfplatz, wo ihm Weltsicht und Welterfahrung der Insulaner begegneten. Dass die Gratwanderung zwischen menschlicher Nähe auf der einen und wissenschaftlicher Distanz auf der anderen Seite auch ihm selbst nicht immer zufriedenstellend gelang, hat erst die posthume Veröffentlichung der Tagebücher Malinowskis aus den Trobriandjahren zu erkennen gegeben. Darin gesteht er das Gefühl eines bei aller Zuwendung nicht zu überwindenden Außenseitertums – »Ich bin hier immer von einer Welt voller Lügen umgeben« – ebenso wie die zermürbende Erfahrung von Eintönigkeit, die mit der Sorge einherging, die eigene kulturelle Identität zu verlieren: »Ich kann es nicht ertragen, mit mir allein zu sein, meine Gedanken ziehen mich auf den Boden der Welt herab. Ich bin unfähig, die Gedanken zu kontrollieren oder mich schöpferisch auf die Welt einzustellen.«

Nach seiner Rückkehr nach Europa und später in den Vereinigten Staaten hat Bronisław Malinowski als charismatischer Hochschullehrer viele junge Anthropologen und Ethnologen auf die Spur eines Fachgebiets gesetzt, dessen höchstes Ziel für ihn nicht in der Befriedigung von Neugier auf das Fremde und Exotische lag, sondern gerade umgekehrt darin, »unsere eigene menschliche Natur besser zu verstehen und sie zu vervollkommnen, geistig wie seelisch«.

KILIVILA

Trobriand-Inselgruppe, zu Papua-Neuguinea gehörend

kleine Sprachgemeinschaft, aber nicht akut gefährdet

25.000 MuttersprachlerInnen

Kiriwina

Das Kilivila kennt außergewöhnliche Sprachvarietäten wie eine »Sprache der Alten«, eine »Sprache der Totengeister« oder eine »Sprache der Erntefeiern«.

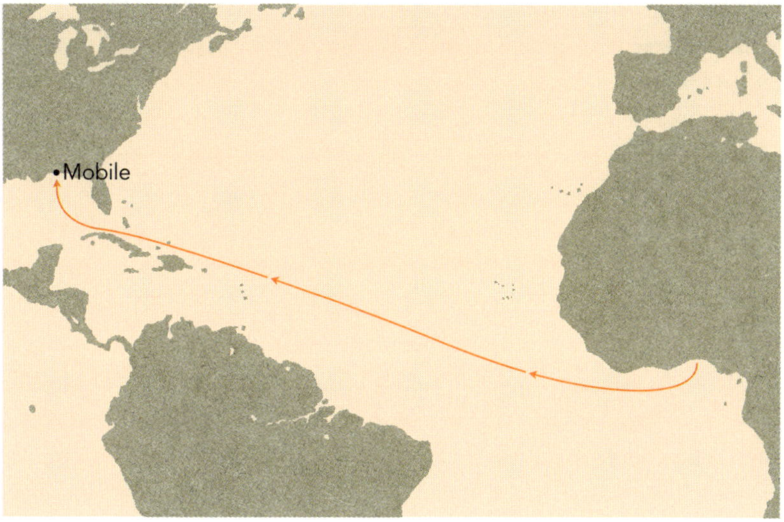

Mit dem letzten afrikanischen Sklavenschiff überquerte Oluale Kossola den Atlantik Richtung Amerika

Der Klang der Sklaverei

Jedes Wort eine Erinnerung

Als 1860 der amerikanische Schoner *Clotilda* die afrikanische Westküste verließ, war es für Oluale Kossola (etwa 1841–1935) ein Abschied für immer: Seine Heimat, sein Dorf, seine Familie sollte er niemals wiedersehen. Obwohl die Vereinigten Staaten schon 1807 den Sklavenhandel mit Afrika verboten hatten, blühte das illegale Geschäft, das diesseits wie jenseits des Atlantiks von korrupten Händlern rücksichtslos betrieben wurde. Die *Clotilda* war das letzte Schiff, das Sklaven in die USA schleuste. Und Oluale Kossola sollte als letzter überlebender Sklave dieses Transports Geschichte schreiben.

Was ihm blieb, als einzige Erinnerung an seine Heimat, war seine Sprache. Von den hundert, vielleicht 150 anderen Sklaven auf dem Schiff entstammten die meisten, wie er selbst, dem Stamm der Isha. Mit ihnen konnte Oluale Kossula sich verständigen, während der Schiffspassage, aber auch später in Alabama,

Abbildung links: Africatown im Norden von Mobile wurde von 32 Westafrikanern gegründet, die mit dem letzten Sklaventransport nach Alabama gekommen und 1862 nach Abschaffung der Sklaverei befreit worden waren

wo sie als Sklaven rackern mussten, bis die Abschaffung der Sklaverei sie 1862 in die Freiheit entließ. In Africatown, der von ehemaligen Sklaven begründeten schwarzen Siedlung, war das Isha Oluale Kossulas eine von vielen Sprachen, die der Menschenhandel von Afrika in die Staaten hinübergebracht hatte.

Um in dieser multikulturellen Gemengelage und in der fremden Heimat zu überleben, war eine gemeinsame Sprache unverzichtbar. Denn zwischen den verschiedenen afrikanischen Sprachen lagen Welten. Schon in Afrika, so erinnerte sich Oluale Kossula später, sei der Einsatz von »Wortwechslern«, also Übersetzern, erforderlich gewesen, um Verhandlungen zwischen den verschiedenen Stämmen und deren Anführern zu moderieren. Darüber hinaus musste auch eine notdürftige Kommunikation mit den weißen und schwarzen Amerikanern in der näheren Umgebung gewährleistet werden, etwa um den rechtlichen Status und die Selbstverwaltung von schwarzen Gemeinden wie Africatown zu klären. So entwickelten die ehemaligen afrikanischen Sklaven eine gemeinsame Grundlage der Verständigung, ein Sprachgemisch, das nach amerikanischen Maßstäben ein mehr oder weniger radebrechendes Kauderwelsch darstellte. »Sie sprechen ein extrem gebrochenes Englisch«, vermerkte 1914 eine amerikanische Journalistin nach einem Besuch in der Gemeinde. »Selbst Menschen, die über längere Zeit bei ihnen gelebt haben, sind kaum in der Lage, es zu verstehen.«

Zora Neale Hurston und die afrikanische *Orature*

Mit diesem amerikanisch-afrikanischen Slang hatte auch Zora Neale Hurston zu kämpfen, als sie 1927 nach Alabama reiste, wo sie mit Oluale Kossola, der inzwischen Cudjo Lewis hieß, über Monate hinweg immer wieder intensive Gespräche führte und sich von ihm sein Leben – seine Kindheit und Jugend in Afrika wie die spätere Zeit in Alabama – erzählen ließ. Für die Anthropologin und Schriftstellerin war schnell klar, dass dieses für amerikanische Ohren »minderwertige« Englisch für diesen Afrikaner und seine Schicksalsgenossen ein Teil der Biografie und Identität war. Als sie den Entschluss fasste, Cudjo Lewis' Lebensgeschichte zu Papier zu bringen, gab es für sie keinen Zweifel, dass sie ihren Protagonisten nur in dieser seiner Sprache zu Wort kommen lassen konnte: *»We doan know why we be bring 'way from our country to work lak dis … Everybody lookee at us strange. We want to talk wid de udder colored folkses but dey doan know whut we say.«*

Das erwies sich als Problem. Denn trotz Zora Neale Hurstons Popularität war kein Verleger bereit, ihr Buch zu drucken und diesem für Amerikaner angeblich völlig unverständlichen Englisch Raum zu geben. Hurston wiederum war nicht bereit, die Zitate in ein »Standard«-Englisch zu übertragen. Viel zu wichtig war es ihr, in ihrem schriftlichen Text die Mündlichkeit des afrikanischen Erzählens in seiner unverwechselbaren Art zu dokumentieren und damit jene typische Erzähltradition (im Englischen *orature* genannt, aus *oral* und *literature*) zu erhalten. So landete das Manuskript schließlich unveröffentlicht in der Bibliothek der privaten afroamerikanischen Howard University in Washington. Es brauchte mehr als sechzig Jahre, bis es dort von der mit Afrikastudien befassten Wissenschaftlerin Deborah Plant wiederentdeckt und in seiner Originalversion veröffentlicht wurde. Plant würdigte Zora Neale Hurstons Beharrlichkeit, mit der sie Cudjo Lewis davor bewahrt hatte, nach der eigenen Muttersprache eine weitere Sprache und damit einen Teil seiner Biografie preisgeben zu müssen: »Eingebettet in diese Sprache ist alles, was seine Geschichte ausmacht. Seine Sprache zu verleugnen bedeutet, seine Geschichte zu verleugnen und – in letzter Konsequenz – ihn selbst seiner Identität zu berauben.« 2018 wurde *Barracoon. Die Geschichte des letzten amerikanischen Sklaven* endlich veröffentlicht und erreichte als historischer Zeitzeugenbericht und außergewöhnliches Sprachzeugnis innerhalb kurzer Zeit in den USA Bestsellerstatus.

ISHA (Dialekt)

Benin

120.000 MuttersprachlerInnen

Ede Isha

Isha ist mit der Sprache der Yoruba eng verwandt. Der Anteil der Überschneidungen wird auf mindestens 50 Prozent geschätzt.

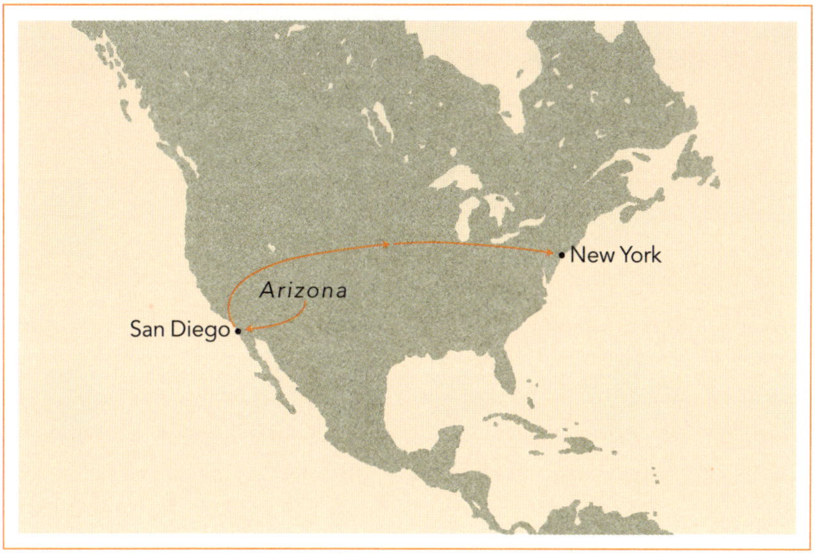

Einmal quer über den gesamten Kontinent führte der Weg des Hopi Ernest Naquayouma

Der Brandverhütungsinspektor und das linguistische Relativitätsprinzip

Ein Hopi in New York

Als Ernest Naquayouma in den 1920er Jahren die Gemeinschaft der Hopi in Arizona verließ und nach New York ging, ahnte er nicht, welch bedeutende Rolle er für die internationale Sprachwissenschaft und Philosophie eines Tages spielen sollte. Seinen Lebensunterhalt verdiente Naquayouma als Arbeiter in einem Rüstungsbetrieb. Er verfügte schon nach wenigen Jahren über ordentliche Englischkenntnisse, besuchte eine Abendschule und pflegte in seiner Freizeit kunsthandwerkliche Traditionen, wie er sie bei den Hopi seiner Heimat in Arizona erlernt hatte. Das Schicksal seiner Gemeinschaft lag ihm auch in der Ferne weiter am Herzen. Als eine Missionsgesellschaft den amerikanischen Kongress aufforderte, die »heidnischen Tänze« der Hopi zu verbieten, schloss Ernest Naquayouma sich einer Theater- und Tanztruppe an, die durch die Vereinigten Staaten tourte und nicht zuletzt vor dem Kapitol für den Erhalt der uralten rituellen Traditionen warb. Als Anfang der 1930er-Jahre ein Angestellter einer Feuerversicherung, der sich leidenschaftlich für die Sprachen der indigenen Gruppen interessierte, Kontakt zu ihm suchte, zeigte sich Ernest Naquayouma gern bereit, sein Hopi-Sprachwissen weiterzugeben. Der Versicherungsangestellte hieß Benjamin Lee Whorf (1897–1941). Zum Zeitpunkt ihres Kennenlernens beherrschte er bereits Hebräisch sowie diverse Azteken- und Mayasprachen und hatte sich in seiner Freizeit an der Universität in Yale bei dem berühmten Ethnologen Edward Sapir für amerikanische indigene Linguistik eingeschrieben. Für das Studium der Hopi-Sprache wurde Ernest Naquayouma sein wichtigster Lehrer und Ansprechpartner. Mit seiner Unterstützung gelang es Whorf, so tief in Wortschatz und Grammatik des Hopi einzudringen, dass er dort eine fundamentale Diskrepanz zu allen anderen Sprachen zu erkennen glaubte. Die Hopi, so seine »linguistische Relativitätstheorie«, verfügten über eine völlig andere Vorstellung von Zeit als die meisten anderen Kulturen. Zwar gebe es bei ihnen Verben, aber keine Tempora, um entlang der geläufigen Zeitachse Vergangenheit, Gegenwart und Zukunft zum Ausdruck zu bringen. Die Vorstellung von Zeit als einem fließenden Kontinuum sei den Hopi fremd, da ihre Sprache dafür keine grammatikalischen Formen habe.

»Zeitlos« glücklich?

Damit wurde die Sprache der Hopi zu einer philosophischen Angelegenheit: Denn sie warf für Benjamin Lee Whorf und Edward Sapir die grundlegende Frage nach dem Verhältnis von Sprache und Denken auf. Vom Beispiel der Hopi leiteten sie die These ab, dass Sprache das Denken, also die Wahrnehmung von Wirklichkeit, entscheidend präge; dass die Art und Weise, wie ein Mensch denkt, wesentlich von seiner Sprache beeinflusst werde. Zu dieser weitreichenden Theorie hatte Ernest Naquayouma durch seinen Hopi-Unterricht den entscheidenden Anstoß geliefert. Die sogenannte Sapir-Whorf-Hypothese würdigte den Hopi zwar nicht namentlich, aber Benjamin Lee Whorf bezeichnete Ernest Naquayouma zeitlebens als seinen wichtigsten Gewährsmann zu diesem Thema.

Während um die Sapir-Whorf-Hypothese ein lang anhaltender Philosophenstreit entbrannte, gelang es nachfolgenden Linguisten-Generationen bald, Whorfs Vorstellung von der »Zeitlosigkeit« der Hopi zu entkräften. Sie konnten nachweisen, dass die Hopi-Sprache zwar über keine Zeitformen für ihre Verben verfügt, dafür aber zahlreiche andere Formen der Zeitbestimmung (etwa durch Adverbien oder Suffixe) besitzt. Der deutsche Linguist Ekkehart Malotki stellte seiner Studie über die »Hopi-Zeit« beispielhaft einen Satz aus einer überlieferten Hopi-Geschichte voran: *»pu' antsa pay qavongvaqw pay su'ist talavay kuyvansat pàasatham pu' paw piw maanat taatayana«* – »dann fürwahr, am folgenden Tag, ziemlich früh am Morgen, um die Zeit herum, wenn

Die im Westen der USA verbreitete, hochgiftige Prärieklapperschlange ist zentraler Bestandteil des Hopi-Schlangenrituals

die Menschen zur Sonne beten, um diese Zeit also weckte er das Mädchen wieder auf«. Dank seiner und anderer wissenschaftlicher Analysen gilt heute als erwiesen, dass die Sprache der Hopi mit mehr als 230 Adverbien, Substantiven und Suffixen sehr wohl über subtile Möglichkeiten zur konkreten Zeitbestimmung verfügt. Allerdings steht dabei weniger der lineare Fortschritt von Zeit im Vordergrund: Es gibt keine Jahreszahlen und keine Wörter für Sekunden oder Minuten. Umso stärker ist das Bewusstsein für die ständige Wiederkehr bestimmter jahreszeitlicher oder natürlicher Zyklen.

Unsere Kultur gehört uns

Der Name der »Hopi« leitet sich von *Hopituh Shi-nu-mu* ab, das sind in der Sprache der Hopi all jene Menschen, die wohlerzogen, gesittet, friedfertig sind. Kriege zu führen lag den Hopi in ihren unwirtlichen, auf einem wüstenähnlichen Plateau gelegenen Pueblodörfern von jeher fern. Dennoch mussten sie im Laufe der Zeit immer wieder um ihre Kultur, ihre Sprache und ihre Lebensweise kämpfen. Das begann schon im 19. Jahrhundert, als sich Mormonen in den Siedlungen der Hopi niederließen und deren bis dahin schriftlose Sprache mit einem eigenen Alphabet zu dokumentieren begannen – gegen den erklärten Willen der Indigenen. 1893 reiste der aus der Ukraine stammende, mit seinen Eltern in die USA ausgewanderte Mennoniten-Pfarrer Heinrich Richert Voth zu einer »Heidenmission« an. In einem mühsamen Studium erwarb er verlässliche Sprachkenntnisse und auf diese Weise zugleich das Vertrauen der Hopi. Das währte allerdings nur so lange, bis offenbar wurde, welches Sakrileg Voth begangen hatte, indem er in Büchern und Zeitschriften vor aller Welt die geheimen Traditionen ihrer Gemeinschaft kundgetan und sie zudem mit umfangreichem Fotomaterial illustriert hatte. Darüber hinaus hatte er systematisch Kultgegenstände wie die »Kachina«-Puppen in seinen Besitz gebracht und an Museen und private Sammler in Amerika und Europa verkauft. Geradezu ein Medienhype entstand in der Folge seiner Dokumentationen rund um die jährlich wiederkehrende Feier des *snake dance*, eines Rituals, auf dessen Höhepunkt Hopi-Männer die Köpfe giftiger Klapperschlangen in den Mund nehmen. Daran beteiligte sich auch der Hamburger Bankierssohn und Kunsthistoriker Aby Warburg, der 1895/96 für einen kurzen Studienaufenthalt bei den Hopi weilte. Zwar verstand er deren Sprache nicht, aber er war fasziniert von ihrer – im positiven Sinn – »primitiven«, also unverstellten und ursprünglichen Lebensweise. Aby Warburgs Essay über *Das Schlangenritual* bei den Hopi gehört bis heute zu den kanonischen Texten der Kunstgeschichte, hat den Hopi selbst aber eher einen Bärendienst erwiesen. Um die wachsende Zahl von weither anreisender, sensationslüsterner Touristen fernzuhalten, fassten die Hopi-Stammesfürsten 1911 den Entschluss, in Zukunft alle Foto- und Filmaufnahmen in ihren Dörfern zu verbieten und die heiligen Zeremonien unter Ausschluss der Öffentlichkeit stattfinden zu lassen. Dieses Verbot gilt bis heute.

In den 1990er-Jahren fasste ein Team internationaler Sprachwissenschaftler an der Universität Arizona den Plan, ein umfassendes Wörterbuch der Hopi-Sprache mit englischen Übersetzungen zu erarbeiten. Am Ende umfasste es 900 Seiten und mehr als 30.000 Hopi-Begriffe. Gegen dessen Veröffentlichung setzten sich die traditionsbewussten Hopi zur Wehr, weil sie darin einen »Ausverkauf« ihrer Sprache und ihrer kulturellen Identität sahen. »Unsere Sprache ist unser geistiges Eigentum«, lautete ihr zentrales Argument. Am Ende lief es auf einen Kompromiss hinaus: Das Wörterbuch wurde veröffentlicht. Für Hopi ist es zu einem niedrigen Preis, für Nicht-Angehörige der Ethnie nur zu einem deutlich höheren Preis erhältlich. Und das Copyright liegt bei den Hopi, sodass sie die Kontrolle über die Publikationsmodalitäten selbst in der Hand haben.

Gravierender als der Streit um das Wörterbuch ist der Konflikt innerhalb der Hopi-Gemeinschaft, der sich dabei offenbarte. Denn seit Jahrzehnten stehen innerhalb der Hopi-Gemeinschaft »Traditionalisten« und »Fortschrittliche« einander gegenüber. Die fortschrittlichen Hopi sind die zumeist zweisprachigen Mitglieder, die für eine moderate Öffnung ihrer Gemeinschaft, für Kooperationen, etwa in dem von der amerikanischen Regierung in den 1930er-Jahren eingerichteten Stammesrat, für die Mitwirkung am Hopi-Englisch-Wörterbuch und für die mehrsprachige Erziehung ihrer Kinder plädieren. Dagegen beharren die Traditionalisten, deren Gruppe allmählich älter und kleiner wird, auf den strikten Maßgaben ihrer Überlieferung und auf einer vollständigen Abschottung gegenüber allen äußeren Einflüssen. Die Gräben zwischen den beiden Lagern sind tief. Für die Hopi steht dabei nicht zuletzt der Fortbestand ihrer Sprache auf dem Spiel. Für die sprachinteressierte Öffentlichkeit jedoch sind es einmal mehr die Hopi, die – ähnlich wie schon Anfang des 20. Jahrhunderts – eine spannende grundsätzliche Frage aufwerfen: Wem »gehört« eigentlich eine Sprache?

HOPI

Südwesten der USA, Bundesstaat Arizona

vom Aussterben bedroht

weniger als 7000 MuttersprachlerInnen, weniger als 40 monolingual

Hopitu, Moqui, Shinomu

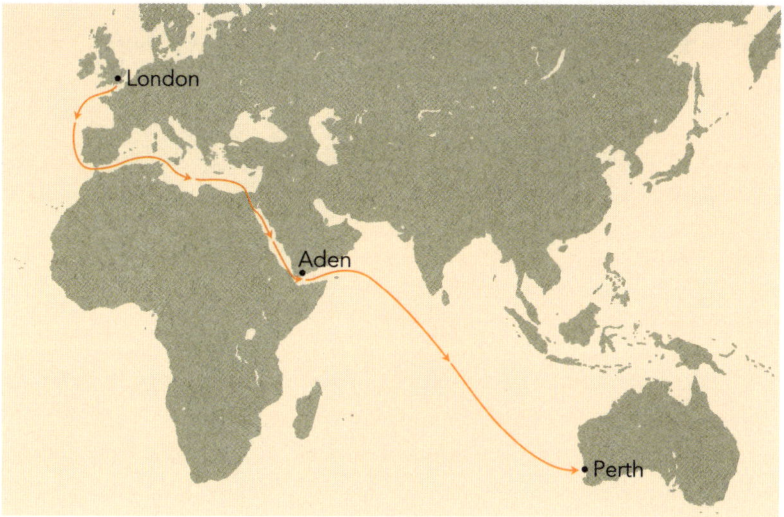

Unerschrocken und mit kleinem Gepäck reiste Daisy Bates von London in den Westen Australiens

Ein weiblicher Robin Hood bei den Aborigines

Die Wortlisten der Daisy Bates

Die National Library of Australia in Canberra birgt einen besonderen Schatz. In ihrem Archiv liegen mehrere Hundert Wortlisten, teils handschriftlich, teils als Typoskript, mit einem Umfang von insgesamt mehr als 25.000 Seiten. Sie stammen von einer Irin, Daisy Bates (1859–1951), die sie um 1900 in mühevoller Recherche erstellt und mit grammatikalischen Hinweisen oder Beispielsätzen vervollständigt hat. Diese Wortlisten ermöglichen einen Zugang zu zahlreichen Aborigines-Sprachen in der Kimberley-Region im Nordwesten Australiens und von dort weiter südwärts, die inzwischen komplett oder zumindest weitgehend ausgestorben sind. Für die Nachfahren der Aborigines, die keine oder allenfalls marginale Erinnerungen an ihre Muttersprache haben, bauen diese Listen eine Brücke von unschätzbarem Wert zu einer ansonsten verlorenen Sprachwelt.

Der Ausgangspunkt dieser Wortlisten reicht in das Jahr 1904 zurück. Damals verschickte Daisy Bates 500 Fragebögen an Mitarbeiter in öffentlichen und kommunalen Einrichtungen sowie an Missionare und Ordensleute in der gesamten Region mit der Bitte, für die darin enthaltenen 1800 englischen Begriffe die Entsprechungen in den jeweiligen regionalen Aborigines-Sprachen einzutragen. Rund 130 Fragebögen erhielt sie ausgefüllt zurück. Sie sind dank moderner digitaler Erfassungsmethoden inzwischen für Sprachforscher ebenso zugänglich wie für Institutionen wie das Kimberley Language Resource Center, eine Einrichtung, die das Sprach- und Kulturerbe der Kimberley-Aborigines für jüngere Generationen wieder aufleben lassen will.

Die Lady in der Wüste

Daisy Bates war schon zu Lebzeiten eine Legende. Jahrelang zog sie in Australien durch Wüste und unwegsames Gelände mit nicht mehr als einem winzigen Zelt zum Schutz gegen die Unbilden des Wetters. Wann immer sie vor das Zelt trat oder unterwegs zu »ihren« Aborigines war, zeigte sie sich im perfekten Outfit einer englischen Lady, mit Hut, Stehkragenbluse, Kostüm und Schnürstiefeletten. Als Forscherin war sie unter ihren Zeitgenossen umstritten. Das lag zum einen am Fehlen jedweder akademischen Bildung, zum anderen an den Legenden, mit denen sie ihren Lebenslauf schmückte. Manche hielten sie gar für eine Hochstaplerin. Die Aborigines allerdings verehrten sie, nannten sie respektvoll *Kabbarli*, »weiße Großmutter«, und trugen voller Hochachtung die Kunde von der »großen weißen Königin« und deren unermüdlichem Einsatz von Gemeinschaft zu Gemeinschaft.

In dem autobiografischen Bericht über die Jahrzehnte, die sie bei und mit den Aborigines lebte (*The Passing of the Aborigines*, 1938), hat Daisy Bates einen Artikel in einer englischen Zeitung als Auslöser dafür benannt, nach Australien zu gehen. In der Reportage wurde über die Grausamkeiten berichtet, die weiße Siedler an den australischen Ureinwohnern begingen, und über die Auslöschung vieler kleiner Gemeinschaften. Dieser Bericht appellierte an ihren Nationalstolz: Sie wollte beweisen, dass nicht alle Weißen, nicht alle Briten so charakterlos und unmenschlich waren wie die, von denen die Reportage Zeugnis gab. Zum andern empfand sie Mitleid mit den australischen Ureinwohnern, die vor dem Ende ihrer jahrtausendealten Geschichte und Kultur standen.

Es war eine für die damalige Zeit keineswegs selbstverständliche Haltung, die ihre Arbeit auszeichnete. »Niemals versuchte sie, den Aborigines ihre persönlichen Heils- oder Glaubensbotschaften aufzudrängen. Sie respektierte sie so, wie sie waren und wie sie lebten, und es war ihr das Wichtigste, dass sie dem unabwendbaren Ende ihrer Gemeinschaften so friedlich wie möglich entgegensehen konnten«, brachte es der englische Journalist Alan Moorehead im Vorwort zu *The Passing of the Aborigines* auf den Punkt.

Selbst unter extremen Witterungsbedingungen wurde Daisy Bates in Kleidung und Outfit dem Anspruch einer viktorianischen Lady gerecht

Wo immer Daisy Bates ihr Zelt aufschlug, stellte sie sich in den Dienst der häufig nomadisierenden Aborigines, sorgte für Verpflegung und Wasser, kümmerte sich um Kranke, Schwache und Alte, vermittelte Kontakte – und hatte ein offenes Ohr für all jene Geschichten, die die Ureinwohner zu erzählen wussten: über ihr Leben, ihre Kultur, ihre Riten und Traditionen und über ihre Ängste vor dem Verlust dieses so reichen Erbes. Daisy Bates entwickelte schnell ein Gespür dafür, was in dieser Situation am meisten nottat: Angesichts der vielen kleinen, in ihrer Existenz bedrohten Kulturen begann sie damit, Dokumentationen zu erstellen. Sie zeichnete auf, was die einzelnen Gemeinschaften charakterisierte, was sie von Generation zu Generation mündlich weitergegeben hatten und wofür es jetzt keine Zukunft mehr zu geben schien.

Es war weniger wissenschaftliche Neugier als vielmehr ein sicheres Gespür für die Bedeutung nicht zuletzt auch der vielen vom Aussterben bedrohten Sprachen, die sie auf den Gedanken brachte, umfangreiche Wortlisten zu erarbeiten. Aus dem unmittelbaren Erleben wusste sie, wie unterschiedlich die verschiedenen Sprachen waren und wie differenziert die Weltsichten, die sich darin widerspiegelten. Ihr ging es nicht um Fragen von Grammatik oder Satzbau, nur darum, den Schatz der Sprachen als wesentlichen Bestandteil der vielen Kulturen nicht dem Vergessen anheimzugeben.

Es gehört zu den vielen Rätseln dieses geheimnisumrankten Lebens, dass sich die Frage nicht beantworten lässt, wie genau Daisy Bates mit den verschiedenen Aborigines-Gruppen kommunizierte. Sie selbst hat angegeben, mit 115 Aborigines-Sprachen »vertraut« zu sein; in einem australischen Nachruf auf sie war sogar von 188 Sprachen die Rede. In jedem Fall muss sie Mittel und Wege gefunden haben, die ihr einen intensiven Austausch erlaubten. Davon zeugte die offizielle Ernennung zum *Protector of Aborigines* durch die britische Regierung: Als erster Frau wurde ihr dieses Amt zugetragen, das die Verpflichtung beinhaltete, im Dialog mit den Ureinwohnern auf deren Rechte zu achten, Missstände zu beseitigen und Gewalt gegen sie abzuwehren. Darüber hinaus erhielt Daisy Bates eine Art Stipendium zur Finanzierung ihrer Studien zu den Aborigines im Westen Australiens. Ein Großteil ihrer auf Tausenden von Merkzetteln zusammengetragenen Erkenntnisse konnte posthum, 1985, in einem Buch für die Öffentlichkeit zugänglich gemacht werden *(The Native Tribes of Western Australia)*. Die darin ausgesparten Sprachforschungen wurden in der Folge separat in einem umfangreichen Forschungsprojekt unter Führung der Universität von Melbourne aufbereitet.

Was Sprachmaterial erzählt

Die Wortsammlungen der irischen Aborigines-Forscherin Daisy Bates lieferten einen ersten genauen Überblick über eine Sprachregion, die linguistisch zu den komplexesten des Kontinents gehört. Allein für die Kimberley-Region ist auszugehen von mehr als 55 verschiedenen Sprachen, die sich fünf großen Sprachfamilien zuordnen lassen. Welche Sprachdichte und -vielfalt damit verbunden ist, offenbart Kartenmaterial, über dessen Potenzial Daisy Bates nur gestaunt hätte. Dabei haben ihre eigenen Wortlisten den Grundstock dazu gelegt. Digital aufbereitet, bieten sie heute die Möglichkeit spannender Auswertungen.

So lässt sich anhand statistischer Daten etwa feststellen, für welche der von Daisy Bates angegebenen englischen Wörter sich in den Ureinwohner-Sprachen eine Entsprechung finden lässt: Während alle Sprachen zum Beispiel Begriffe für Körperteile wie Kopf, Ohr, Auge oder Hand haben und viele von ihnen detaillierte Begriffe für verwandtschaftliche Beziehungen kennen (die teilweise erheblich differenzierter sind als im Englischen), fehlen in den meisten Sprachen äquivalente Begriffe für Zeitangaben wie »Stunden« und »Minuten« oder ein Abstraktum wie »Zeit«. Nur jeweils eine einzige der westaustralischen Aborigines-Sprachen kannte ein Wort für »Hölle« oder »Eigentum«. In keiner einzigen Sprache wurde eine Entsprechung für das Adjektiv »ängstlich« vermerkt.

Daisy Bates mag gespürt haben, dass sich in den Sprachen der Aborigines deren Art der Welterfassung und -deutung artikulierte. Während der vier Jahrzehnte, die sie mit den Aborigines lebte, lernte sie deren Geistes- und Lebenshaltung schätzen und war tief beeindruckt von der geheimnisvollen Welt ihrer Mythen ebenso wie von dem sorgsam-ehrerbietigen Umgang mit der Natur. Im Rückblick auf ihre Zeit bei den Aborigines schrieb sie: »Ich war niemals einsam. Ich habe gelebt mit den Bäumen, den Felsen, den Bergen und Tälern … Meine Mahlzeiten und meine Ruhezeiten in der Stille der Landschaft und im Sonnenlicht, die kleinen Freuden und Erlebnisse meiner einsamen Wanderungen – das alles hat mir viel mehr bedeutet als das Stimmengewirr von Menschenmassen. Das allzeit offen sich darbietende Buch der Natur hat mich so unendlich viel mehr gelehrt als alle Weisheit, die in den Bibliotheken der Menschheit zusammengetragen wurde …«

KIMBERLEY-SPRACHEN

Nordwestaustralien

Die meisten Aborigines-Sprachen der Kimberley-Region sind ausgestorben oder akut vom Aussterben bedroht.

Namen der Einzelsprachen, z. B. Miwa, Wila Wila, Guwij, Andajin, Unggumi, Warrwa, Kukatja, Walmajarri

Vor Ankunft der Europäer wurden in Australien rund 250 Sprachen gesprochen. Allein in der Kimberley-Region konnten mehr als 50 eigenständige Sprachen nachgewiesen werden.

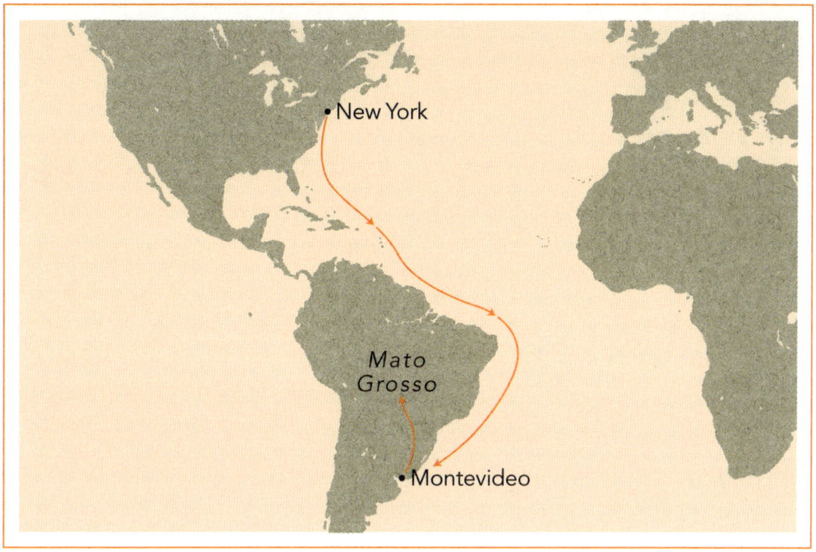

Menschen und Maschinen in den Regenwald zu befördern war ein heikles Unterfangen

Filmabenteuer im Regenwald

Sprache sichtbar machen

Ein russischer Künstler, ein lettischer Wildtierjäger, ein Ethnologe, ein Kamerateam und der eine oder andere Pressevertreter. Es war eine schillernde Truppe, die am 26. Dezember 1930 von New York aus aufbrach, um Filmaufnahmen für das Pennsylvania Museum of Archaeology and Anthropology (Penn Museum) im brasilianischen Regenwald zu machen. Der Auftrag lautete, Menschen, Tiere und Pflanzenwelt in der Matto(heute Mato)-Grosso-Region im Westen Brasiliens zu dokumentieren. Organisiert wurde die Expedition von Vladimir Perfilieff, einem ehemaligen Kommandanten der Armee des Zaren, der nach der Russischen Revolution in die USA gekommen war, sich dort als Maler etabliert und bereits diverse Übersee-Expeditionen ausgerichtet hatte. Der Wildtierjäger war Alexander »Sasha« Siemel, Sohn eines lettischen Vaters und einer deutschen Mutter – er war vor allem mit seiner Jagd auf Jaguare berühmt geworden und trug den Spitznamen *tiger man*. Siemel hatte sich bereits mehrfach für längere Zeit in der Matto-Grosso-Region aufgehalten. Der geplante Film sollte nicht zuletzt seine kühne Jagdmethode dokumentieren: Laut eigenem Bekunden hatte er bei den brasilianischen Guató gelernt, wie man einen Jaguar mit dem Speer erlegt. Vincenzo Petrullo, Völkerkundler am Penn Museum, begleitete die Truppe hauptsächlich aus strategischen Gründen, um dem ganzen Unternehmen einen seriösen, wissenschaftlichen Anstrich zu geben. Der Kameramann Floyd Crosby und sein Team waren mit einem Equipment ausgestattet, das eines monumentalen Hollywoodfilms würdig gewesen wäre. Allein der Transport des gesamten Materials in den über weite Strecken unzugänglichen brasilianischen Regenwald stellte eine besondere logistische Herausforderung dar.

Finanziert wurde die Expedition von E. R. Fenimore Johnson, Sprössling von Eldridge Reeves Johnson, der mit seiner *Victor Talking Machine Company* und mit seinen Grammofonen und Schellackplatten Weltruhm erlangt hatte. Fenimore Johnson unterstützte die Matto-Grosso-Expedition nicht nur finanziell, sondern auch mit modernem technischen Gerät. Seiner Ausstattung ist es zu verdanken, dass über die Expedition ein rund 50 Minuten langer ethnografischer Dokumentarfilm entstehen konnte, der zum ersten Mal synchronisierte Bild- und Tonaufnahmen enthielt. Mehr noch: *Matto Grosso: The Great Brazilian Wilderness* ist der erste Film, der für die Sprachforschung eine indigene Sprache in Ton und Bild dokumentierte.

Als Förderer des Penn Museums beschäftigte sich Fenimore Johnson mit den anthropologischen und ethnologischen Fragen seiner Zeit. Mit der Expedition verfolgte er ein doppeltes Ziel: Zum einen ging es ihm um die Erprobung moderner Technik »im Feld«, also unter teilweise extremen geografischen und meteorologischen Bedingungen. Zum andern sah er sich in der Rolle eines vorausschauenden »Retters« und Bewahrers: »Es wird nicht mehr lange dauern, dann werden in Brasilien auch die letzten ursprünglichen Sprachen und Traditionen verschwunden sein. Unendlich viel Wissen über indigene Kulturen, über Tiere und Pflanzen wird dann, mit Blick auf das Weltwissen, verloren sein. Unser Plan ist es, im Dschungel so viel wie möglich von diesem Wissen zu konservieren …«

Hollywood-Trip zu indigenen Brasilianern

Für Völkerkundler und Sprachforscher brach an der Wende zum 20. Jahrhundert eine neue Epoche an. Erstmals boten ihnen die Fortschritte der Technik die Möglichkeit, bei ihren Feldforschungen die Kultur indigener Völker nicht nur zu beschreiben, sondern auch sichtbar und hörbar zu machen. Bereits 1895 hatte der französische Physiker Félix-Louis Regnault in einem ersten ethnografischen Dokumentarfilm das Töpferhandwerk der Wolof in Westafrika aufgezeichnet.

Nach einem Foto im Archiv des Penn-Museums: zwei Mitglieder des Teams bei Filmaufnahmen

Martin Gusinde brachte in den frühen 1920er-Jahren aus Feuerland Tonzeugnisse der Yámana auf Wachswalzen mit nach Deutschland zurück. Gerade bei Sprachforschungen waren solche Audiodokumente von unschätzbarem Wert, denn sie machten eine Sprache – gesprochen – erlebbar, ein fundamentaler Fortschritt gegenüber den häufig unzureichenden Versuchen der schriftlichen Erfassung von Lauten und Wörtern.

Anfang der 1930er-Jahre – zeitgleich mit der Expedition des Penn Museums – zog es auch die amerikanisch-kanadische Entdeckungsreisende Aloha Wanderwell in die Mato-Grosso-Region. Sie drehte einen eher folkloristischen Stummfilm, in dem sie unter anderem einen Ritualtanz der Bororo mit ihrem kunstvollen Federkopfschmuck dokumentierte *(Last of the Bororos)*. 1935 reisten Claude Lévi-Strauss und seine Frau Dina ebenfalls in den brasilianischen Regenwald. Dina Lévi-Strauss, in Feldforschungen deutlich erfahrener als ihr Mann, erarbeitete fünf kurze, als Material für ethnologische Forschungen konzipierte Dokumentarfilme für die spätere Arbeit mit ihren Studenten an der Universität von São Paulo. Nach ihrer Trennung 1939 vereinnahmte Claude

Lévi-Strauss, der später zur Ikone des französischen Strukturalismus und der modernen Ethnologie aufstieg, das Filmmaterial ebenso wie alle anderen Ergebnisse der Brasilien-Expedition als seine persönliche Leistung (so in *Traurige Tropen*, 1955), ohne den Anteil seiner Frau auch nur zu erwähnen.

Von dem »Materialsammlungs«-Ansatz solcher Dokumentationen war der Film zur Matto-Grosso-Expedition Welten entfernt. Hier ging es nicht um Erfassung, sondern um Inszenierung – und um eine Botschaft. Inszeniert wurde – allerdings ohne Erfolg – die Jagd Sasha Siemels auf einen Jaguar. Inszeniert wurde auch die vermeintlich erste Begegnung zwischen einem freundlichen weißen Jäger und Händler und den bis dahin zurückgezogen und ohne Außenkontakte lebenden Bororo. Der Film präsentiert eine Geschichte: wie sich der Weiße den Indigenen nähert, Kontakt zu ihnen aufnimmt und er ihnen am Ende durch den Aufbau einer Handelsstation den Weg in eine »bessere Zukunft« eröffnet. Dahinter stand eine unüberhörbare Botschaft: Sie präsentierte einer entspannt im Kinosessel sitzenden westlichen Öffentlichkeit Impressionen des »ganz Anderen«, des Wilden, Unzivilisierten, vermeintlich primitiver Sitten, Rituale, Gebräuche – und »primitiver« Kommunikation.

Hört, wie sie sprechen

Bei den Bororo, die im Film zu sehen und zu hören sind, handelte es sich um den östlichen Teil einer indigenen Gruppe, die am São Lourenço, einem Nebenfluss des Paraguay-Flusses, beheimatet war. Sie lebte in der Nähe einer kleinen brasilianischen Siedlung, Ranchos Descalvados, nur wenige Kilometer von der bolivianischen Grenze entfernt. Sasha Siemel hatte sich bei seinen Jagdausflügen dort bereits häufiger aufgehalten und kannte die örtlichen Gegebenheiten ebenso wie die dort lebenden indigenen Gruppen. Anders als die Filmdokumentation später suggerierte, war für die Bororo der Kontakt mit weißen Europäern und Amerikanern keineswegs eine neue Erfahrung, im Gegenteil: Einige von ihnen verfügten sogar über grundlegende Portugiesisch-Kenntnisse, die den Kontakt zur Expeditionsgruppe und die Absprachen für die Filmaufnahmen erleichterten. Das im Archiv des Penn Museums aufbewahrte Schnittmaterial enthält Sequenzen, in denen man einige der Bororo relativ flüssig in Portugiesisch kommunizieren hört. Der mitgereiste Ethnologe Petrullo meldete denn auch kurz nach der Ankunft im Januar 1931 Zweifel an, ob diese über Jahrzehnte akkulturierte indigene Gruppe überhaupt noch für ethnografische Dokumentationen geeignet sei. Alle Versuche, in der zur Verfügung stehenden Zeit in den dichten Wäldern der Region andere Gruppen aufzuspüren, schlugen fehl.

Somit wurden die Bororo von Descalvados zu Darstellern ihrer eigenen, aber eben inszenierten Alltagssituationen, ihrer Jagd, ihrer Tänze und Gesänge, ihrer Rituale. So fragwürdig dieses Vorgehen im Ansatz sein mochte, so unbestreitbar war doch die Authentizität der Tonaufnahmen: Der Film liefert unüberhörbar und unverstellt Gespräche zwischen den Bororo, macht Klang, Rhythmus und Tempo der Kommunikation in ihrer Sprache nachvollziehbar. Nie zuvor hatten Menschen außerhalb der Matto-Grosso-Region sich einen derart unmittelbaren Eindruck von der Sprache der Bororo verschaffen können. Nie zuvor war eine indigene Sprache in dieser Weise – akustisch und optisch – erfasst und für alle Zeiten dokumentiert worden. Damit setzte *Matto Grosso: The Great Brazilian Wilderness* Maßstäbe für alle künftigen ethnolinguistischen Forschungen.

Nach seiner Veröffentlichung Anfang der 1930er-Jahre erhielt der Film zwar eine Reihe positiver Kritiken, erregte ansonsten aber deutlich weniger Aufmerksamkeit, als die Produzenten es sich gewünscht hatten. Danach verschwand er für Jahrzehnte im Magazin des Penn Museums. Dort wurden der Film und das ergänzende Material vor einigen Jahren wiederentdeckt, aufbereitet und dann an den Ort seiner Entstehung zurückgebracht. Den immer noch in der Nähe von Descalvados lebenden Bororo präsentierte eine Anthropologin des Penn Museums das Filmmaterial und erlebte die positiven Reaktionen der jungen Indigenen, die einen Blick in die eigene Geschichte werfen und den Klang ihrer eigenen Sprache achtzig Jahre zuvor erleben konnten. Auch für sie stellt *Matto Grosso: The Great Brazilian Wilderness* somit eine bedeutsame Quelle und einen Zugang zu ihrem kulturellen Erbe dar.

BORORO

Brasilien, Mato-Grosso-Region

akut vom Aussterben bedroht

weniger als 1000 MuttersprachlerInnen

Boe

Die verbliebenen Bororo benutzen ihre Muttersprache im Kontakt untereinander; für alle weiteren Kontakte beherrschen sie mehrheitlich auch Portugiesisch.

LITERATUR

Filo M. Abraham: *Isaak und der weiße Elefant. Die Reise einer kaiserlichen Gesandtschaft zwischen Karl dem Großen in Aachen und Harun ar-Raschid in Bagdad.* Aachen 2003

Nigel Barley: *Bali. Das letzte Paradies.* Übers. Anke Caroline Burger. Stuttgart 2015

Schalom Ben-Chorin: *Zwischen neuen und verlorenen Orten – Beiträge zum Verhältnis von Deutschen und Juden.* München 1988

Heike Behrend: *Menschwerdung eines Affen. Eine Autobiografie der ethnografischen Forschung.* Berlin 2020

Julia Blackburn: *Daisy Bates in der Wüste.* Übers. Isabella König. Berlin 1995

Alex Capus: *Munzinger Pascha.* Zürich 1997

Alexandra David-Néel: *Mein Weg durch Himmel und Höllen. Das Abenteuer meines Lebens.* Übers. Ada Ditzen. Frankfurt am Main 2004

Imre Josef Demhardt: *Aufbruch ins Unbekannte. Legendäre Forschungsreisen von Humboldt bis Hedin.* Darmstadt 2011

Guy Deutscher: *Im Spiegel der Sprache. Warum die Welt in anderen Sprachen anders aussieht.* München 2010

Lee van Dovski: *Ein Leben für Afrika. Das abenteuerliche Schicksal von Werner Munzinger-Pascha.* Zürich 1954

Richard Fletcher: *Ein Elefant für Karl den Großen. Christen und Muslime im Mittelalter.* Darmstadt 2005

Georg Forster: *Sämmtliche Schriften.* Vol. 1: *Johann Reinhold Forster's und Georg Forster's Reise um die Welt in den Jahren 1772 bis 1775.* Classic Reprint Deutsch. London 2018

Uli Franz: *Im Schatten des Himmels.* München 2000

Doris Götting: *»Etzel«. Forscher, Abenteurer und Agent. Die Lebensgeschichte des Mongoleiforschers Hermann Consten (1878–1957).* Berlin 2012

Laura Graves: *Thomas Varker Keam. Indian Trader.* Oklahoma City 1998

Lukas Hartmann: *Abschied von Sansibar.* Zürich 2013

Eckhard Henscheid, Gerhard Henschel, Brigitte Kronauer: *Kulturgeschichte der Missverständnisse. Studien zum Geistesleben.* Leipzig 1997

Luise Hercus: *The Languages of Victoria: A Late Survey in Two Parts.* Canberra 1969

Thomas Hettche: *Pfaueninsel.* Köln 2014

Ulrich van der Heyden (Hrsg.): *Unbekannte Biographien. Afrikaner im deutschsprachigen Raum vom 18. Jahrhundert bis zum Ende des Zweiten Weltkriegs.* Berlin 2008

Michael Hugentobler: *Feuerland.* München 2021

Wilhelm von Humboldt: *Schriften zur Sprache.* Hrsg. von Michael Böhler. Stuttgart 1986

Zora Neale Hurston: *Barracoon. Die Geschichte des letzten amerikanischen Sklaven.* Übers. Hans-Ulrich Möhring. München 2020

Tore Janson: *Eine kurze Geschichte der Sprachen.* Übers. Martina Wiese. Heidelberg 2003

Michael Jeismann: *Die Freiheit der Liebe. Paare zwischen zwei Kulturen. Eine Weltgeschichte.* München 2019

Constance Kenna (Hrsg.): *Die »DDR-Kinder« von Namibia. Heimkehrer in ein fremdes Land.* Göttingen, Windhoek 1999

Eckart Klessmann: *Fürst Pückler und Machbuba.* Berlin 1998

Margaret Landon: *Der König und ich.* Übers. Walter Jelen-Jelinek. Zürich 2012

Hartmut Lutz u. a. (Hrsg.): *Abraham Ulrikab im Zoo. Tagebuch eines Inuk 1880/1881.* Wesel 2007

Ekkehart Malotki: *Hopi Time. A Linguistic Analysis of the Temporal Concepts in the Hopi Language.* Berlin 1983

Molière: *Der Bürger als Edelmann.* Übers. Arthur Luther. Stuttgart 2019

George Orwell: *Tage in Burma.* Übers. Susanna Rademacher. Zürich 1982

Pier Paolo Pasolini: *Dunckler Enthusiasmo. Friulanische Gedichte.* Basel 2009

Ernst Probst: *Sieben berühmte Indianerinnen.* Norderstedt 2014

Georg Reutter: *Wilhelm von Humboldts linguistisches System. Seine Position in der Geschichte der Sprachwissenschaft.* Berlin 2006

France Rivet: *In the Footsteps of Abraham Ulricab. The events of 1880–1881.* Quebec 2014
Anuradha Roy: *Der Garten meiner Mutter.* Übers. Werner Löcher-Lawrence. München 2020
Ann-Charlott Settgast: *Der Mann in Tranquebar. Ein Porträt des Bartholomäus Ziegenbalg.* Moers 1987
Wole Soyinka: *Aké. Jahre der Kindheit.* Zürich 1986
Jürgen Stähle: *Vom Übersetzen zum Simultandolmetschen. Handwerk und Kunst des zweitältesten Gewerbes.* Mit einem Vorwort von Roger Willemsen. Stuttgart 2009
Dirk Stermann: *Der Hammer.* Hamburg 2019
Robert Louis Stevenson: *In der Südsee.* Übers. Günter Löffler. Freiburg 1973
Robert Louis Stevenson: *Der Flaschenkobold.* Übers. H.W. Draber. Stuttgart 2014
Michael Stoffregen-Büller: *Der Sandwich-Insulaner. Von Polynesien auf Preußens Pfaueninsel.* Berlin 2019
Ilija Trojanow: *Der Weltensammler.* München 2006
Ilija Trojanow: *Nomade auf vier Kontinenten. Auf den Spuren von Sir Richard Francis Burton.* Frankfurt am Main 2007
Monique Truong: *Sweetest Fruits.* Übers. Claudia Wenner. München 2020
Galsan Tschinag: *Kennst du das Land.* Leipziger Lehrjahre. Zürich 2018
Frank Vorpahl: *Der Welterkunder. Auf der Suche nach Georg Forster.* Berlin 2018
Nicole C. Vosseler: *Sterne über Sansibar.* Köln 2010
Aby Warburg: *Schlangenritual. Ein Reisebericht.* Berlin 2011
Reinhard Wendt (Hrsg.): *Wege durch Babylon. Missionare, Sprachstudien und interkulturelle Kommunikation.* Tübingen 1998
Benjamin Lee Whorf: *Sprache – Denken – Wirklichkeit. Beiträge zur Metalinguistik und Sprachphilosophie.* Reinbek 1984
Rainer Wieland: *Das Buch des Reisens. Von den Seefahrern der Antike zu den Abenteurern unserer Zeit.* Berlin 2015
Roger Willemsen: *Gute Tage. Begegnungen mit Menschen und Orten.* Frankfurt am Main 2004
Roger Willemsen: *Die Enden der Welt.* Frankfurt am Main 2010

Bibliographisches Institut GmbH,
Mecklenburgische Straße 53, 14197 Berlin

Redaktion: Iris Glahn
Lektorat: Rainer Wieland
Herstellung: Maike Häßler
Umschlaggestaltung, Layout und Satz: Hanna Zeckau
Druck und Bindung: L.E.G.O. S.p.A., Vicenza
Printed in Italy

ISBN 978-3-411-05988-1
www.duden.de